作者介绍

▶ **孔祥靖**

经济学者，作家，管理学博士，现担任上市企业高级管理职务。

▶ **出版著作**

《刘备商学院》《静如人生》《商战三国》《瑰宝与谋略》《心，因你而苏醒》《企业文化必修课》《中国青岛——创新驱动与品牌经济》

▶ **获得奖项与荣誉**

入选教育部新世纪优秀人才支持计划、中国行业杰出经理人、全国首届浩然文学奖优秀奖、全国企业管理优秀科研成果二等奖、全国企业文化优秀成果奖、山东省十大优秀青年知识分子标兵、山东省专业技术拔尖人才、全省企业教育培训先进工作者。

INNOVATION-DRIVEN
DEVELOPMENT
AND BRAND ECONOMY

中国青岛

创新驱动与品牌经济

孔祥靖◎编著

中国市场出版社
China Market Press

·北京·

图书在版编目（CIP）数据

中国青岛：创新驱动与品牌经济/孔祥靖编著. —北京：中国市场出版社，2016.11
ISBN 978-7-5092-1511-1

Ⅰ．①中… Ⅱ．①孔… Ⅲ．①区域经济发展-研究-青岛 Ⅳ．①F127.523

中国版本图书馆 CIP 数据核字（2016）第 189030 号

中国青岛：创新驱动与品牌经济
ZHONGGUO QINGDAO：CHUANGXIN QUDONG YU PINPAI JINGJI

编　著	孔祥靖	
责任编辑	辛慧蓉（xhr1224@aliyun.com）	
出版发行	中国市场出版社 China Market Press	
社　址	北京市西城区月坛北小街 2 号院 3 号楼（100837）	
电　话	编辑部（010）68033692　读者服务部（010）68022950	
	发行部（010）68021338　68033577　68020340	
	总编室（010）68020336　盗版举报（010）68020336	
经　销	新华书店	
印　刷	河北鑫宏源印刷包装有限责任公司	
规　格	170 mm×240 mm　16 开本	
印　张	21.75 插页 2	**字　数** 366 千字
版　次	2016 年 11 月第 1 版	**印　次** 2016 年 11 月第 1 次印刷
书　号	ISBN 978-7-5092-1511-1	
定　价	49.90 元	

实施创新驱动战略 助推青岛品牌经济

党的十八大做出了实施创新驱动发展战略的重大部署。四年多来，新技术、新成果加速转化，新模式、新业态不断涌现，创新千帆尽举，有力地引领着中国经济航船破浪前行。

创新，成为以习近平同志为总书记的党中央治国理政的核心理念之一；创新驱动，成为中国发展的核心战略之一。

强调创新驱动，是因为"创新兴则国家兴，创新强则国家强，创新久则国家持续强盛"的道理从未改变；强调创新驱动，更因为创新是适应和引领我国经济发展新常态的关键之举。当前青岛已进入以创新促转型、促发展的重要阶段。实施创新驱动战略，打好"三创"发展战役，才能加快推动青岛经济社会的发展。

青岛品牌产品众多，是全国最早实施品牌战略的城市之一。自 20 世纪 80 年代以来，青岛企业界在全国率先开展了品牌创建活动，从打造名牌产品，到出标准、出经验、出文化占领发展制高点，成为拉动青岛经济持续快速发展的重要支撑力量，大大提升了青岛企业的竞争力，也为塑造城市对外形象发挥了重要作用。

　　发展品牌经济对于青岛市有着极为特殊的意义。青岛是一个自然资源匮乏的城市，品牌作为一种战略资源而被全市各界所推崇，发展品牌经济拥有良好的产业基础、文化底蕴和城市氛围。作为全国公认的品牌之都，品牌经济已经成为青岛市最具优势特色的核心竞争力。青岛市必须牢牢抓住优势，不断巩固提升，努力使自己成为我国国家经济战略的先行者和我国经济自主品牌创新发展的前驱者。

　　孔祥靖博士对青岛创新驱动与品牌经济发展进行了系统研究和探讨，编著了《中国青岛：创新驱动与品牌经济》一书，总结了青岛品牌经济的历史进程和基本经验，深入分析了创新驱动战略面临的形势和挑战，提出了今后的思路和举措，既清晰展现了青岛"品牌之都"的良好形象，也为青岛创新驱动发展提供了系统的理论支持与指导。相信本书的出版，必将进一步助推青岛创新驱动与品牌经济实现更好更快的发展，不断增强城市综合经济实力，提升城市形象和影响力，为青岛建设宜居幸福的现代化国际城市注入强劲动力。

　　遵作者嘱托，欣然命笔，是为序。

中国工程院院士
中国互联网协会理事长

青岛：创新引领"品牌经济"

当前，国际金融危机对世界经济的影响仍然在延续。国际金融危机对我国经济的冲击，表面上是对经济增长速度的冲击，实质上是对经济发展方式的冲击。当前看是经济增长下行压力加大，长远看是经济内生动力不足。党的十八大报告首次提出要实施创新驱动发展战略，强调科技创新是提高社会生产力和综合国力的战略支撑，必须摆在国家发展全局的核心位置。坚持走中国特色自主创新道路，以全球视野谋划和推动创新，提高原始创新、集成创新和引进消化吸收再创新能力，更加注重协同创新。面对国际金融危机的严峻考验，沿海开放城市都在大力实施创新驱动战略，加快调整转型升级，助推品牌经济。对于青岛来说，如何实施创新驱动战略，加快转型发展，助推品牌经济，也是一个非常重要的课题。

在经济全球化背景下，品牌是体现地区经济实力和综合竞争力的重要标志。青岛市是国内著名的品牌之都，目前拥有全国驰名商标 16 件，中国名牌产品 54 个，获全国质量管理奖的企业 5 个，数量均位居全国同类城市前列。国内外发展经验表明，品牌经济与创新驱动之间存在密切关联。创新能力的提升对品牌的形成具有巨大推动作用，而品牌经济的发展也会成为城市创新的有力助推器。

青岛市当前正处于经济发展转型的关键时期，面对科学技术迅猛发展、城市竞争日趋激烈和资源环境压力日渐加大的局面，要实现建设"富强文明和谐的现代化国际城市"的目标，应做到科学发展、和谐发展、率先发展，就必须坚定不移地全面实施创新战略，走创新驱动之路。

为了进一步充分发挥青岛已有优势，实现新一轮跨越式发展。孔祥靖对青岛品牌经济的过去、现在、未来进行了一年多的系统调查研究，搜集汇总了近百年来尤其是 20 世纪 80 年代以来青岛市发展品牌经济的历史资料。分析了当前青岛品牌经济和创新驱动面临的新的形势，提出了加快青岛品牌经济和创新驱动新一轮跨越式发展的新思路。

该书的主要特点是：

第一，全面介绍了青岛的概貌，包括历史、地理等特征。

第二，详细介绍了知名企业，是很宝贵的企业案例。

第三，紧紧扣住了创新、创业、创客的主题。

很显然，青岛出了这么多的创新型企业，其原因并不仅仅在企业本身。没有创新型政府就没有创新型企业，政府的正能量还可以多多挖掘、介绍和交流。

我相信，本书带给大家的是对青岛创新驱动和品牌经济建设的新视野、新思考，也希望能给大家带来一些帮助与启示。

是为序！

青岛红领集团董事长

助力创新驱动发展　再造品牌之都青岛

当前青岛已进入以创新促转型、促发展的重要阶段。实施创新驱动发展战略、打好"三创"发展战役，把创新驱动作为城市发展的核心，以科技为要、人才为本、教育为基、文化为魂，推动以科技创新为核心的全面创新，破除一切制约创新的思想障碍和制度藩篱，激发全社会创新活力和创造潜能，营造大众创业、万众创新的政策环境和制度环境，加快汇聚起经济社会发展的强大新动能。

青岛作为"中国最具经济活力城市""中国品牌之都"，可谓人杰地灵。不仅拥有着优越的地理条件、良好的创新环境、深厚的文化底蕴、积极的政策导向，更拥有着众多国家级乃至世界级的知名专家和企业，他们在不断创新、创建自身成就的同时，也影响带动着层出不穷的创新型企业和创新型文化脱颖而出。创新提升质量，品牌促进发展，创新和品牌从来都是相辅相成的，创新是创建国际品牌的基石，而品牌的发展和成熟更离不开进一步地创新。近年来，青岛市通过加快构建可持续发展的经济体系，不断创新，全面提升城市的核心竞争力。通过不断地"创新品牌、创新城市"的建设，青岛必将建成有特色有活力的现代化国际城市。

当前品牌经济面临新的转型历史机遇：一是党和政府对品牌企业的社会责任和民生责任提出了新的更高要求；二是随着我国经济社会的快速发展和人民生活水平的提高，消费层次将进一步细化，消费类型将进一步细分，消费升级将进一步加快，消费者对品牌愈加挑剔，高端高质品牌将有较大发展空间；三是随着经济发展方式的转变，品牌经济更加注重于高新技术与新兴产业发展；四是对品牌评价和认定方式将向社会化、市场化方向转变，将更加注重品牌的核心价值。青岛市应当率先发现并抓住这一转型的历史机遇，以世界眼光规划品牌，以国际标准塑造品牌，以本土优势凸显品牌，引领品牌向高质高端方向发展，率先实现新的突破，以使"品牌之都"继续走在全国前列。

为了进一步充分发挥青岛创新驱动和品牌经济的已有优势，实现新一轮跨越式发展，我同山东大学、青岛大学多名专家学者，对青岛品牌经济的过去、现在、未来进行了一年多的系统调查研究，搜集汇总了近百年来，尤其是 20 世纪 80 年代以来青岛市发展品牌经济的历史资料；梳理了青岛推进创新发展提供的理论支持和系统总结；分析了青岛各主要品牌企业的发展历史过程和战略布局。所有这些成果编撰成现在这本书——《中国青岛：创新驱动与品牌经济》。

囿于时间和精力，书中还有许多不足之处，也难免有所遗漏，希望得到大家的指正与建议。

孔祥靖

2016 年 9 月

目 录　INNOVATION-DRIVEN
DEVELOPMENT AND BRAND ECONOMY

INNOVATION-DRIVEN

DEVELOPMENT AND BRAND ECONOMY

引　言

实施"三创"行动
打造青岛新格局

大众创业、万众创新的当下中国，正迎来新一轮的创业潮。为了顺应与推动这股潮流，青岛提出了一个全新的概念——"三创"。

▨ 让"三创"成为青岛新的亮丽的名片[1]

青岛是一座特色鲜明、充满魅力的城市，已经拥有了港口城、旅游城、品牌城、电影城、音乐城、帆船城等城市名片。这次提出打造"创新之城、创业之都、创客之岛"，就是希望这"三创"也能成为青岛新的更加亮丽的名片。

提出这样一个目标，主要还是基于中央和省委、省政府关于创新驱动发展战略的一系列部署和安排，特别是党的十八大以来，习近平总书记围绕创新驱动战略的实施有一系列的论述，在华东七省市党委主要负责同志座谈会上，习总书记又再次强调"国家综合国力的竞争，说到底还是创新的竞争"。

---

[1] 中共青岛市委党史研究室. 腾飞的青岛 [M]. 济南：山东人民出版社，2012.

省委、省政府也围绕着创新、创业做了一系列的部署和安排，特别是对青岛提出了更高的要求，要求青岛在创新驱动战略实施方面要走在前列，努力担当全省的龙头。

国家创新型试点城市、国家知识产权示范城市、国家促进科技和金融结合试点城市、国家智慧城市技术和标准试点示范城市、国家成果标准化评价试点城市、国家新能源汽车推广应用城市、国家文化和科技融合示范基地……一个个殊荣已成为青岛群星闪耀的创新名片，印证了青岛在创新上的努力和成就。所以，实施"三创"目标是当前和今后一个时期十分紧迫而艰巨的任务。

▨ 创新是大势所趋，创业是万众需求，创客是时代呼唤

第一，创新是大势所趋。世界潮流，浩浩荡荡，顺之则昌，逆之则亡。现在世界潮流的一个鲜明特征就是创新，特别是随着信息技术、新能源、新材料、生物科技的突破，新的产业变革、技术革命正在孕育和形成，并且已经渗透到我们经济社会生活的方方面面，正在加速改变着我们的生活，这就是世界潮流，如果我们麻木不仁，没有紧跟时代的潮流和步伐，我们将会落后。

第二，创业是万众需求。我们现在进入了一个由创新"小众"走向"大众"的时代，很多的创业者希望通过他们的勤奋汗水成就自己的一番事业，青岛去年新增企业增长了56.6%；新增个体工商户30万户，增长22.9%。这其中有政府职能转变、工商登记制度改革的原因，但重要的是体现出了青岛人民善于创业的工商传统。

第三，创客是时代呼唤。由于互联网技术、开源软件、开源硬件、3D打印等技术出现，使得创客这项活动本身由个别人的活动行为变成一种大众行为。基于这样的一个背景，青岛市委市政府提出了大力实施创新驱动发展战略，打造创新之城、创业之都和创客之岛的布局。

▨ 让有梦想、有创新意识的人把想法变成现实

创新是时代的主题，作为一个城市来讲，创新也是这个城市发展的不竭

动力。"创新之城"不是传统意义上的创新，而是以科技创新为引领的综合性的创新，它包含着科技创新、产业创新、产品创新、企业创新、市场创新、业态创新、管理创新等，是以科技创新为引领的全面的综合的创新，它涉及我们生活的方方面面。

"创业之都"就是指能实现大众创业的城市。在这样的城市里形成众创生态，人人能创业，人人能成就自己的事业，从而为社会创造财富，实现人生价值。创业或是创新不仅仅局限于我们平时理解的科技院所、企业，这个城市的每个人都有可能自己去创业，要形成千方百计谋创业、千军万马兴创业的城市生态和氛围。

创客源于英文的"Maker"，是指一个人要把他的想法、创意变成现实甚至是变成产品。"创客之岛"，就是鼓励以创意为起点，以市场为动力，将大众群体中蕴藏的巨大创新力挖掘和释放出来。我们打造"创客之岛"，就是让更多有想法、有点子或者是有梦想、有创新意识的人，能够把他们的想法变成现实。

这三者之间是相互支撑、相互促进、相互融合的关系。创新是创业、创客的核心和关键，创业是创新、创客的动力和追求，创客是创新、创业的实践和载体。通过万众创新，可以创造出更多的创业机会、创业岗位；通过大众创业，可以把更多的创新成果实现转化；通过众多创客，可以聚力点燃全社会创新创业之火。

■ "三创"目标的实现需要发扬科学精神，一步一个脚印地去完成

具体目标为：实施一个"311"工程。"3"，就是重点打造好"一谷两区"，就是蓝色硅谷、西海岸新区和红岛经济区，让这三个区域成为整个"三创"的高地和聚集区；一个"1"，就是打造 10 条创业一条街；另一个"1"，就是打造 100 个创客空间。通过"三创"的推进，使我们的城市研发活动更加活跃，计划 2016 年全市研发经费占生产总值比重达到 2.77%，每万人有效发明专利拥有量超过 15 件，特别是高新技术企业和中小型的科技型企业有一个雨后春笋般的蓬勃成长期。初步考虑，这两年全市高新技术企业要突破1 000 家、中小微科技型企业要突破 8 000 家。同时，要转化更多的科技成果，

使技术交易额突破 100 亿元。这些目标实现，还需要我们扎扎实实，发扬科学精神，一步一个脚印地去完成。

■ 创新的核心和关键是科技创新，力争突破一批核心关键技术

核心和关键当然是科技创新。通过科技创新来引领提升我们创业水平，我们要打造创新之城，必须把科技创新作为重中之重，以科技创新增强城市核心竞争力。

首先，要发挥好雄厚的海洋科研优势。青岛是一座"海洋科学城"，海洋科研机构、人才、院所占到了国家的近三分之一，涉海科研人才占了二分之一。去年，新华（青岛）国际海洋资讯中心联合国家金融信息中心指数研究院向全球发布的《新华海洋科技创新指数报告（2015）》显示，青岛市的海洋科技创新综合能力排在全国首位。其次，要发挥好企业创新主体的作用。企业直接面向市场，有创新需求，更有创新动力和创新能力，青岛有非常优秀的创新型企业和创新意识很强的企业家。最后，要更好地发挥重点功能区创新载体作用。规划布局的"一谷两区"，也就是蓝色硅谷、西海岸新区、红岛经济区，这都是国家级的战略区域，是科技资源的聚焦区，应当成为"三创"特别是创新之城的主打方向。

技术可以花钱买，但核心技术是买不到的。科技领域就像一个无形的竞技场，拥有核心技术就等于身怀绝技，但身怀绝技的人是轻易不会将绝技传授给别人的。我们推出创新之城建设还要在自主创新上发挥作用，特别是在关键技术、核心领域创新上有所突破，要把这些现有的能力、资源整合好、协同好、发挥好、引导开展联合攻关、重点攻关，力争突破一批核心关键技术，真正把创新发展的"钥匙"握在自己的手中。

■ 青岛的企业应成为创新投入、创新活动、创新成果转化的主体

一个城市的竞争力很大程度上体现在企业的创新竞争力上，青岛有很多创新型企业，海尔、海信就是他们中的佼佼者。海尔集团几年前就提出了"人人都是创客"，开放他们的创新空间，开放他们的创新资源，从而使企业

的活力、竞争力有了很大提升。当然，作为青岛来讲，企业的创新力特别是企业创新活跃程度还有很大的潜力。青岛6 000多家规模以上的工业企业中，有创新活动的比例还是个位数，希望随着"三创"这项工作的推进，使得青岛更多的企业开展创新，更多的企业有创新活动，从而整体提升城市的经济竞争力。

在发挥企业创新主体作用上，深圳就是学习的榜样。深圳90％的创新型企业是本地企业、90％的研发人员在企业、90％的科研投入来源于企业、90％的专利产生于企业、90％的研发机构建在企业、90％以上的重大科技项目发明专利来源于龙头企业。这6个90％，就是为什么深圳近年来能出现华为、中兴、腾讯等创新型企业的最好解释。青岛的企业都应向这些优秀的企业看齐，敢于攀高比强，主动去寻标对标，把握市场规律，紧盯发展潮流，努力当好创新投入的主体、创新活动的主体、创新成果转化的主体。

■ 高校和科研院所应提高科研成果的本地转化率，提升对地方发展的技术支撑

经过不懈的努力，青岛的高校和科研院所越来越多，科技创新能力也越来越强。国家海洋实验室、国家深海基地、国家海洋设备质检中心等重大创新平台，山东大学青岛校区、西安交大青岛研究院、哈工大青岛科技园、哈工程青岛船舶科技园、天津大学青岛海洋工程研究院先后落户本市。再加上原有的中科院海洋所、国土部海地所、农业部黄海所等，本市已拥有各级科研院所66家、重点实验室155家，特别是拥有国家级工程技术研究中心10家、国家级孵化器14家，这在计划单列市中都是排在首位的。

长期以来，青岛创新方面与先进城市的差距主要差在科技成果转化率上，不少科研成果面临着"养在深闺人未识""墙内开花墙外开"等问题，不少科技成果无人问津，躺在保险柜里"睡大觉"，甚至因为转化周期过长而被市场淘汰；还有的"出生"在青岛的科技成果，不得不"远嫁他乡"，到外地去转化。

要改变这一状况，一方面高校和科研院所，应强化"市场导向、利益驱动"的意识，朝着社会需要、市场需求方向改革发展，开展前沿技术和应用

技术研究，提高科研成果的本地转化率，提升对地方发展的技术支撑。另一方面，政府也要做好相关工作，创造宽松环境，特别是搭建好中介平台，打通经济社会需求和科技创新之间的桥梁，消除科技创新中的"孤岛现象"，解决科技与经济"两张皮"问题。

▪ 各具特色的创客空间已成为企业孵化成长的摇篮

通过积极培育，青岛的创客空间也开始涌现，目前已达到 20 多家。像位于红岛经济区的盘谷创客空间，是首批全国青年创业示范园区，为入驻项目提供免费办公场地，优惠租住人才公寓，定期开展创业沙龙、技术交流等活动，目前已吸引了 100 多个项目入驻。再如，在旧厂区上建设的李沧区的托普科技创新工场，实行"一条龙"创业服务，现已孵化培育企业 52 家。非常可喜的是，有十几家从创客空间进入到孵化器，甚至有的企业已在蓝海股权交易中心上市。还有海尔海创汇众创空间、胶子驿站创客空间、工业设计 ID 创客邦等也都各具特色，成为企业孵化成长的摇篮。

▪ 人才是"三创"的最核心资源

人才是"三创"的最核心资源，人才优势也是城市未来的竞争优势。这几年，青岛市的人才工作可谓硕果累累。全市已有科技活动人员 6.3 万人，各类国家级优秀人才 1 630 人，其中两院院士 28 人、外聘院士 23 人、"千人计划" 93 人、国家杰出青年科学基金获得者 35 人，人才聚集效应已经显现。下一步将继续把"百万人才集聚行动"的实施作为"三创"战役的关键点、突破点，用事业感召人才，用良好环境凝聚人才，用优质服务吸引人才，用合理待遇激励人才，把青岛打造成"人才高地"。

▪ 各级领导干部要勇当"三创"的实干家

就像种子成长需要土壤、水分、阳光一样，创新之城的大树要枝繁叶茂，创业之都的果实要硕果累累，创客之岛的花朵要姹紫嫣红，同样需要"养分"的滋养。各级党委政府的责任，就是要创造条件，营造良好的"众创生态"。

在这其中，首要的就是思想要解放。在新常态下，我们不能凭旧经验、翻老皇历、找教科书，必须踏准时代节拍，紧跟创新步伐。当然，"三创"不会一帆风顺、一劳永逸，也不能一蹴而就、毕其功于一役，所以要有坚韧不拔的毅力，有"功成不必在我"的胸怀，拿出钻劲、韧劲、拼劲，敢啃硬骨头、打好攻坚战，一步一个脚印推进"三创"的实施。

邓小平同志曾经说过，"世界上的事情都是干出来的"。实施创新驱动发展战略，不是"纸上谈兵"，不是造"空中楼阁"，而是一份实实在在的事业，更需要我们大干、实干、苦干。各级领导干部要勇当"三创"的实干家、凝聚起各方力量，加快把青岛打造成为创新之城、创业之都、创客之岛，为建设宜居幸福的现代化国际城市增添新的动力。

INNOVATION-DRIVEN

DEVELOPMENT AND
BRAND ECONOMY

上篇　总述篇

第 1 章
青岛介绍

青岛市是计划单列市、副省级城市、山东省经济中心城市、全国首批沿海开放城市、国家级历史文化名城、全国文明城市、国家卫生城市。青岛因名牌企业众多,被誉为:"中国品牌之都""世界啤酒之城"。2008 年,青岛成功举办第 29 届奥运会帆船比赛,成为奥运之城,被誉为"世界帆船之都"。2011 年 1月,国务院批准山东半岛蓝色经济区规划,青岛市作为其核心区域和龙头城市。

1.1　青岛简介 [1]

青岛,是中国东部沿海重要的经济中心和港口城市,是国家历史文化名城和风景旅游胜地。作为沿黄河流域最大的出海口和信息、金融、货物集散中心之一,以其所具有的港口贸易、海洋科研、现代工业、发达农业、金融

---

[1]　青岛市档案馆,青岛有线电视台. 青岛历史上的今天 [M]. 青岛:青岛出版社,2009.

服务、旅游度假等优势与开发潜力，成为中国最具有经济活力的城市之一。

青岛市作为 2008 年北京奥运会五大主办城市之一，第 29 届奥运会帆船比赛在青岛国际帆船中心位于浮山湾外的五片水域中进行。

青岛市为山东省的一个地级市，位于山东半岛南端、黄海之滨。青岛依山傍海、风光秀丽、气候宜人，是一座独具特色的海滨丘陵城市。地处山东半岛南部，东南濒临黄海，东北与烟台市比邻，西与潍坊市相连，西南与日照市相接，与韩国、日本隔海相望。全市总面积为 10 654 平方千米，其中市区为 1 102 平方千米。地势东高西低，南北两侧隆起，中间低陷。其中，山地约占总面积的 15.5%，丘陵占 25.1%，平原占 37.7%，硅地占 21.7%。

全市海岸线总长为 870 千米，其中大陆岸线为 730 千米，占山东省岸线的 1/4。海岸曲折，岬湾相间。青岛现辖七区五市，总面积为 10 654 平方千米，总人口为 740.9 万人，其中市区为 1 159 平方千米，人口为 265.43 万人。

青岛是中国对外开放港口，山东省综合性工业城市、省辖市，也是著名疗养、避暑、游览胜地。它位于山东半岛中部南侧胶州湾畔，胶济铁路起点。北、西面为陆地，东、南面临黄海，辖 7 区。面积为 1 103 平方千米，人口为 205.78 万人。青岛以其前海的小青岛而得名。原为渔村，属即墨县。宋、元以后渐为通商口岸。1914 年第一次世界大战爆发，日本乘机抢占。1922 年中国收回青岛。1929 年设青岛特别市，1930 年改青岛市。

青岛地处华北经济区和华东经济区的结合地带，与东北经济区跨海相连，并与朝鲜、韩国、日本隔海相望，是中国五大外贸口岸之一，享有省一级经济管理权限。青岛拥有国家批准的经济技术开发区、高新技术产业开发区、旅游度假区，并获准可以设立外资银行、合资开办大型商业零售企业。

1.2 历史沿革 [1]

6 000 年以前这里已有了人类的生存和繁衍。东周时期建立了当时山东地

---

[1] 李金宝. 青岛历史古迹 [M]. 青岛：青岛出版社，2007.

区第二大市镇——即墨。秦始皇统一中国后，曾三次登临现位于青岛胶南市的琅琊台。秦代徐福曾率船队由琅琊山起航东渡朝鲜、日本。汉武帝曾在现位于青岛市城阳区的不其山"祈神人于交门宫"，并在胶州湾畔女姑山晋拜祖设立明堂九所。清朝末年，青岛已发展成为一个繁华小镇，昔称"胶澳"。

　　1891 年 6 月 14 日，清政府在胶澳设防，是为青岛建置的开始。1897 年 11 月，德国以"巨野教案"为借口派兵强占青岛。1914 年，第一次世界大战爆发，同年 11 月，日本侵占青岛，取代德国对青岛进行军事殖民统治。1919 年，中国近代史上著名的"五四运动"便是以"收回青岛"为起因。1922 年 12 月 10 日，中国收回青岛，设立胶澳商埠督办公署，直属北洋政府。1929 年 7 月，设青岛特别市。1930 年，改称青岛市。1938 年 1 月，日本再次侵占青岛。1945 年 9 月，国民党政府接收青岛，仍为特别市。1949 年 6 月 2 日，青岛解放。1986 年，青岛市在国家计划中实行单列，赋予相当省一级经济管理权限。1994 年，被列为全国 15 个副省级城市之一。

1.3　自然环境

　　地质地貌：青岛为海滨丘陵城市，地势东高西低，南北两侧隆起，中间低凹，其中山地约占全市总面积的 15.5%、丘陵占 25.1%、平原占 37.7%、洼地占 21.7%。全市海岸分为岬湾相间的山基岩岸、山地港湾泥质粉砂岸及基岩砂乐质海岸等三种基本类型。浅海海底则有水下浅滩、现代水下三角洲及海冲浊平原等。

　　山脉：全市大体有三个山系。东南是崂山山脉，山势陡峻，主峰海拔 1 132.7 米。从崂顶向西、北绵延至青岛市区，北部为大泽山，南部为大珠山、小珠山、铁锲山等组成的胶南山群。市区的山岭有浮山、太平山、青岛山、信号山、伏龙山等。

　　河流：全市共有大小河流 224 条，均为季风区雨源型，多为独立入海的山溪性小河。流域面积在 100 平方千米以上的较大河流共 33 条，按照水系分为大沽河、北胶莱河以及沿海诸河流三大水系。

海域： 全市海岸线总长为 862.64 千米，其中大陆岸线 730.64 千米。海岸线曲折，岬湾相间，面积大于 0.5 平方千米的海湾，自北而南分布着丁字湾、盐水湾、崂山湾、小岛湾、青山湾、流清河湾、崂山口、沙子口湾、麦岛湾、浮山湾、太平湾、前海湾、胶州湾、唐岛湾、灵山湾、斋堂湾、董家口湾等；胶州湾内又有海西湾、黄岛前湾、阴岛湾、女姑口、沧口湾等 32 个海湾。

潮汐： 青岛属正规半日潮港，每个太阳日有两次高潮和两次低潮。潮差为 1.9～3.5 米，大潮差发生于朔或望日后 2～3 天。8 月份潮位一般比 1 月份潮位高出 0.5 米。青岛验潮站 1950—1956 年观测的平均潮位被命名为"黄海平均海水面"，其高度在青岛观象山国家水准原点下 72.289 米。中国自 1957年起，大陆国土的地物高程即以此为零点起算。

气候： 青岛地处北温带季风区域，属温带季风气候。市区由于海洋环境的直接调节，受来自洋面上的东南季风及海流、水团的影响，故又具有显著的海洋性气候特点。空气湿润，雨量充沛，温度适中，四季分明。春季气温回升缓慢，较内陆迟 1 个月；夏季湿热多雨，但无酷暑；秋季天高气爽，降水少，蒸发强；冬季风大温低，持续时间较长。

土壤： 按全国第二次土壤普查土地分类系统，青岛市土壤主要有棕壤、砂姜黑土、潮土、褐土、盐土等五个土类。

1.4　社会经济

青岛是中国沿海开放城市之一，是山东省最大的工业城市，也是中国著名的"品牌之都"。工业有纺织、机车车辆、机械、化学、石油化工、钢铁、橡胶、家用电器、啤酒、卷烟等。有驰名中外的青岛啤酒、海尔集团、海信集团等大企业集团。截至 2012 年度，青岛市共有 2 个产品获得了中国世界名牌产品称号，中国名牌产品总数达到 69 个，占山东省中国名牌总数的25.1%，是中国名牌产品拥有量最多的城市之一。近几年除了传统的轻工业保持了良好的发展势头外，重化工产业也获得了长足发展，高新技术产业更是突飞猛进，使得产业结构得到了进一步的优化。近 5 年来，全市各级重点实验室已由 62 家增加到 89 家，市级以上企业技术中心由 89 家增加到 150 家。同时，技术创新成果不断涌现，以智能交通、网络家电、300 千米高速列车以及太阳能光热光电和生物柴油等循环经济领域为代表的一批关键或核心技术正在突破，从而带动了企业质量水平的进一步提升。

值得一提的是，传统印象中，青岛一直是以轻工业为主。但是进入 21 世纪之后，青岛抓住了世界制造业转移的良好机遇，特别是日韩的工业转移，积极发展重化工业，使得重工业占经济的比例在 2005 年首次超过轻工业。另外，青岛的民营企业也在近几年异军突起，有力地带动了国名经济和社会的发展。

青岛是山东省消费水平最高的城市，在全国也位居前列。青岛的商业较为发达，位于市北区台东的商业步行街闻名全国。青岛的房地产业比较火热，房价的蹿升速度同样位于全国前列。

1.5　交通发展

青岛港是著名的天然良港，是中国沿黄流域和环太平洋西岸重要的国际贸易口岸和海上运输枢纽，拥有集装箱、矿石、原油和煤炭码头，有通往 450 多个港口的 97 条国际航线，每月有 419 个国际航班发往世界各地。列世界集装箱大港第 10 位。

青岛航空运输保持快速增长。已开通直航东京、大阪、福冈、首尔、釜山、大邱、法兰克福、巴黎、欧洲七国、新加坡、曼谷以及我国香港、澳门、台湾地区等 20 余条国际及地区客货航线。开通国内北京、上海、广州等国内航线 85 条。

青岛公路交通十分发达，迄今为止，青岛市已建成济青、胶州湾、西流、夏双、潍莱、同三、青银、308 国道、206 国道、前湾港疏港等九条高速公路，高速公路总里程达到 702 千米，占全国高速公路总里程的 1/60，占全省 1/6。目前，青岛市高速公路数量、长度、密度和高速公路在所有公路中所占比重等指标均在全国同类城市中名列第一，并已初步达到发达国家水平。

1.6　旅游资源

青岛市是国家历史文化名城、重点历史风貌保护城市、首批中国优秀旅游城市。国家重点文物保护单位 34 处。国家级风景名胜区有崂山风景名胜区、青岛海滨风景区。山东省近 300 处优秀历史建筑中，青岛占 131 处。青岛历史风貌保护区内有重点名人故居 85 处，已列入保护目录 26 处。国家级自然保护区 1 处，即墨马山石林。

1.7　青岛之最[1]

世界级：

● 世界第一次使用火药的海战——宋金唐岛之战，被英国收录为《影响人类最重大的 100 次战役》。

● 世界第一条海运河——元朝开凿的胶莱运河，是世界上第一条沟通不同海域、用于海运的运河。

● 世界最大跨海大桥——胶州湾大桥。

亚洲级：

● 亚洲第一个海洋馆——1930 年，中国海洋研究所在青岛成立，附属青岛水族馆开工，于 1932 年 2 月建成。

国家级：

● 中国大陆海岸线最高点——青岛崂山，海拔 1 133 米。

● 中国最古老的天文台——青岛胶南琅琊台。

● 中国有历史记载的最早一次海战——齐吴琅琊海战。

● 中国历史上最早作为行政中心的沿海城市——琅琊。

---

[1]　陆安. 青岛近现代史［M］. 青岛：青岛出版社，2011.

- 中国现存最古老的长城——齐长城，起点安陵邑。
- 中国第一个有自行车的城市——19 世纪末，自行车引入青岛，1903 年形成规模。
- 中国第一个有汽车的城市——19 世纪末，德国汽车引入青岛，成为中国最早行使汽车的城市，并颁发了首个汽车牌照。
- 中国第一条公路——1904 年，青岛台柳路竣工，它是中国第一条公路，第一条汽车路，第一条柏油路。
- 中国第一个汽车站——1910 年，馆陶路汽车站竣工，开通墨兰堡房和沙子口的长途车，是中国首个汽车站。
- 中国第一个现代城市排水系统——1897 年，青岛市规划确立了雨、污分离的现代城市排水管网。
- 中国最早的机器采矿——1887 年，蜗子山金矿从美国购入中国首台采矿机，开创中国机器采矿的先河。
- 新中国第一台火车头——1952 年，青岛四方机车厂制造了新中国第一台火车头。后来又生产了中国第一台液力传动内燃机车、中国第一列双层客车、中国第一批出口机车、中国第一批动车组。
- 中国第一个万吨船坞——1905 年，1.6 万吨级船坞竣工，是中国第一座万吨级船坞、当时亚洲第一大船坞。
- 中国最著名啤酒——青岛啤酒，1903 年建厂，1906 年即在慕尼黑国际博览会上获得啤酒类金牌。
- 中国最早的矿泉水——1905 年，青岛刺猬井矿泉水源地被发现，生产出了中国第一瓶矿泉水——爱乐阔健康水，并出口欧洲。
- 中国第一个海洋高等学府——中国海洋大学，建立于 1924 年，始称私立青岛大学，后先后改名为国立青岛大学、国立山东大学、山东大学、山东海洋学院、青岛海洋大学、现为中国海洋大学。
- 中国人制造的第一座天文观测室——青岛观象台，成立于 1898 年，为远东三大天文台之一。
- 中国第一个帆船俱乐部——1922 年，成立青岛欧美帆船俱乐部。
- 中国最大的海洋科研基地——全国 60% 以上的海洋科学高端人才集中

于青岛。

- 中国最长海底隧道——胶州湾海底隧道。
- 中国橡胶行业最高学府——青岛科技大学。

1.8 城市文化

美丽的海滨城市青岛——汇泉湾第一海水浴场深厚的齐鲁文化底蕴与现代西方文明在青岛交流碰撞，孕育出独特的青岛文化现象。古代青岛，是传统文化重地，近代又成为新儒学研究中心，德国人卫礼贤在青岛设立礼贤书院及尊孔文社，请西方哲学家与中国大儒探讨儒家思想，从新的视角研究儒家思想。

20世纪30年代，青岛迎来了文化高峰，康有为、沈从文、闻一多、老舍、洪深、梁实秋等众多文化名人先后定居青岛。臧克家、吴伯箫、王亚平、于黑丁等新秀在青岛文坛脱颖而出。《骆驼祥子》《山雨》《奇迹》《烙印》等大批优秀作品在青岛完成。

新中国成立后，青岛涌现出一批具有全国影响力的作品，如刘知侠的《铁道游击队》、冯德英的《苦菜花》、姜树茂的《渔岛怒潮》等。青岛市有五种地方特色曲艺入选国家级非物质文化遗产名录——茂腔、柳腔、胶州秧歌、胶东大鼓、崂山道教音乐。

第 2 章
青岛品牌经济概述

2.1　青岛品牌经济的历史[1]

2.1.1　改革开放之前（20 世纪 50 年代初至 80 年代初）

新中国成立之后到 20 世纪 80 年代初期，我国工业发展经历了国民经济恢复和形成独立自主工业体系阶段（1949—1957 年）、国民经济调整时期（1958—1965 年）、工业经济受到严重干扰时期（1966—1978 年）和工业经济腾飞时期（1978 年改革开放到 20 世纪 80 年代初期）。与此相对应，从新中国成立到 20 世纪 80 年代初期，青岛品牌经济发展处于制造优质产品的奋斗创业阶段，尽管该时期工业经济发展呈现大起大落特征，品牌经济发展具有明

---

[1]　冯国荣. 青岛品牌经济 [M]. 北京：人民出版社，2013.

显的计划经济体制管理色彩。总体来看，青岛品牌经济发展在新中国工业经济发展史上具有重要的地位，许多在新中国工业史上具有标志性和重大影响的工业产品由青岛市的企业制造出来，青岛市和上海市、天津市被誉为中国工业发展的"上青天"。

青岛市在新中国工业发展过程中创造的具有标志性和重大影响的优质产品，得益于青岛市在近现代工业发展过程中形成的精益品牌意识：

第一，青岛市曾经是德国和日本推行海外扩张政策而在中国较早建立的工业基地，很多工业产品在中国近现代工业发展中具有奠基和领先作用，并在新中国成立后不断发扬光大。德国商人于1900年在青岛市设立的胶济铁路四方铁路工厂，被誉为"中国机车车辆制造的摇篮"。1903年，英国商人和德国商人联合在青岛市登州区开办的日耳曼啤酒公司，成为中国最早的淡味啤酒生产厂家。在1906年的德国慕尼黑啤酒博览会上，刚成立3年的日耳曼啤酒公司生产的"青岛"牌啤酒获得金牌奖；新中国成立后，青岛啤酒囊括了国内举办的啤酒质量评比方面的所有金奖，在国际评比大赛中多次荣获金奖。1919年，英美烟草商人在青岛市建立的大英烟草公司，是山东省第一家机器卷烟厂，生产的"老刀""哈德门""大前门"等品牌香烟享誉国内外；1952年以后被青岛市政府接管，更名为"国营青岛颐中烟草公司"。所有上述这些品牌直到今天，可谓百年品牌，长盛不衰。

第二，新中国成立后，青岛市工业发展激发了传统工业的活力，创造出民族工业品牌。比如，青岛市生产的大金鹿牌（国防牌）自行车曾与上海的凤凰牌自行车、天津的飞鸽牌自行车齐名。青岛市的自行车工业原本并不景气，1914年，青岛市的第一家自行车生产厂家同泰车行成立，但直到解放初，自行车零部件生产厂只有53个，从业人员423人，且设备陈旧、简陋。1959年，青岛市生产的自行车鞍座、链条和车铃相继进入国际市场。1960年，在全国自行车质量鉴定评比中，青岛市生产的"红旗"牌自行车获得最高分。

第三，伴随着工业化发展提出制造重点产品的品牌思路。20世纪70年代初期，青岛市制定的"四五"发展规划提出，要把青岛建设成为以电子工业、化学工业、机械工业为重点的工业城市，在指导思想上把电子工业摆在重要的位置。1970年研制出山东省第一台电子管式14英寸电视机；1976年研制出 9 英寸全塑机壳晶体管黑白电视机，填补了国内空白；1980 年，青岛东风电机厂和青岛工具四厂合并为青岛日用电器厂，生产白鹤牌洗衣机；1984 年，该厂与德国利勃海尔工程有限公司签订电冰箱技术合作合同，启用青岛电冰箱总厂名称。起初，青岛市政府重点扶持青岛电冰箱总厂发展计划的实施并不顺利，一年内换了四位厂长，企业经营亏损，人心涣散。时任青岛家电公司副经理的张瑞敏被任命为电冰箱总厂厂长，他明确提出"质量高于利润"的口号，开始了名牌战略发展的创业阶段。

2.1.2　培育重点产品阶段（1984—1988 年）[1]

1984 年，国务院正式决定进一步开放 14 个沿海港口城市，青岛市名列其中，当时与其他城市相比，青岛市资源优势不突出，经济总量和竞争力都居中游，而作为拥有近百年名牌历史的青啤在国际市场上的受宠和影响力，让人们意识到了名牌的力量。为了发挥和凸显青岛市的优势，尽快形成一批具有青岛特色，在国内外市场，尤其是在国际市场上具有竞争能力的骨干产品，向广大消费者推介青岛市的优质产品，树立企业的品牌形象，青岛市政府把获得各级优质产品称号的 376 种产品编辑成《1979—1984 年青岛市优质产品汇编》，向国内外推介。1984 年，青岛市政府采取突出重点的发展模式，成立了以技术专家和经济专家为成员的青岛市重点产品规划办公室，组织科学技术、橡胶、化工、纺织、电子仪表、机械、食品、农业、水产、工艺美术、电子计算机等十多个专业方面的科学家，编制了《1984—1990 年重点产品发展规划》，从各行业提出的 181 种产品中，确定了 57 种在当时具有一定优势的产品作为青岛市工业及其产品的未来发展方向，以此带动相关产品、相关行业的发展。

为保证重点产品发展规划得以实现，青岛市委、市政府采取下列措施：
（1）将重点产品规划纳入青岛市"七五"国民经济和社会发展规划，作为青岛市发展工业和振兴经济的一项战略性任务，把重点产品发展规划与技术引进

---

[1]　冯国荣. 青岛推进品牌经济框架构想［M］. 济南：山东人民出版社，2013.

规划、技术改造规划、科学技术发展规划等结合起来，明确分工，保证实现目标。（2）在全国率先对原有的工业管理体制和工贸体制进行改革。（3）在执行国家规定的前提下，在资金上对重点产品给予重点支持，包括银行给予重点产品技术改造项目低息贷款，将企业上缴的基本折旧费基金优先用于发展重点产品；建立专项基金给予优先补助、增拨科研经费等。（4）凡列入《青岛市城市总体规划》的重点产品，其技术引进项目和有关与外商合资经营等涉及经济合作的项目给予优先安排，对有关重点产品项目的出国考察申请优先考虑。（5）落实知识分子政策，加强科技人才队伍建设，改变科技人才储备不足的状况。（6）组织有关部门建立以重点产品为主要内容的技术经济信息系统，及时提供可靠灵敏的信息。

海尔冰箱、海信电视机、青岛啤酒和双星鞋等产品均是青岛市《1984—1990年重点产品发展规划》中重点发展的项目。为了实施名牌发展规划，青岛市政府和有关企业通过《人民日报》、中央电视台等中央媒体进行宣传，向社会推介优质产品，带动了全国品牌经济的发展。

2.1.3 创建"金花产品"阶段（1989—1993年）

为进一步提高青岛市日用工业产品的质量和档次，扩大工业产品在国内外市场上的知名度和覆盖面，加快产业和产品结构调整的步伐，推进外向型经济的发展，1989年，青岛市政府颁发了《关于开展日用工业产品争创"青岛金花"活动的通知》。为加强组织领导，市政府成立了"青岛金花"创评活动领导小组，全面负责"青岛金花"的创评工作，并制定了一套严格规范的争创"金花"活动的方法、程序、宣传及奖励办法。

第一，体现了"以培育促进创建、以创建带动名牌"的政策导向。文件规定，凡在青岛地区的企业定型批量生产的民用工业产品，均可申请参加"青岛金花"创评活动。"青岛金花"产品的必备条件是：产品适销对路，使用可靠，竞争力强，在国内外市场上享有一定声誉，具有较好的社会效益，深受广大消费者欢迎；产品质量具有国内一流水平或达到国际同类产品先进水平，是青岛市争创国家金、银质奖的预选产品；企业已实行全面质量管理，有健全的质量保证体系，并依照国家有关质量条例和法规组织生产；具有一定的生产规模，物质消耗和经济效益达到国内同行业先进水平。所以，青岛市政府在创评"金花产品"之始，就注重用创评活动带动和提高全市工业产品的质量和档次，通过开展创评活动，把加强企业全面质量管理、提高企业经济效益和社会效益有机结合起来。

第二，金花产品创评活动采取消费者评议和专家评审相结合的方法。市评选办对参加评选的产品进行严格审查，将参评"青岛金花"的候选产品名单在《青岛日报》上公布，同时登出选票，电台、电视台、报纸及广告公司对参评产品进行广告宣传，选定商场进行广泛的展销和展评活动。在此基础上，由广大消费者投票评选，市经委组织专家评审组对参评产品进行评审。市评选办将消费者投票评议和专家评审组评选的"青岛金花"产品综合后上报领导小组，经审查批准后予以公布。

第三，大力表彰和宣传"青岛金花"产品。对于获得"金花"称号的产品，由领导小组授予奖杯，颁发荣誉证书，召开新闻发布会和电视奖励大会，宣传介绍获得"青岛金花"称号的产品，并组织专家和知名人士在新闻媒体上进行评论，出版《青岛市名优工业产品系列丛书》，宣传获得"金花"称号的产品及其生产企业，以进一步扩大影响。企业对"金花"有功人员进行奖励。

经过一年的试运行，从 1990 年开始，青岛在全市工业系统中全面开展争创"青岛金花"活动。从 1992 年开始，青岛市由评选单一型号的"金花"产品扩展到评选"金花"系列产品。青岛市全市先后举办了四次较大规模的创"金花"展评展销活动，组织 240 个企业的 2 300 种产品参展。到 1993 年，共认定"金花"产品 31 个。

"青岛金花名牌"战略的实施，标志着青岛市工业发展由重点发展战略转向名牌发展战略，开辟了富有青岛特色的品牌发展之路，提升了全市工业的档次和水平，享誉国内外的青岛"五朵金花"——海尔、海信、青啤、双星、澳柯玛，就是通过争创"青岛金花"活动涌现出来的知名品牌。争创"青岛金花"活动还进一步促进了青岛市产品在国家级评奖中的获奖率。

2.1.4 实施名牌产品战略阶段（1994—1998 年）

1. 明确提出创建青岛名牌产品活动

20 世纪 80 年代初期提出创评"青岛金花"产品的口号，既体现了青岛市政府发展品牌经济的超前眼光，同时在表述上也带有某些时代烙印。比如，用喜闻乐见的语言来表达优质产品更易于被消费者所接受。但是，"金花产品"并不是规范的名牌产品的表述。随着国家和各省市创评名优产品活动的开展，有必要用统一的"名牌产品"来表述。从 1994 年起，在全市工业企业中开展"培育名牌、发展名牌、宣传名牌、保护名牌"活动，实施新一轮工业名牌产品培育发展计划。

2. 形成较为完善的品牌经济管理体系

青岛市政府制定了《青岛市"九五"及到 2010 年工业重点行业、重点产品发展规划纲要》《青岛市实施名牌战略、开展争创"青岛名牌"产品活动实施方案》《青岛市人民政府关于进一步加强实施名牌战略争创名牌产品工作的通知》《青岛名牌产品动态管理办法》等文件，要求企业把制订名牌战略计划、争创名牌产品与实施名牌战略规划紧密结合起来，以市场为导向，以用户评价为基础，以提高产品质量为中心，通过开展争创"青岛名牌"产品活动，促进青岛市企业的产品质量和管理水平上台阶、上档次。

修订、完善青岛名牌产品的评审条件。与评选"青岛金花"产品的条件相比，评选青岛名牌产品的条件更为明确，增加了"企业按照国际标准或国外先进标准组织生产""属于全市拳头产品""对全市或行业经济牵动性强""新产品必须经过市级以上专业机构的技术鉴定，且稳定生产两年，并形成一定生产能力"等条款。新的评选办法对企业产品的要求更高，评选标准更为具体，对企业培育和创建品牌发挥了明确的导向作用。

实施有效的激励机制。1996 年，青岛市委、市政府转发了由市委组织部、市经委、市财贸委、市建委、市企业管理学会、市企业家协会六部门联合制定的《关于由市委、市政府表彰青岛市突出贡献企业家、优秀企业家的试行意见的报告》。评选突出贡献企业家和优秀企业家的活动，为企业家队伍的成长和品牌经济发展创造了良好环境。

2.1.5　发展品牌产业阶段（1999—2002 年）

1999 年，青岛市政府颁布了《青岛市人民政府关于进一步加强实施名牌战略争创名牌产品工作的通知》，提出了在新时期发展品牌经济的新思路。

1. 由发展名牌产品扩展到发展名牌企业

青岛市政府提出：实施名牌战略要以企业为主体，以市场为导向，以产品为龙头，以结构调整为重点，以经济效益为中心，开展技术创新，努力开发高新技术产品，不断改进产品质量，全方位提高企业素质，促进青岛市产品质量和企业管理上台阶、上水平，通过争创国家级、省市级驰名商标和名牌产品，初步形成一批具有相当经济规模的名牌产品生产企业群体和企业集团。

为了促进名牌产品带动名牌企业、名牌企业争创名牌系列产品这一活动的开展，青岛市政府制定了争创名牌产品和名牌企业的总体发展规划，并将其纳入国民经济和社会发展计划，层层落实目标责任制，定期调度，分层考核，确保实施名牌战略的各项措施落到实处。

政府积极引导、鼓励具有名牌产品发展潜力的企业通过合并、收购等方式，进行资产重组，优化资源配置，支持其发展成为拥有自主品牌、自主知识产权并具有核心竞争力的名牌企业。名牌产品战略促进了经济结构调整和资源优化配置，促进了资源向优势企业和名牌企业集中，提高了经济增长的质量和效益。名牌企业的发展进一步推动了名牌产品的培育和创建，这些企业以主打产品为龙头，带动了系列名牌产品的发展。

企业作为实施名牌、争创名牌的主体，承担着制定创名牌产品规划和计划，组织攻关和改进的责任，应当注重建立并完善有利于质量改进和创名牌的激励机制，把创名牌作为转变经济增长方式的重要途径，并与企业文化建设紧密结合起来。要大力实施技术创新工程，加强企业技术中心建设，增强自主开发和自主创新的能力，不断研制、开发出适应市场需求的新产品。

在由发展名牌产品扩展到发展名牌企业的过程中，曾经作为"青岛金花"产品排头兵的海尔、青啤、海信、双星、澳柯玛等名牌企业同样走在前列，青岛市政府及时将其发展名牌企业的经验进行推广，在全市范围内开展了将发展名牌产品和创建名牌企业相结合的品牌经济发展之路。

2. 由创建国内品牌发展到创建国际品牌

青岛市政府在 1999 年提出"进一步加强实施名牌战略"，是着眼于中国加入世界贸易组织对青岛市名牌创建工作进行的新的战略规划，要求青岛市企业尽快培育和形成 3～5 种在国际上有一定知名度并具备争创国际名牌实力的产品。

3. 对"青岛名牌"产品实施动态管理

根据市场经济运行机制和名牌产品形成规律，建立较为科学的名牌产品认定评价体系，定期对名牌产品的生产、经营、质量、管理、用户评价、售后服务、市场占有率和经济效益等情况进行综合分析；对已获"青岛名牌"的产品进行年度综合评定，对达不到要求的给予警告，并限期整改，整改无效的坚决撤销，促进名牌产品企业不断进行质量改进，确保企业在激烈的市场竞争中不断发展壮大。2000 年，青岛市政府在公布当年度"青岛名牌"产品文件中，就对不符合国家产业政策或企业不再生产的两种产品给予撤牌，对符合规定的 81 种名牌产品给予重新认定。这一做法对于已获得"青岛市名牌"的产品形成了较大的鞭策和激励效应。

2.1.6　全方位打造"品牌城市"(2002—2010 年)^[1]

从 2002 年开始，青岛市的品牌创建活动由产品品牌、服务品牌向政务品牌和社会各领域延伸，把品牌创建活动推向更广领域、更高层次，实现由品牌经济向品牌城市的跨越。2007 年 5 月，青岛市政府下发了《关于进一步加快实施品牌战略的意见》，对于发展品牌经济和打造品牌城市提出了新的发展思路。

1. 通过品牌经济提升城市综合竞争能力

青岛市委、市政府提出，品牌经济发展要突出抓好对经济发展具有重大影响的支柱产业和主导产品，加大高新技术、先进制造业、环保产业、涉农产品、现代服务业以及传统优势产业等领域的名牌创建工作力度，加快形成"品牌产品—品牌企业—品牌经济—品牌城市"的发展格局，使名牌创建工作对青岛市经济的带动作用更加显著；鼓励企业积极采用国际标准和国外先进标准，推行国际通行的质量管理体系、环境管理体系和职业安全健康管理体系认证；大力抓好科研开发和技术创新，增强自主开发能力，努力形成自主知识产权和核心技术，提高核心竞争力；重点骨干企业要瞄准国家级和世界级名牌产品的质量水平，制定赶超目标和措施；加大政策扶持力度，对获得国家和省级名牌产品称号或被列入各级名牌培育发展计划的产品和企业，优先列入技术改造、技术创新和新产品开发计划，给予专项资金扶持，认真落实国家对名牌产品自主创新在税收和金融等方面的优惠政策，将名牌产品优先纳入政府采纳，并组织名牌产品和企业参与国际、国内企业大型采购活动。

青岛市不断强化大企业的技术创新地位，提高自主品牌的科技含量，走出一条以企业为主体、政府为引导、创建品牌为目标的创新发展之路，形成一批拥有自主知识产权和知名品牌、国际竞争力较强的优势企业。

---

[1]　张广传. 品牌青岛 [M]. 北京：中国商业出版社，2015.

2. 创建服务品牌

青岛市创建服务品牌活动是遵循两条主线开展的。

第一条主线是围绕创建文明城市活动开展的"实施精神文明建设名牌战略"，在"窗口"行业开展"创服务名牌，树青岛形象"的主题活动。

第二条主线是围绕发展品牌经济开展的评选"青岛市服务名牌"活动。

"青岛市服务名牌"与"青岛名牌"（服务类）作为青岛市委、市政府分别推出的品牌城市建设战略工程，对于提升青岛的城市形象、促进经济社会发展发挥了重要作用。

3. 创建农产品名牌

2004 年，青岛市政府颁布《青岛市农产品名牌评价管理办法》，目的在于推进实施名牌战略，规范农产品名牌的评价管理工作，促进农产品名牌的发展壮大。农产品名牌评价工作办事机构设在青岛市质量技术监督行政主管部门，由其具体负责农产品名牌发展战略的组织实施和农产品名牌培育、评价管理的日常工作。

4. 创建机关品牌

青岛市机关品牌的创建始于 2001 年。2001 年 8 月 10 日，青岛市委、市政府作出《关于开展向海尔集团学习活动的决定》，要求党政机关和各行各业都要认真学习海尔集团的经验，打造城市核心竞争力。

2.1.7 实现青岛品牌经济新的跨越（2011 年至今）

2011 年，中国品牌经济形势发生了新的重大变化，青岛市率先感觉到了这种变化，即：（1）中国名牌停止评比，实际是评比标准、评比方式产生了问题；（2）提出产业转型升级的要求，实际是面临着品牌转型升级的问题；（3）对企业提出了很高的社会责任及民生责任要求。为此，青岛市经济和信息委员会委托青岛大学发展战略研究中心开展系统的调查研究，提出了实现新一轮跨越式发展的构想，青岛市政府于 2012 年 4 月出台了《关于加快品牌经济新一轮跨越式发展的意见》，力争使青岛市仍然走在全国前列。

2.2　青岛品牌经济的成就 [1]

2.2.1　产品在全国首批名牌评比中遥遥领先，在各层级名牌评选中一直名列前茅

我国首次评选中国驰名商标，全国共 10 个，青岛占 2 个，即海尔与青啤；我国首次评选质量管理奖，全国共 5 家，青岛占 3 家，即海尔、海信、青岛港务局；我国首次评选十大经济人物，青岛占 3 个，即海尔张瑞敏、海信周厚健、青啤彭作义。就比重而言在全国城市中遥遥领先。

2.2.2　推动青岛经济迅猛发展，成就青岛"品牌之都"美誉

青岛品牌经济极大地推动了青岛市总体经济发展，成为整个青岛经济的支柱。一方面，品牌企业提供的经济总量是青岛市总体经济的主要支撑；另一方面，品牌企业产生了竞争性激励，发挥了榜样的力量，引起连锁反应，形成青岛品牌经济风云际会的景象。

在工业经济品牌的推动下，品牌意识逐渐延伸到城市的各行各业、方方面面，从工业品牌延伸到服务品牌，又延伸到政务品牌直至城市品牌。青岛是最早进行整体的城市品牌设计与城市形象设计的城市。青岛市在全国的许

---

[1]　青岛市发展计划委员会青岛市信息中心. 青岛经济展望（下册）[M]. 北京：海洋出版社，2013.

多评比中名列前茅，获得了几乎所有评比的先进称号。特别是连续三届获得"全国创建文明城市工作先进城市"即"全国文明城市"称号，一次是第一名，两次是第二名。

2.2.3 涌现了一批知名度很高的标志性企业品牌，出标准、出经验、出理论、出文化，促进全国品牌经济与行业经济发展

青岛先后涌现了海尔、青啤、双星、青岛港、澳柯玛、南车青岛等一批知名度很高的标志性企业，这些企业有一个显著的特点：以出标准、出经验、出理论、出文化占领发展制高点，在技术创新、产品创新、服务创新，乃至体制创新、管理创新、营销创新等方面坚持高端规格。

可以说，青岛市的企业占据着又一个在文化方面、经验与理论方面的制高点，实际已经成为管理界下一步关注的潜在热点。

2.2.4 初步形成区域品牌经济体系，提供了政府对品牌经济推动、管理和服务的成功经验

从 20 世纪 80 年代中期开始，就由青岛市政府下达文件推进品牌经济，并对品牌经济进行管理，经过 20 多年努力，逐步形成一个区域品牌经济体系。2005 年提出区域品牌经济理论，标志着青岛市进入理性构建区域品牌经济体系阶段。目前这个体系主要包括：

（1）由世界级、国家级、省市级名牌及大量正在积极争创省市级以上名牌的企业构成的梯次企业品牌阵容。全市经济的主导力量来自省市级以上名牌企业。

（2）政府的引导、培育、支持、服务——持续梯次推进。从组织机构、管理制度、规划引领到多层次培育，为品牌经济提供完整的服务保障。初步形成纵向与横向的区域品牌经济合作网络，以技术、金融、信息、法律为支撑的服务体系。

（3）初步形成区域品牌组合产业集群。海尔、海信、澳柯玛等家电企业

已带动 800 多家配套企业，其中仅海尔集团就在青岛及周边带动配套企业 74 家。初步形成区域品牌经济链系统。初步建立品牌市场管理及保护机制和品牌行业规范、品牌消费机制。

（4）初步凸显"青岛制造"的优秀品质要求，"科技高端、质量高端、服务高端、诚信高端"的品牌标准要求。在全社会形成了遍及各领域的品牌精神与风尚，经济品牌与政务品牌、城市品牌的互动共进。

第 3 章
创新——推动青岛开放型经济
又好又快发展

　　创新是城市发展的命脉和动力，更是城市发展的生命线。青岛对外开放三十多年，通过大力引进国外资金、先进技术和先进管理理念，升华了人们的思想观念，促进了产业结构调整，增强了综合经济实力，城市建设飞速发展，国际、国内地位显著提高。实践证明，对外开放成就了青岛，今后青岛在建设富强文明和谐的现代化国际城市中更离不开对外开放。

3.1　开放创新成就了开放型经济辉煌的历史[1]

　　对外开放初期，青岛利用外资仅有几个与贸易结合的"三来一补"项目，也无外商直接投资。出口贸易发展缓慢，出口商品收购值多年徘徊在 4 亿～5 亿元之间。境外合作还是待开发的新领域。特色经济、亮点经济更无从谈起。

---

　　[1]　青岛市经济学会. 创新青岛——品牌之都 [M]. 北京：海洋出版社，2012.

然而经过 30 多年的拼搏和努力，全市外经贸战线在历届市委、市政府的领导下，以邓小平理论和"三个代表"重要思想为指导，深入贯彻落实科学发展观，按照打造"先进制造业基地、高新技术产业基地、现代服务业基地和区域性经济中心、东北亚国际航空中心、国家海洋科研中心"的战略目标，以强烈的责任感和使命感，大胆创新，大胆突破，敢为人先，使开放型经济经过奠定基础、初步发展、较快发展、快速发展和跨越式发展五个阶段，逐步形成全方位、多层次、宽领域的对外开放新格局。

3.1.1　开放创新促进了利用外资规模、质量同步提高

青岛市始终坚持利用外资为主线，按照"提升日韩、突破欧美、拓展港台东南亚"战略，突出重点招商地区、突出重点招商领域、突出重点招商项目。对日韩招商突出造船、汽车、电子、化工等重点制造业；对欧美突出高新技术、机械装备和现代服务业；对香港（地区）和东南亚，重点突出基础设施、现代服务业和境外上市。

- 外资项目数量和大项目成倍增长。
- 大力引进世界 500 强企业。
- 引进世界著名金融机构。
- 构成了新的骨干产业集群。

3.1.2　开放创新加快转变外贸增长方式，加快形成对外贸易大市

多年来，青岛市通过推进科技兴贸、以质取胜、品牌发展和市场多元化战略，努力转变外贸增长方式，逐步实现了三个转变：在增长目标上，从规模速度型增长向质量效益增长转变；在竞争方式上，从低成本、低价格优势向综合竞争力、核心竞争力优势转变；在鼓励方向上，制定符合科学发展观要求的外贸发展绩效指标考核体系，建立扶持企业研发、技术改造、品牌打造等方面专项资金，在财政上给予有力支持。推动对外贸易持续快速增长，使青岛成为沿海开放城市中对外贸易大市。

- 对外贸易屡创佳绩。
- 外贸结构日趋优化。
- 外贸队伍不断壮大。
- 出口市场结构日趋合理。
- 积极推进品牌出口战略。

3.1.3 开放创新促进对外经济合作成效显著

为更好地利用国际国内两个市场、两种资源，增强企业国际竞争力，不断加大实施"走出去"战略力度，把推动开发境外资源、鼓励转移成熟产业、探索设立境外工业园区作为重点突破，对外经济合作迈出较大步伐。

- 境外投资取得佳绩。
- 设立境外工业园区。
- 软件企业和农业"走出去"实现突破。

3.1.4 开放创新促进会展经济异军突起，成为外向型经济新亮点

会展业作为青岛发展现代服务业中的新兴产业，经过十多年来的倾心培植，逐渐由小变大，由弱变强，向国际化、专业化和市场化方向发展。

- 全力打造会展平台。
- 成功培育 2 个知名品牌展会。
- 展会拉动全市经济增长。

3.1.5 开放创新促进经济园区拓展求进，开放载体不断扩容

目前，青岛拥有 7 个国家级经济园区和 11 个省级经济园区，成为中国对外开放平台最集中的地区之一。园区经济各具特色、错位发展。青岛经济技术开发区已经成为世界 500 强项目、重化工业项目的集聚地；青岛出口加工区初步构筑起以电子信息、精密机电为特色的园区发展框架；"区港联动"不

断深化，"青岛保税物流园区"运行情况良好，保税港区申报工作正在积极推进中。

3.1.6　开放创新对青岛经济社会发展做出了重大贡献

青岛发展得益于改革开放，改革开放使青岛核心竞争力显著提升。青岛市规模以上固定资产投资 31.6％ 来自外资，外贸依存度达到 89.1％；其中，出口依存度达到 52.8％。外资企业出口占全市出口总额的 61％，纳税占全市增值税的 40％、占所得税的 26％、占营业税的 17％、占关税的 30％；外商投资企业从业人员占全市城镇就业总人数的 42.6％。

3.2　开放创新将是青岛建设富强、文明、和谐的现代化国际城市的强大动力

坚持对外开放战略，走创新型城市之路，是全面贯彻落实党的十七大精神的重大举措，是抢占新形势下对外开放工作制高点的迫切需要，更是全面提高青岛对外开放水平，增创青岛经济社会发展新优势的必然选择。为此，我们必须更加自觉地以开放促创新、以开放促调整、以开放促发展，在更大范围利用国际、国内两种资源，更加有效地拓展国际、国内两个市场，拓展对外开放的广度和深度，提高开放型经济的质量和水平，实现又好又快发展，为把青岛建设成为富强文明和谐的现代化国际城市做出新贡献。

3.2.1　实现"五个转变"，着力提高利用外资的质量和水平

实现"五个转变"具体是指：一是实现由招商引资向"招商选资"转变；二是实现由分散式招商向园区和产业集聚式定向招商转变；三是实现由以传统制造业为主向先进制造业和现代服务业并重转变；四是实现由单纯重视招商向招商和项目建设并重转变；五是实现由规模扩张为主向提高质量、优化

结构转变。

3.2.2 推进"四个优化""一个扩大"，加快转变对外贸易发展方式

"四个优化"分别是：优化外贸发展模式；优化外贸主体和商品结构；优化贸易市场结构；优化外贸发展环境。"一个扩大"是指进一步扩大进口贸易。

3.2.3 突出"三个重点"，加快推进"走出去"战略

突出"三个重点"具体是指：突出重点领域，突出重点企业和突出重点市场。

3.2.4 错位竞争、统筹发展，进一步发挥国家级重点园区的带动作用

引导各经济园区发挥区域优势，突出发展适合区域特点的行业和产业，形成优势互补、错位竞争、各具特色的发展模式。加快建设西海岸出口加工区，积极支持青岛保税区申报保税物流港区，逐步推进保税区向自由贸易区转型。开发区、保税区、出口加工区等国家级经济园区要有更多作为。

3.2.5 大力发展会展经济

在行业规划、机制建设、政策扶持、环境建设、队伍培养等方面加大投入，做大做强SINOCES（中国国际消费电子博览会）和APEC（亚太经济合作组织）中小企业技展会，培植和引入一批档次更高、影响力更大的国际性展览和会议。筹划建设会展中心四期项目，完善配套设施和展会功能，提高青岛市承载国际重大展览和会议的能力。

3.2.6 优化投资环境，再创竞争优势

继续优化政务环境，推进行政许可"一站式"服务，定期公布外商投资服务指南，进一步提高办事效率和服务质量。优化生活环境，重点完善外商就医、子女教育等配套服务，加快黄岛和北部综合性医院建设步伐，开工建设新的高标准国际学校。优化人才环境，采取引进、培养多种形式，为企业提供专业对口、技能熟练的人力资源。营造浓厚的亲商氛围，定期召开外商投资企业座谈会；开展最佳外商投资企业评荐表彰活动。

第 4 章
深入推进青岛创新型城市
建设的七大举措

　　建设创新型国家，是进入 21 世纪以来，党中央以科学发展观为指导，把握全局、放眼世界、面向未来做出的重大战略决策。以创新作为发展的生命线，率先建成全国重要的创新型城市，是青岛提高城市核心竞争力、增强发展后劲的必然要求，更是青岛应当承担的历史责任。自《青岛市关于增强自主创新能力建设创新型城市的意见》等一系列重要文件出台以来，提高自主创新能力的工作扎实推进，取得了初步成效。但必须清醒地看到，创新型城市建设尚处于起步阶段，对这项系统性、长期性工作的规律、特点和发展趋势把握还不全面，发展的思路、突破的重点等都还有待进一步明晰。借鉴国内外其他城市经验，着眼于更有效地激发创新动力、凝聚创新资源、健全创新组织、完善创新制度保障等因素，结合青岛实际和长远发展，应着重从以下七个方面深入推进创新型城市建设。

4.1　把建设创新型城市提升为城市发展战略[1]

20 世纪 90 年代以来，一些城市提出了建设创新型城市的目标，并依据城市资源特点向创新型城市迈进。创新型城市主要有三类模式：文化创新型城市，主要通过文化艺术创新实现城市的新生和繁荣发展，如巴黎；服务创新型城市，主要通过创造新的服务，满足人们需求而持续发展，如柏林、东京；科技创新型城市，即依托城市拥有的一流大学和研究机构，依靠科技创新实力和明显的产业优势脱颖而出，如渥太华等。这些创新型城市的共同点，在于不再把创新仅限于产业领域，而是上升为多领域、全局性的城市发展战略。

近年来，青岛经济保持了迅猛发展的良好势头，经济总量增长较快，经济总体水平已进入工业化中后期，具有了比较雄厚的产业基础、人才基础、体制机制基础和较适宜的发展环境基础，基本具备了建设创新型城市的条件。

为此，我们应立足现有优势，大力推动科技创新、管理创新和文化创新，力争成为具有强大创新动力和雄厚创新实力的城市，成为在建设创新型国家中发挥重要作用的城市，成为在某些关键技术、核心领域、战略产业上具有领先优势的城市。在工作中，要坚持以创新促结构调整，以创新促新农村建设和城市发展，以创新促资源节约型、环境友好型社会建设，以创新促创业富民，以创新促和谐社会建设，以创新促执政能力提高等，使创新的意识、创新的精神、创新的力量贯穿到现代化建设的各个方面，使创新成为经济社会发展的内在动力，成为驱动经济社会持续协调发展的主导力量。

4.2　更加突出科教兴市的重中之重的位置

科学发展，教育是基础。有人曾形象地指出，经济只能保证我们的今天，

---

[1]　山东大学企业发展研究中心. 大跨越——中国企业发展探索与创新［M］. 济南：山东人民出版社，2015.

科技可以保证我们的明天，只有教育才能保证我们的后天。从功能而言，教育不仅是提高全民思想、文化、道德科学素质的重要途径，更是培养有创新能力人才的有效手段。在建设创新型城市的过程中，必须更加突出教育的全局性、基础性和先导性地位，坚持教育优先发展不动摇，率先建设现代化教育强市，为经济社会发展提供有力的智力支撑。

4.3 把建立人才高地作为建设创新型城市的关键

如果说抓教育是提高全体市民创新素质、创新能力，务实创新基础的话，那么，抓创新人才队伍建设就是在日趋开放的环境中，迅速集聚创新要素，形成创新优势的必然选择。历史发展已经证明，人才是创新的决定性因素。谁拥有一流的创新人才，谁就拥有一流的发展优势。建设创新型城市，必须牢固树立人才资源是第一资源的观念，努力营造创业发展环境、改善创业生活环境、为创新人才施展聪明才智创造机会和舞台，广泛吸引从事自主创新的国内外各类人才，形成人才积聚效应，努力使青岛成为对各类人才最有吸引力的城市之一。具体措施有：

一是加快培养一批高层次行政管理人才。

二是加快培养一批高层次科研和技术人才。

三是加快培养一批高层次企业家人才。

4.4 让企业真正成为自主创新的主体

企业是自主创新的主体，这是世界工业化、现代化发展的基本规律。党的十六届五中全会关于制定"十一五"规划的建议提出："建立以企业为主体、市场为导向、产学研相结合的技术创新体系，形成自主创新的基本体制架构。"

从青岛市现状看，企业作为创新主体的作用还不明显，企业研发活动

"点高面低"的情况比较突出。有关数据统计，青岛市规模以上工业企业有研发活动的仅占 8.7%，研发资源和已有的技术创新活动主要集中在海尔、海信等大企业中。具体措施有：

一是根据企业的不同需求，分梯次培育一批自主创新的企业群体，形成自主创新的企业梯队和良好的企业生态。

二是借助市场等综合手段引导企业协调研发、生产和市场的关系，关注市场信息和变化，以市场需求引领创新、驱动创新，实现企业创新成果和产业链的有机结合。

三是加快推进企业制度创新和管理创新的步伐。

4.5　把发展产业集群作为自主创新的主战场

产业集群化发展是工业化中期阶段产业发展的一个重要模式。产业集群尤其是高端产业集群必须以科技为支撑。国际经验表明，很多成功的产业集群都是通过集群与创新的互动而发展起来的。从目前我市的产业集群看，企业的技术产品大多以模仿应用为主，自主开发与创新能力较弱，产业集群的核心竞争能力和持续发展能力不强。必须下大气力改变这种局面，为更快更好地发展奠定坚实的基础。具体措施有：

一是要加大产业集群创新力度。

二是要大力发展高新技术产业集群。

三是要大力实施产业集群品牌工程。

四是通过招商引资大力发展创新型产业集群。

4.6　大力发展创业风险投资，实现金融资本和知识资本的结合

创业风险投资通过支持创新创业，能有效加快高新技术成果的产业化，

是高新技术产业发展的"生命线"。目前，全球 90% 的创业风险投资资源集中在美国、英国、以色列等发达国家，建立了完善高效的投资体系，并培育出了一大批以微软、英特尔为代表的高科技企业，确保了其全球科技领先地位和综合国力竞争优势。

根据青岛市创业风险投资起步较早，但创业风险投资规模还比较小，体制机制还不完善，离创新型城市建设的要求还有很大差距的现状，今后应把完善和强化创业风险投资体制机制纳入重要议事日程，以改革创新为动力，坚持政府扶持、市场导向的原则，抓紧建立健全创业风险投资体制机制，迅速壮大创业风险投资规模，为高新技术产业发展提供强有力的支持。具体措施有：

一是做强做大市科技风险投资公司，突出发挥好示范引领作用。

二是完善财税金融扶持政策，大力发展社会创业风险投资机构。

三是着力完善创业风险投资服务体系。

4.7　充分发挥政府作用，营造更加有利于自主创新的环境

自主创新是具有很高外部经济性的活动，仅靠市场很难使创新活动处于社会需求的最优水平。因此，必须发挥政府的积极作用，努力营造有利于自主创新的环境，形成对自主创新的有效激励。具体措施有：

一是主要依托大企业建立和完善公共技术平台，进一步完善自主创新的综合服务体系。

二是加大政府对自主创新的直接投入。

三是进一步加大保护知识产权工作的力度。

四是大力培育创新文化，努力形成"鼓励成功、宽容失败"的社会氛围。

INNOVATION-DRIVEN

DEVELOPMENT AND BRAND ECONOMY

下篇　企业篇

第 5 章
海尔集团

5.1 关于海尔

5.1.1 集团发展

　　海尔集团创立于 1984 年，从开始单一生产冰箱起步，扩展到家电、通信、IT 数码产品、家居、物流、金融、房地产、生物制药等多个领域，成为全球领先的美好生活解决方案提供商。在投资驱动平台的和创业生态圈的共同作用下，海尔集团实现了稳健的增长。2014 年，海尔集团全球营业额实现 2 007 亿元，同比增长 11％；实现利润 150 亿元，同比增长 39％，利润增幅是收入增幅的 3 倍；线上交易额实现 548 亿元，同比增长 2 391％。《失控》一书的作者凯文·凯利曾提出"峰谷转型迁论"，即在互联网时代，大企业会经历从高峰跌倒谷底，然后再爬上高峰的过程。然而在 2 007 亿元的全球营业额背后，却体现了海尔不断涌现的增长活力，这得益于海尔的创业生态圈建设。"雷神"游戏本实现 2.5 亿元的销售额，私人影院也获得外部的投资意向……正是这些由创客小微构建起的开放森林，让海尔的互联网生态圈生生不息，在互联网发展的浪潮中稳健发展。

欧睿国际发布数据显示：海尔大型家用电器 2014 年品牌零售量占全球市场的 10.2%，居全球第一。这是海尔大型家电零售量第六次蝉联全球第一，也是首次突破两位数。

2014（第二十届）中国最有价值品牌研究显示，海尔以品牌价值 1 038 亿元继续稳居中国百强品牌之首，连续 13 年蝉联最有价值品牌榜第一名。值得关注的是，海尔同时成为中国首个品牌价值超千亿的企业。

"2014 中国最有价值品牌"报告显示，100 种品牌 2013 年平均收入 251.91 亿元，比上年度增长 12.41%，高于全国 GDP 增长 7.7% 的水平。平均营业利润为 24.66 亿元，比上年度增长 8.94%。这些数据表明，中国依然是充满活动的市场，中国品牌依然处在发展期，充满竞争力。中国正逐渐成长为消费者导向型市场。

报告指出，中国家电行业是品牌市场集中度最高的行业之一，海尔品牌的发展代表了这个行业成长的经历。据统计，今年海尔品牌价值较 2013 年的 992.29 亿元增长了 45.71 亿元。同时，旗下的日日顺通过打造线上线下虚实融合的用户价值交互平台，在商业模式创新及用户满意度方面优势不断凸显，也是今年品牌价值提升幅度最高的品牌。这不仅彰显了海尔品牌稳步前行、不断提升的全球化品牌影响力，同时也体现出海尔"企业平台化、员工创客化、用户个性化"战略模式转型对品牌价值的巨大推动作用，并为互联网时代下传统企业实现战略转型和业务突破提供了借鉴。

海尔致力于成为全球消费者喜爱的本土品牌，多年来一直践行本土化研发、制造和营销的海外市场战略并取得了很好的成绩。目前，海尔在全球有 21 个工业园，5 大研发中心、66 个贸易公司，全球有用户遍布 100 多个国家和地区。

创新是海尔的企业文化基因，海尔的创新力体现在管理模式和解决方案的破坏性创新。青岛海尔作为主体的 690 平台，以破坏性创新推进智慧化家电，致力于成为全球家电的引领者。通过在全球的五大研发中心作为资源接口，与全球一流供应商、研究机构、著名大学建立战略合作，形成了由上百万名科学家和工程师组成的创新生态圈。截至 2013 年年底，海尔累计申请专利 15 737 项，获得授权专利 10 167 项。海尔以交互平台和配送平台推进平台型的商业生态网，通过打造营销网、虚网、物流网和服务网四网融合的竞争力，正在为用户提供"24 小时按约送达、送装一体"的最佳体验。

海尔通过人单合一双赢模式创新使组织充满激情与创造力，让员工在为用户创造价值的同时实现自身的价值。其组织架构从"正三角"颠覆为"倒三角"，并进一步扁平为以自主经营体为基本创新单元的动态网状组织，组织中的每个节点接受用户驱动而非领导驱动，通过开放地连接外部资源来满足用户需求。在这一模式的指导下，海尔集团战略推进的主题颠覆为"企业平台化、员工创客化、用户个性化"。企业平台化对应企业的互联网思维，即企业无边界；员工创客化对应员工的价值体现，员工成为自主创业创新的创新者；用户个性化对应着企业的互联网宗旨，即创造用户全流程最佳体验。人单合一双赢模式因破解了互联网时代的管理难题而吸引了世界著名商学院、管理专家争相跟踪研究，并将海尔人单合一双赢模式收入案例库进行教学研究。

互联网时代的到来颠覆了传统经济的发展模式，为企业带来新的挑战和机遇。海尔将坚持网络化的发展战略，开拓创新，通过建立人单合一双赢的自主经营体模式，对内打造节点闭环的动态网状组织，对外构筑开放的平台，成为全球白电行业领先者和规则制定者，全流程用户体验驱动的虚实网融合领先者，创造互联网时代的世界级品牌。

5.1.2　CEO 简介[1]

张瑞敏，全球享有盛誉的著名企业家，创建了全球白电第一品牌海尔，

---

[1]　张瑞敏. 海尔是海［M］. 北京：机械工业出版社，2015.

现任海尔集团董事局主席兼首席执行官。因其对管理模式的不断创新而受到国内外管理界的关注和赞誉，被誉为互联网时代 CEO 的代表。张瑞敏连续当选第十六届、第十七届、十八届中央委员会候补委员。

1984 年，张瑞敏临危受命，接任当时已经资不抵债、濒临倒闭的青岛电冰箱总厂厂长。30 多年创业创新，张瑞敏始终以创新的企业家精神和顺应时代潮流的超前战略决策引领海尔，持续发展。2014 年，海尔集团全球营业额实现 2 007 亿元。欧睿国际（Euromonitor）发布数据显示：海尔大型家用电器 2014 年品牌零售量占全球市场的 10.2%，居全球第一。这是海尔大型家电零售量第六次蝉联全球第一，也是首次突破两位数。

在海尔持续创新不断壮大的过程中，张瑞敏确立的以创新为核心价值观的企业文化发挥了重要作用。在管理实践中，张瑞敏将中国传统文化精髓与西方现代管理思想融会贯通，"兼收并蓄、创新发展、自成一家"，从"日事日毕、日清日高"的 CEO 管理模式，到每个人都面向市场的"市场链"管理，张瑞敏在管理领域的不断创新赢得全球管理界的关注和高度评价。"海尔文化激活休克鱼"案例被写入美国哈佛商学院案例库，张瑞敏也因此成为首位登上哈佛讲坛的中国企业家。

张瑞敏认为，没有成功的企业，只有时代的企业，所谓成功只不过是踏准了时代的节拍。在互联网时代，张瑞敏的管理思维再次突破传统管理的桎梏，提出并在海尔实践互联网时代的商业模式——人单合一双赢模式，让员工在为用户创造价值的过程中实现自身价值。通过搭建机会公平、结果公平的机制平台，推进员工自主经营，让每个人成为自己的 CEO。西方管理界和实践领域对海尔和张瑞敏的创新给予了较高评价，认为海尔推进的创新模式是超前的。2012 年 12 月，张瑞敏应邀赴西班牙 IESE 商学院、瑞士 IMD 商学院演讲人单合一双赢模式，收到热烈反响。2013 年 8 月，获邀出席美国管理学会第 73 届年会并做主题演讲，是本届年会演讲嘉宾中唯一的企业家。因其在管理领域的创新成就，张瑞敏获得"全球睿智领袖精英奖""IMD 管理思想领袖奖"，并荣获"亚洲品牌永远精神领袖奖"。张瑞敏获得的主要荣誉见表 5-1。

表 5-1　　　　　　　　　　张瑞敏获得的主要荣誉

年份	荣誉	授予单位
2014	"复旦企业管理杰出贡献奖"的第一位获奖者	复旦管理学奖励基金会
	"最具改革动力企业家"	凤凰财经峰会
	"全球 50 位最伟大领袖奖"	美国《财富》杂志
2013	美国管理学会（TOM）第 73 届年会唯一获邀做主题演讲的企业家	
	"亚洲品牌永远精神领袖奖"	亚洲品牌盛典
	"2012 中国创新人物"	建设创新型国家战略推进委员会
2012	"卡内基卓越领导人奖"	卡内基百年庆典
	"管理思想领袖奖"	欧洲顶级商学院瑞士 IMD
2011	"睿智领袖精英奖"	全球政商领袖基金会
2010	"中国最具影响力商界领袖"	美国《财富》（中文版）
2009	"希望工程 20 年特殊贡献奖"	共青团中央
	"中国最具影响力 40 人"	美国《商业周刊》
	"十年商业领袖人物"	CCTV 经济年度人物
2005	"全球 50 位最受尊敬的商业领袖"	英国《金融时报》
2004	"亚洲 25 位最具影响力的商界领袖"	美国《财富》杂志
2002	"全球杰出企业领袖"	世界性慈善组织国际联合劝募协会
2001	"全国优秀共产党员"	中共中央
1999	"全球 30 位最具声望的企业家"	英国《金融时报》
1998	第一个登上哈佛讲坛的中国企业家	

5.2　海尔的核心价值观

海尔创业于 1984 年，成长在改革开放的时代浪潮中。28 年来，海尔始终以创造用户价值为目标，一路创业创新，历经名牌战略、多元化发展战略、国际化战略、全球化品牌战略四个发展阶段，2012 年进入第五个发展阶段——网络化战略阶段，海尔目前已发展为全球白色家电第一品牌。

海尔的愿景和使命是致力于成为行业主导，用户首选的第一竞争力的美好住居生活解决方案服务商。海尔通过建立人单合一双赢的自主经营体模式，对内打造节点闭环的动态网状组织，对外构筑开放的平台，成为全球白电行业领先者和规则制定者，全流程用户体验驱动的虚实网融合领先者，创造互联网时代的世界级品牌。

"海尔之道"即创新之道，其内涵是打造产生一流人才的机制和平台，由此持续不断地为客户创造价值，进而形成人单合一的双赢文化。同时，海尔以"没有成功的企业，只有时代的企业"的观念，致力于打造基业长青的百年企业，一个企业能走多远，取决于适合企业自己的价值观，这是企业战略落地，抵御诱惑的基石。

海尔的核心价值观：

是非观——以用户为是，以自己为非

发展观——创业精神和创新精神

利益观——人单合一双赢

5.2.1 "永远以用户为是，以自己为非"的是非观是海尔创造用户的动力

海尔人永远以用户为是，不但要满足用户需求，还要创造用户需求；海尔人永远自以为非，只有自以为非才能不断否定自我，挑战自我，重塑自我——实现以变制变、变中求胜。

这两者形成海尔可持续发展的内在基因特征：不因世界改变而改变，顺应时代发展而发展。

这一基因加上每个海尔人的"两创"（创业和创新）精神，形成海尔在永远变化的市场上保持竞争优势的核心能力特征：世界变化愈烈，用户变化愈快，传承愈久。

5.2.2 创业创新的两创精神是海尔文化不变的基因

海尔不变的观念基因既是对员工个人发展观的指引，也是对员工价值观的约束。"永远以用户为是，以自己为非"的观念基因要求员工个人具备"两

创"精神。

创业精神即企业家精神，海尔鼓励每个员工都应具有企业家精神，从被经营变为自主经营，把不可能变为可能，成为自己的 CEO。

创新精神的本质是创造差异化的价值，差异化价值的创造来源于创造新的用户资源。

"两创"精神的核心是强调锁定第一竞争力目标。目标坚持不变，但为实现目标应该以开放的视野，有效整合、运用各方资源。

5.2.3　人单合一双赢的利益观是海尔永续经营的保障

海尔是所有利益相关方的海尔，主要包括员工、用户、股东。网络化时代，海尔和分供方、合作方共同组成网络化的组织，形成一个个利益共同体，共赢共享共创价值。只有所有利益相关方持续共赢，海尔才有可能实现永续经营。为实现这一目标，海尔不断进行商业模式创新，逐渐形成和完善具有海尔特色的人单合一双赢模式。"人"即具有两创精神的员工；"单"即用户价值。每个员工都在不同的自主经营体中为用户创造价值，从而实现自身价值，企业价值和股东价值自然得到体现。

每个员工通过加入自主经营体与用户建立契约，从被管理到自主管理，从被经营到自主经营，实现"自主、自治、自推动"，这是对人性的充分释放。

人单合一双赢模式为员工提供机会公平、结果公平的机制平台，为每个员工发挥两创精神提供资源和机制的保障，使每个员工都能以自组织的形式主动创新，以变制变，变中求胜。

5.3　集团战略 [1]

从 1984 年创业至今，海尔集团经过了名牌战略发展阶段、多元化战略发

---

[1]　王钦. 海尔新模式［M］. 北京：中信出版社，2015.

展阶段、国际化战略发展阶段、全球化品牌战略阶段、网络化战略阶段五个
发展阶段。

5.3.1　名牌战略发展阶段（1984—1991 年）：要么不干，要干就干第一

20 世纪 80 年代正值改革开放初期，很多企业引进国外先进的电冰箱技术
和设备，包括海尔。因为市场刚刚打开，家电供不应求，很多企业努力上规
模，只注重产量而不注重质量。海尔没有盲目上产量，而是严抓质量，实施
全面质量管理，提出"要么不干，要干就干第一"的目标。当家电市场供不
应求时，海尔凭借差异化的质量赢得了竞争优势。

5.3.2　多元化战略发展阶段（1991—1998 年）：海尔文化激活"休克鱼"

20 世纪 90 年代，国家政策鼓励企业兼并重组，一些企业进行了兼并重组
后无法持续下去。海尔以"海尔文化激活休克鱼"的思路先后兼并了国内 18
家企业，使企业在多元化经营与规模扩张方面进入了一个更广阔的发展空间。
当时，家电市场竞争激烈，产品质量已经成为用户的基本需求。海尔在国内
率先推出星级服务体系，当家电企业纷纷打价格战时，海尔凭借差异化的服
务赢得竞争优势。

这一阶段，海尔开始实行 OEC 管理法（overall every control and clear，
全方位优化管理法），即每人每天对每件事进行全方位的控制和清理，目的是
"日事日毕，日清日高"。这一管理法也成为海尔模式创新的基石。

5.3.3　国际化战略发展阶段（1998—2005 年）：走出国门，出口创牌

20 世纪 90 年代末中国加入 WTO，很多企业响应中央号召走出去，但出

去之后非常困难，又退回来继续做贴牌。海尔认为走出去不只为创汇，更重要的是创中国自己的品牌。因此海尔提出"走出去、走进去、走上去"的"三步走"战略，以"先难后易"的思路，首先进入发达国家创名牌，再以高屋建瓴之势进入发展中国家，逐渐在海外建立起设计、制造、营销的"三位一体"本土化模式。

这一阶段，海尔推行"市场链"管理，以计算机信息系统为基础，以订单信息流为中心，带动物流和资金流的运行，实现业务流程再造。这一管理创新加速了企业内部的信息流通，激励员工使其价值取向与用户需求相一致。

5.3.4　全球化品牌战略发展阶段（2005—2012 年）：创造互联网时代的全球化品牌

互联网时代带来营销的碎片化，传统企业的"生产—库存—销售"模式不能满足用户个性化的需求，海尔认为企业必须从"以企业为中心卖产品"转变为"以用户为中心卖服务"，即用户驱动的"即需即供"模式。互联网的发展带来了全球经济一体化，加速着企业的全球化进程，海尔认为国际化和全球化是有区别的，国际化是以企业自身的资源去创造国际品牌，而全球化是将全球的资源为我所用，创造本土化主流品牌。

这一阶段，海尔整合全球的研发、制造、营销资源，创全球化品牌。为了更好地为用户创造价值，海尔探索互联网时代创造用户的新型商业模式，即人单合一双赢模式。

5.3.5　网络化战略阶段（2012 年—至今）

互联网时代的到来颠覆了传统经济的发展模式，新模式的基础和运行集中体现在网络化上，市场和企业更多地呈现出网络化特征。在海尔看来，网络化企业发展战略的实施路径主要体现在三个方面：企业无边界、管理无领导、供应链无尺度。

2014 年，海尔集团战略推进的主题颠覆为"企业平台化、员工创客化、用户个性化"。企业平台化就是企业从原来封闭的组织变成开放的生态圈，可以整合全球的资源来完成目标，从而演变为一个可以自循环的开发生态圈。员工创客化就是让员工从原来被动的执行者变成主动的创业者。用户个性化就是在移动互联网时代，用户已经成为一个中心，他可以成为发布者，将购物体验在全球直播，所以企业必须以用户为中心。用户个性化其实就是满足每个用户的个性化需求。

5.4　品牌战略

海尔在全球搭建了以海尔、斐雪派克、亚科雅、卡萨帝、统帅为主体的品牌构架，以多品牌满足全球不同区域用户需求（见表 5-2）。

表 5-2

品牌	覆盖市场	品牌定位	品牌内涵	产品方案
海尔 （Haier）	全球 100 多个国家和地区	网罗生活智慧，为千家万户打造不拘一格的智能家居体验	海尔品牌凝聚了高质量的产品、人性化的服务。在互联网经济时代，为了更好地把握消费需求，海尔充分利用互联网平台零距离收集用户需求和创意，让用户全流程参与产品创新	家电、通信、IT 数码产品、家居集成、模具、软件、金融、房地产、生物制药等
斐雪派克 （Fisher& Pavkel）	新西兰、澳大利亚、美国、英国等全球 50 多个国家和地区	全球顶级厨房电器品牌	1934 年创立于新西兰，是受到国际认可的品牌，不断被证实拥有凝聚消费者诉求的创新能力。凭借创新特质、回归本真的价值观，对奢华生活作出全新定义，并成为 The new language of luxury 的全新代表	橱具、冷藏、清洁、清洗和烘干五大部分

续表

品牌	覆盖市场	品牌定位	品牌内涵	产品方案
卡萨帝 (Casarta)	中国市场	国际高端艺术家电	传承意大利的艺术传统，依托全球设计和制造资源，以富含人文关怀的艺术家电和嵌入一体化厨电产品，携手热爱生活的精英人群，共同打造格调生活	涵盖冰箱、空调、洗衣机、热水器、厨房电器、小家电、电视机等九大品类
亚科维 （AQUA）	日本市场	追求极致价值的白电高端品牌	Authentic Question Unique Answer（追求极致价值）	洗衣机、冰箱
统帅 （Leade）	中国市场	互联网时代第一家电定制品牌	秉承"你设计，我制造；你需要，我送到"的品牌理念以及"只为需要的功能买单，为不需要的功能免单"的价值主张。统帅通过虚实融合模式，线上（互联网）快速获取用户个性化需求，线下快速满足用户需求	彩电、冰箱、洗衣机、空调、冷柜等

产品数据：

如下是 2014 年 12 月世界权威市场调查机构欧睿国际发布的数据。

海尔大型家电品牌零售量占全球市场的 10.2%，实现全球六连冠。

冰箱：

2014 年，海尔冰箱以 17% 的品牌零售量连续七年蝉联全球第一。

2014 年，海尔冰箱公司以 18.6% 的制造商零售量份额继续蝉联全球冰箱最大制造商。

洗衣机：

2014 年，海尔洗衣机品牌零售量占全球市场的 14.4%，第六次蝉联全球第一。

冷柜：

2014 年，海尔冷柜品牌零售量占全球市场的 22.8%，第四次位居全球第一。

酒柜：

2014 年，海尔酒柜制造商及品牌零售量均占全球市场的 18.1%，第五次登顶全球第一。

5.5　市场战略

5.5.1　国内市场战略

1. 青岛海尔（股票代码：SH 600690）

坚持"成为互联网时代全球白电行业引领者与规则制定者"的战略定位，向着互联网时代美好生活解决方案的平台型企业发展，按照"企业平台化、员工创客化、用户个性化"，推进各个业务利共同建立并联交互平台和生态圈。通过价值交互平台实现用户全流程最佳交互、交易和交付体验；通过生态圈建设实现全球一流的资源无障碍进入和孜关方利益最大化的良性循环；员工从执行者转变为平台上的自驱动的创业者和创新者，促进公司实现健康、有质量、可持续发展。

2. 海尔电器（股票代码：HK 01169）

在互联网时代，海尔电器定位为虚实融合的用户价值交互平台，以互联网和物流服务为核心，把传统的物流配送环节转变为在给用户提供服务的过程中创造用户交互的价值。

日日顺品牌是海尔电器集团的渠道综合服务业务品牌，定位为互联网时代用户体验引领的开放性平台，目的是解决人和服务之间的关系。日日顺品牌核心业务是四网融合的平台型业务，包括日日顺渠道业务、日日顺物流业务、日日顺服务业务、日日顺其他辅助渠道业务。目前，日日顺连锁和物流搭建起一个开放的交易配送服务平台。通过该平台，日日顺连锁吸引了加盟商争相进入，目前已在全国拥有3万家实体店。日日顺物流在全国吸引了9万辆车，并由此建立了9万个"送装车小微"，形成了9万个智慧终端，它们每年服务 2 亿用户，形成一个"车联网"，为用户提供最佳服务和体验。

在移动互联网时代背景下，日日顺通过"四网融合"优势引领从线上到线下的 O2O 模式，为消费者提供个性化定制的生活解决方案。日日顺围绕家电、家装、家具、家饰、水家电、婴童六大市场，打造一个开放的家居行业交互平台。通过以"家"为核心，建立专业化服务平台，帮助用户在平台上获得到多样性和便利化的体验。经过十几年的发展，2013 年日日顺营业收入已经超过 500 亿元。

国内市场总体表现：

● 青岛海尔：2014 年上半年实现营业收入 470.01 亿元，同比增长 9.16%。净利润 25.77 亿元，同比增长 20.84%，毛利润 25%，同比提升 0.19%，净利润 7.01%，同比提升 0.73%。

● 海尔电器：2014 年上半年，海尔电器收入达人民币 329 亿元，同比增长 13.7%，股东应占溢利达 9.78 亿元，同比上升 18.9%。期内，集团坚持现金流为基础的高质量增长，营运净现金流为人民币 10 亿元，同比增长 86.4%。

5.5.2　海外市场战略：通过高端产品实现海外市场的升级

自成立以来，海尔集团一直致力于成为世界名牌。海尔的策略是升级海外市场，即加快开发高端产品、进入高端市场的步伐，其高端产品如：意式三门冰箱、无尾电视，等等。

1. 海尔以"创造世界名牌"为目标确定海外"三步走"战略

（1）走出去：走出国门，到海外的主流国家、主流市场。

策略：先难后易。

进入海外市场之初，大多数中国企业采取低价策略，这使中国制造进入了低价竞争的恶性循环。与这些企业不同，海尔采取了缝隙产品战略，提供当地品牌没有做，但用户又有需求的产品，如电脑桌冰箱。

（2）走进去：进入国外的主流渠道，销售主流产品。

策略：三位一体。

缝隙产品只解决了进入海外市场的问题，要成为当地主流品牌必须推出本土化的主流产品。海尔在全球构建了本土化设计、制造和营销的"三位一体"布局，进入当地主流渠道，销售差异化主流产品，真正满足用户需求。

（3）走上去：真正成为当地用户喜爱的品牌。

策略：开放整合，资源互换。

全球化的本质是本土化。在引领战略指导下，海尔让用户参与设计，真正与用户零距离。同时，不断整合、互换全球优质资源，以差异化创新产品引领全球家电消费趋势。

2. "三位一体"运营模式详解

海尔在海外市场实践本土化研发、制造和营销的"三位一体"运营模式，通过利用当地资源实现本土化发展，满足全球用户需求，创海外市场本土化的知名国际品牌。目前，海尔已经成功进入100多个国家和地区，成为当地主流品牌。三位一体运营模式为海尔分化了汇率风险、降低了供应链成本，使海尔阶段性完成了海外布局，并实现了稳步、快速的发展，为成为海外市场本土化的知名国际品牌奠定了基础。

（1）**产品研发本土化**：截至目前，海尔在全球建立了五大研发中心，根据本土化的用户需求，企划和开发适应当地化需求的主流产品。如在国际主流市场的美国，海尔设计出500多升容积的大冰箱，一个抽屉能放下一只完整的火鸡，很方便美国用户在感恩节使用。在家电竞争最激烈的日本市场，海尔针对日本年轻用户所住公寓面积小的特征，设计了一种体积很小的洗衣机，叫做"个人洗衣间"，销量也持续上升。在巴基斯坦，海尔根据当地家庭人口数量多、喜好伊斯兰教大袍子的特点，专门为巴基斯坦用户设计了一种能洗32件大袍子的大容量洗衣机，也深受当地用户欢迎。

（2）**制造本土化**：海尔在全球已经建立了21个生产制造基地，遍布美洲、欧洲、亚洲及太平洋地区、澳洲、中东非，随着全球制造布局的不断完善，海尔产品在全球的物流速度不断提升，有效缩短了资金周转周期，提高了海尔在全球的制造竞争力。

（3）**营销本土化**：截至目前，海尔品牌产品已经销往全球 100 多个国家和地区，成功进入美国前十大连锁渠道和欧洲前 15 大连锁渠道，并拥有海外专卖店 1 200 余个，海尔展厅 6 000 余个。根据每个市场的差异化特点，海尔深入开展本土营销，为品牌建立和业务拓展注入了活力。在美国，海尔创下了 7 小时销售 7 000 台空调的记录，据美国 HFN 杂志报道，每秒钟可销售 3.5 台产品。

5.5.3　海外市场总体表现

（1）美国市场。海尔美国是海尔集团全资子公司，致力于作为领先品牌为美国用户提供家庭解决方案。1999 年 4 月 30 日，海尔在美国南卡罗来纳州建立了美国海尔工业园，2000 年正式投产生产家电产品，并通过高质量和个性化设计逐渐打开市场。这意味着第一个"三位一体"本土化的海外海尔的成立，即设计中心在洛杉矶、营销中心纽约、生产中心在南卡州。为了表彰海尔对当地经济的突出贡献，2000 年，南卡州政府将海尔所在的街道名为"海尔大道"。

自此，海尔开始了在美洲的飞速发展：

● 2002 年，海尔入驻纽约地表建筑之一，格林尼治储蓄银行大楼，使其成为海尔美洲总部；

● 2005 年，海尔在 Compact 冰箱市场实现了占有率第一的佳绩；

● 2010 年，海尔建设了满足全部能源之星要求的生产线，生产不锈钢盆洗碗机；

● 2013 年，海尔在南卡罗来纳州 Camden 建立了研发中心，为南北美市场的客户提供定做的家庭解决方案；

● 2014 年，海尔宣布了将在美国印第安纳州的埃文斯维尔市建立北美技术中心的计划。

自 1999 年成立以来，海尔已经成为国际性的本土公司，在美国销售了接近 5 000 万个产品。海尔品牌主要面向中端和中高端用户，竞争力在于高性能以及量身定制的服务。其高性能、耐用的家电包括空调、洗碗机、烘干机、电冰箱、酒柜、电视机等全方位的产品，这些产品为客户提供无可比拟的海尔解决方案，满足他们的需求。海尔在美国销售最好的产品是家用空调，以窗机为主打。空调产品已经在美国市场份额占据前三的位置。

渠道方面，海尔在北美有 8 000 个销售网点，产品已经进入美国沃尔玛、百思买等全球前十的主流渠道，并获得"最佳供货商""免检供货商资格"等荣誉。

市场方面，凭借充分满足需求的差异化产品，2014 年 1—6 月，海尔橱电在美国全国性渠道实现同比增长 58％，海尔电视实现同比 59％的市场增长。

（2）欧洲市场。1990 年，海尔首次出口德国 2 万台冰箱，标志着海尔正在进军欧洲市场。目前，海尔欧洲的总部在法国巴黎，制造中心和支持性部门设在意大利，研发和设计中心分布在德国、法国和意大利三个国家。海尔的产品已经销往欧洲 30 多个国家，在 KESA、Media Market、家乐福、Expert 等主流渠道和欧洲其他零售店销售。

海尔致力于成为欧洲主要的住居生活解决方案提供商。公司计划通过三条途径实现这一目标：

● 产品研发：将市场上提供的产品品类延伸至所有区间以满足用户需要；
● 销售渠道：强化和大型渠道商及当地销售网点的合作；
● 品牌和营销：加速对海尔品牌形象的认知。

在产品方面，海尔深入洞察欧洲用户的需求，设计研发了意式三门冰箱、法式对开门冰箱等一系列高端家电产品。

在渠道方面，海尔在继续深化原有渠道合作的同时，积极拓展与主流渠道业务延伸性。2009 年 11 月，海尔一款具有静音功能的高端大容量滚筒洗衣机，在顺利进入德国最大的家电连锁渠道 MSH 后，它带领其他海尔洗衣机产品 10 月份在 MSH 渠道的营业额同比增长了 45％。

在营销方面，在海尔集团网络化战略指导下，根据国外用户在采购前往往会通过线上获取信息或直接网购的消费习惯，自 2012 年起，海尔欧洲通过 Facebook、Youtube、Twitter、Googlet 等社交媒体平台，与用户进行交互，邀请用户参与到产品的设计、创意、传播，使用户成为产品的创造者、购买者和宣传大使。目前，仅在法国、意大利、德国、西班牙、英国、俄罗斯六国，海尔 Facebook 粉丝量已接近 50 万。

为了扩大品牌影响力，海尔在欧洲也结合当地用户喜爱进行了品牌宣传。2012—2014 年，海尔作为金牌赞助商在最受欢迎的 4 个意大利沙滩赞助了意大利女排和排球夏季巡回赛。在巴黎、里昂、罗马、卡利亚里、热那亚、卡塔尼亚的足球赛期间，海尔也都做了品牌广告宣传活动。

除了体育赛事外，海尔也积极参与其他社区项目。如 2011 年 3 月海尔成为当年多维尔亚洲电影节的赞助商。2011 年 9 月 2 日—2012 年 1 月 9 日支持卢浮宫举办中国珍宝展，使更多欧洲用户了解中国。

2012 年 3 月，海尔在法国里昂成立了家庭解决方案部门。该部门致力于通过提供水处理和能源处理（如太阳能热系统、加热水炎、空调等）的解决方案改善用户的居住环境。

2014 年，海尔在欧洲开展 VOC（voice of customer，用户之声）活动，并在官网及 Facebook 同步上线。在不到一个月的时间，便收到了来自欧洲各国的千余条用户评论和照片秀，活动页面成为海尔与用户交互的一大平台。

（3）日本市场。2002 年，海尔本着"先难后易"的思路，凭借优异的品质和不断的创新，打入日本这个世界家电制造领先国。经过 10 年的发展，海尔在日本已形成海尔和亚科雅双品牌运作体系，产品系列涵盖冰箱、洗衣机、冷柜、空调、小家电等全系列产品。不仅如此，海尔还在当地创建了冰箱、洗衣机研发中心，搭建了完善的当地化售后体系，实现了本土化研发、制造和营销的当地化运营。

2012 年 1 月，在与三洋白电完成正式交割后，海尔在日本成立海尔亚洲国际株式会社，行使亚洲总部的职能。海尔亚洲国际以日本市场为起点，致力于将海尔的战略优势、管理优势、制造优势与原三洋的技术优势、品质优势、人才优势实现最大程度的融合，为亚洲用户提供最佳的服务体验。在充分与当地用户进行交互的基础上，海尔品牌产品在日本市场销售情况良好。1—6 月，海尔波轮洗衣机在日本市场销售额同比增长 52％，冰箱产品实现同比增长 11％，小家电的同比增长为 57％。

（4）澳大利亚和新西兰。2009 年 5 月，海尔集团与新西兰第一大家电公司 Fisher&Pavkel 公司双方签署了战略合作协议。同年 10 月，Fisher&Pavkel 开始在新西兰市场独家营销和分销海尔品牌家电产品。2012 年 12 月，海尔完成对斐雪派克收购，对斐雪派克股份实现全面增持。

斐雪派克在全球有 2 个研发中心、5 个制造基地、8 个销售组织，品牌定位高端。在电机、智能化生产线、烤箱、洗碗机、厨具、洗衣机、冰箱等领域拥有全球领先的创新技术和专利。

海尔集团在澳洲市场实现斐雪派克品牌和海尔品牌的双品牌运作。截至 2014 年 6 月，新西兰双品牌市场份额为 47％；截至 2014 年 9 月，澳大利亚双品牌市场份额为 22.2％。据 TNS 品牌最新调研数据显示，斐雪派克是新西兰、澳大利亚第一家电品牌。

借助斐雪派克对当地用户的了解以及当地营销资源，海尔集团在澳新市场实现着当地化运营。斐雪派克与海尔品牌产品联盟进入了新西兰、澳大利亚所有主流家电渠道，同时斐雪派克的线上 Facebook 拥有澳大利亚白色家电最大粉丝群，正在探索着线上线下结合的营销模式。从 2011 年到 2014 年，海尔品牌法式冰箱、洗衣机等产品多次被澳大利亚和新西兰的"CHOICE"和"CONSUMER"杂志评选为"Best Buy"（用户最值得购买的产品）。斐雪派克携海尔在澳大利亚拥有强大的服务网络，连续多年被评为"澳大利亚最值得信赖服务体系"。品牌开拓方面，海尔以冠名的方式参与了新西兰体育事业 Netball 比赛，赞助了当地知名球队 Haier Paulse。

（5）印度。海尔集团电器产业（印度）有限公司成立于 2004 年 1 月，是海尔集团全资子公司。总部在新德里，32 个营销销售中心分布在孟买、班加罗尔、海德拉巴、金奈、加尔各答等地，网络遍布全印度，设计和生产基地在浦那。目前，印度海尔营销运营团队 405 人，工厂团队 950 人，合计 1 355 人。

海尔在印度的产品包括冰箱、空调、洗衣机、电视、热水器、冷柜、微波炉等，海尔在印度的产品紧贴当地需要。例如，零水压洗衣机是根据印度家庭用水普遍压力偏小设计而成，为用户解决了一大难题。BMR 冰箱深受广大印度用户喜欢的原因就是该冰箱根据印度素食习惯加大了冷藏容积，用于存放更多的蔬菜，并且放在上部，这样不用弯腰就能够从冰箱取出经常吃的蔬菜，为日常生活提供了很大便利。

印度作为世界第二人口大国，市场潜力巨大。海尔计划以高端绿色全系列产品为基石，紧抓印度消费趋势，通过高效运营和优质服务，向用户提供良好的品牌体验，目标成为印度一流家电品牌。

（6）巴基斯坦。海尔巴基斯坦工厂生产、销售的产品包括冰箱、冷柜、家用空调、商用空调、洗衣机、微波炉、电视、饮水机、电熨斗、吹风机、面包机、榨汁机、搅拌机等 13 大类产品。目前在全国拥有 315 家专卖店、35 家体验店。

海尔在巴基斯坦市场带来了很多适合当地使用习惯和特色的产品，同时国际化的研发能力也推动了当地市场的发展。如 2005 年，海尔开发了 12kg 能洗当地人大袍的洗衣机；2007 年，海尔开发了适合巴基斯坦家庭人口及身高的宽冰箱；2010 年，海尔发布巴基斯坦第一款直流变频空调。

海尔在巴基斯坦的发展历程和成就：

● 2001 年海尔品牌进入巴基斯坦。

● 2002 年，海尔巴基斯坦工厂成立，海尔占股 30％，该工厂主要生产冰箱、洗衣机和空调（包括商业空调）。

● 2004 年海尔工厂成立微波炉组装线。

● 2006 年海尔巴基斯坦（私营）有限公司成立，海尔占股 55％，主要负责海尔品牌运营、渠道管理、售后服务。

● 2006 年，由胡锦涛主席与阿齐兹总理共同揭牌成立海尔-鲁巴经济区，该经济区是中国在海外第一个经济区项目。

● 2011 年，海尔巴基斯坦的销售额突破 1 亿美元。

● 2012 年，海尔冷柜工厂建成，产能 10 万台；同年电视生产线建成，产能 8 万台。

● 2012 年，海尔在巴基斯坦家电行业整体市场份额位居国内第二，其中，家用空调第一、洗衣机第一、冰箱第二。根据华通明略的调研，海尔品牌在当地的知名度达 96％。

● 2013 年，海尔成为巴基斯坦第一家生产全自动洗衣机的厂家。

（7）中东非。1993 年，海尔冰箱登陆了中东非市场。目前，海尔已在中东非建立了 3 个制造基地、2 个贸易公司，产品进入了尼日利亚、南非、阿联酋、沙特、以色列等 30 多个国家和地区。为了满足中东用户对产品的特殊需求，海尔陆续开发出了法式对开门大容积保鲜冰箱、GTM 风冷冰箱、"停电 100 小时不化冻的冷柜""热带空调"等产品，广受用户的青睐。目前，海尔尼日利亚公司年营业额超过 2 亿美元。海尔冰箱、冷柜、洗衣机产品市场份额持续保持第一，空调产品位列前三。在突尼斯，海尔产品总体市场份额超过 10％，意式 COMBI 冰箱占市场领导地位，卧式冷冻柜稳居市场第一。

2001 年 5 月，在非洲，海尔尼日利亚合资工厂成立，完全输入海尔成套家电生产技术工艺，实现了全系列家电的当地化生产。海尔的国际化能力在尼日利亚得到了检验，仅 5 年内，便雄踞当地第一品牌。2007 年 6 月份，海尔在尼日利亚最大的家电展示厅在经济首都 Lagos 的商业中心维多利亚岛开业，开始了在尼日利亚实施全面提升品牌形象的战略，公司正通过推出更加全面的、差异化的家电产品，进一步提升品牌在尼日利亚用户中的知名度和美誉度。2010 年，在尼日利亚市场，海尔的冰箱和冷柜市场份额已经分别达到 33％和 55％，保持着稳步快速的增长。

2005 年 3 月 1 日，海尔中东工业园在约旦首都开曼开业，这是海尔在约旦建立了中东非区域的第一个工业园。海尔中东工业园总占地面积 14 万平方米，设计生产能力超过 100 万台，是中东地区规模最大的家电工业园。海尔中东工业园充分利用了约旦与周边的阿拉伯国家之间签订的互免关税协议，为海尔在中东实现当地化的研发、生产、销售"三位一体"做出贡献，它成了海尔集团在中东运作的一个枢纽，海尔在约旦工业园生产的产品借此迅速进入周边的叙利亚、黎巴嫩、埃及、巴勒斯坦等国。海尔品牌也因此在约旦跻身当地家电品牌的前三名，在叙利亚的波轮机市场份额达到了第一名，滚筒机也名列前三。

到了 2010 年，海尔在中东非继续持续增长。在突尼斯，海尔实现了翻番增长，一举成名当地第二大空调品牌。海尔突尼斯合资公司 HHW 的

2010全年销售额预计突破3 000万第纳尔,约合2 100多万美元,比2009年增长约42%。海尔产品的总体市场份额约为10%,家用空调份额约为25%,双桶洗衣机份额约为30%,均达到市场份额第一。在沙特,据华通明略品牌调研数据,海尔的品牌知名度达到了59%。在海尔集团"走出去、走进去、走上去"三大步战略中,已经处于从走进去到走上去过渡的阶段。

2011年至今,海尔在中东非市场加快了"三位一体"的脚步,努力拓展在当地的生产业务,目前已在南非等国家成立了贸易公司。

5.6 企业文化创新[1]

5.6.1 模式创新:人单合一双赢模式创新

人单合一双赢的本质是:员工有权根据市场变化自主决策,依据为用户创造的价值决定自己的收入。"人"是员工;"单"不是狭义的订单,而是用户资源。人单合一双赢就是员工给用户创造价值的同时,实现自身的价值。在这种模式中,每个人的市场目标不是由上级决定,而是根据自己所负责的市场的第一竞争力所定。每个人的收入也不是上级说了算,而是为用户创造的价值说了算。

在管理指导思想层面,人单合一双赢模式以用户为中心、以战略创新为导向,开创性地把以人为本的管理思想往纵深发展,更加突出个人和自主经营团队的主体地位,推动企业经营活动持续动态升级,实现企业、员工、顾客的互利共赢。

在管理实践层面,人单合一双赢模式彻底抛弃传统管理模式下的科层制,让员工从原来被动的命令执行者转变为平台上的自驱动创新者;创业员工并非局限于企业员工,而是生态圈的概念。

---

[1] 胡泳,郝亚洲. 海尔创新史话 [M]. 北京:机械工业出版社,2015.

1. 人单合一双赢模式从战略、组织、机制、员工角色、用户角色、合作方角色六个方面进行了颠覆性创新

（1）**战略创新**：从传统损益表到战略损益表。传统损益表反映的是收入减费用、成本等与利润；战略损益表则是从交互用户、人力资源、计划执行、闭环优化四个方面对经营过程和结果进行评估。

（2）**组织创新**：从传统串联流程到并联。传统时代企业的流程都是串联的，从研发开始一直到制造、销售，没办法直面对市场。但是互联网消除了距离，让企业变得网络化，需要将与员工、合作方的博弈关系转为合作共赢的生态圈。在这一体系下必须将串联的流程变成并联的，所有的各方并联在一起，都要为市场共同创造价值。

（3）**机制创新**：从传统薪酬到人单薪酬。传统薪酬按照职务级别分配，人单薪酬则按照员工创造的价值确定收益。

传统的企业核算体系是事后算账，见数不见人，见果不见因，是以资本为中心的，追求的是股东至上。海尔的人单薪酬是以员工为中心，即以人单合一的机制激发员工的创新力，让员工创造用户价值和市场资源，达到用户、企业、员工的双赢，并得以实现员工的高效率、高增值、高薪酬。

（4）**员工角色创新**：从指令者执行者转为创业者。人单合一双赢模式改变了员工角色，从原来被动指令的执行者变成了主动创业者，每个员工自主经营而不是被经营，员工可以自创新、自驱动、自运转，在复杂多变的市场竞争中，以变制变，变中求胜。

（5）**用户角色创新**：从被动购买者转为主动参与交互者。

（6）**合作方角色创新**：从企业的博弈方转变为利益攸关方。传统意义上的合作方，上游是供应商，下游是零售商，上下游是博弈关系。现在的关系变成并联平台，企业、合作方、用户责任共担、利益共享。不同的市场目标结成不同的利共体，利共体在海尔平台上创业创超值，并共享超利。

2. 在人单合一双赢模式的指导下，海尔的新探索是在海尔开放的平台上成立小微公司

2012 年，海尔进入网络化战略元年，确定网络化战略阶段三个"无"的观念：企业无边界、管理无领导、供应链无尺度。

2014 年，海尔集团战略推进的主题颠覆为"企业平台化、员工创客化、用户个性化"。企业平台化就是企业从原来封闭的组织变成开放的生态圈，可以整合全球的资源来完成目标，从而演变为一个可以自循环的开放生态圈。员工创客化就是让员工从原来被动的执行者变成主动的创业者。用户个性化其实就是满足每个用户的个性化需求。

5.6.2 产品创新

目前，海尔已经搭建起来的专利池有防电墙专利池、无尾技术专利池，还有智慧家电、净水等方面的专利池已经进行了初步布局，正在推进。同时，海尔的全球研发资源整合平台共整合了全球 10 万个知名高校、专家学者、科研机构，涉及电子、生物、动力、信息等诸多领域。

截至目前，海尔研究提报了 84 项国际标准提案，其中已发布实施 28 项，是中国提报国际标准提案最多的家电企业。主导、参与国家/行业标准制修订 350 项，其中已发布 305 项，是国内主导国家/行业标准最多的家电企业。所有标准中应用型标准 56 项，创新型标准 12 项。

案例分享

免清洗洗衣机

长期以来，"洗衣机糟脏"而造成的二次污染不仅是洗衣机行业面临的难题，也引发过不少网友的吐槽。海尔将这一行业难题放在网上与网民互动

时，短短 15 天就有超 200 万人次访问、近 800 条改造创意出现，其中不乏专业的技术方案。通过与大量网民的互动，海尔不仅了解了用户的需求，还搭建起收集用户需求的平台。

在免清洗洗衣机创新过程中，由全球十大交互渠道、19 个交互平台，超过 500 万粉丝量、1 000 万个交互量、1 300 个创意量，最终形成了 846 位创客提交方案、11 位创客直接前往青岛与海尔的技术团队共同研发。

基于对全球用户需求的快速把握以及全球一流资源的无障碍接入，"免清洗"洗衣机不仅可以清洗衣服，还能彻底解决洗衣机自清洁的问题。通过全球首创的智慧球科技和免清洗系统，以及立式翻转洗科技，摆脱了传统的化学洗涤剂清洁原理，以一种全新的物理手段实现了洗衣机自清洁。

空气盒子

空气盒子是国内首款个人健康空气管理智能硬件，是集中了智能操控、空气检测等多项功能的智能操控终端。它将智能家居与健康的生活理念集合在一起，用科技改变生活，用空气盒子提升我们的生活品质为用户带来健康、便捷、超出想象的最佳体检，打造行业第一的健康空气交互社区。

2013 年 12 月，空气盒子正式研发成功。该产品可实现与家中空调、空气净化器等改善室内空气质量的设备联动，不仅可实时提醒并自动检测室内 PM2.5 等有害物质，让室内空气质量"看得见"。同时还可通过与二者的联动，在检测的基础上"指挥"空气净水器去除有害物质，让家中的非智能空调拥有可思考的大脑，自动记忆用户使用空调习惯，实现智能调整温、湿度等多种操作，真正营造一个智能健康的室内空气环境。

目前空气盒子正处于产品迭代过程中。

水路盒子

水路盒子不仅是一个产品，它通过无条件连接海尔及其他任何净水机品牌，更成为一个社会化平台。该产品定位于三个市场目标：首先形成大数据库，三年内交互用户达到 5 000 万户，其次形成新增 100 万台净水机的市场空间，同时通过净水盒子的服务形成增值。此项目总计投入 2 000 万元，静态回收约是一年零三个月。产品将采取零利润的销售模式，通过长期获取终端用户，以及和互联网应用与增值服务挂钩实现盈利。项目正在通过以下路径实现：

一是极客免费体验：通过口碑传播，意见领袖传播形成粉丝效应。目前来说，至少五万粉丝正在交互水路盒子。

二是健康饮水智慧解决方案"1＋1"：初期可能用户对水路盒子不熟悉，通过嫁接品牌商资源形成捆绑销售，买净水机免费送水路盒子。快速形成水行业的大数据，最终通过大数据进行增值。

雷神

雷神是专门研发游戏笔记本的一个创客团队，该团队定位为一家专注于游戏笔记本及周边软硬件产品的互联网公司。目前首批产品早已上市，在初代产品中，通过对全国用户购买游戏笔记本的抱怨进行分类，该团队总结出目前用户对游戏笔记本存在散热慢、死机、蓝屏、包装差等十多条主要抱怨，通过整合资源，雷神笔记本解决了其中的大部分问题。

在 2015 年 12 月的京东商城首销中，500 台雷神产品三天之内销售了出去。第一批 500 台雷神销售，京东看到竟然有 3 万多用户预约量，在第二批产品预售前，京东就支付了 3 000 台雷神的全款，3 000 台笔记本电脑在 20 分钟被抢购一空。到现在为止，雷神是京东笔记本产品中唯一上市不降价的产品。同时，该团队专为雷神首批 500 名用户建了 QQ 群，即时交互体验。

目前，雷神团队有 5 个 QQ 群、2 个贴吧和 2 个微信公共号，粉丝量达到 55 000 人。在 "5＋2＋2" 交互中，有这样一条逻辑线：雷神为解决服务咨询创建个 QQ 群→粉丝量增加，QQ 群加到 5 个→用户产生资料查询需求，QQ 群无法存留信息，注册两个百度贴吧→用户要求加速互动，产生微信服务号和订阅号→增加权威性，中关村里建论坛。

空气魔方

空气魔方是全球首款组合式智能空气产品，有净化、加湿、除臭、香薰四大模块。针对室内室外空气环境变化带来的雾霾、甲醛、过敏、细菌、异味、干燥、噪音、霉菌等问题提出了八大呼吸主张——无毒呼吸、无菌呼吸、恒温呼吸、静音呼吸、无雾呼吸、清新呼吸、可视呼吸、智能呼吸。四大模块通过搭配独立的送风和底座模块，可以自由组合出 8 种不同的室内空气解决方案，用户可根据需要购买特定模块并自由组装，真正实现每个家庭空气圈的定制。

Iseemini

Iseemini 一款具有独立自主知识产权的智能微型投影电脑，全球首款私人迷你影院。搭载了安卓系统的智能硬件设备，以投影方式显示画面，支持观看视频、视频游戏、直接播放电视信号、收听音乐以及浏览互联网、收发电子邮件、操作表单文件等。

通过海尔商城、销售渠道、设计师团队、QQ 群和微信公众号等平台与用户交互。目前在运营的有 QQ 千人群两个，500 人群四个，小帅智能公众微信号一个。同时也在商城搭建了专门的 iseemini 交互社区，目前社区人数有 1.6 万人。

海尔产品的价值主张：

- 安全：用电安全、用气安全、食品安全、储酒安全。
- 节能：用电分析、节能提醒、自动节能、根据天气节能。
- 便利：手机变成遥控器、家电保养在线跟踪、电视成为白电显示屏。
- 健康：饮食健康、环境健康、衣服健康。
- 新生活方式：留言冰箱、热水器、冰箱购物、PAD 酒柜。

5.7 人力资源管理[1]

5.7.1 实施背景

当前全球正加速从传统经济时代进入互联网时代，这引发了全球生产方

---

[1] 党全国. 海尔管理模式全集［M］. 武汉：武汉大学出版社，2016.

式以及管理模式的颠覆变革，这种变化带来的最大影响就是对传统企业进行颠覆式创新能力提出了新的考验。

一是适应互联网时代发展趋势要求。一般而言，传统企业管理理论的基础是分工理论，在这一管理下诞生了流水制造生产模式。一百多年前，福特汽车的流水线开启了第二次工业革命以来最大的辉煌，一举奠定了现代工业模式的基调之一——规模化生产。在组织层面，传统的组织管理模式就是组织科层制，一个组织像一个金字塔，上面塔尖是高层管理者，中间是中层管理者，下面是基层员工。

但互联网时代这一传统管理模式正面临着巨大挑战。一方面，从企业为中心到以用户为中心。传统经济模式下信息不对称，主动权在企业手中，企业生产什么，用户被动接受什么。而在互联网时代，用户拥有足够的信息掌握产品特点及价格，自主选择，带来了用户需求的个性化、碎片化。另一方面，传统经济时代赖以成功的金字塔组织阻碍信息传递的快速性和时效性，金字塔组织信息已经不能满足信息的传递与共享。另外，根据"熵"理论，封闭的组织会随着运行"熵"不断增加，即无序化状态增加，不断积累"负能量"，需要通过打破组织边界，开放的引进"负熵"，不断消除内部的"熵"，保持组织的活力。

因此，如何建立一个开放的、以用户为中心、扁平化的平台型组织，成为新时期 HR 面临的挑战。

二是适应海尔战略的深入推进。从 1984 年创业至今，顺应时代发展要求，海尔集团经过了名牌战略发展阶段、多元化战略发展阶段、国际化战略发展阶段、全球化品牌战略发展阶段，目前已进入网络化战略阶段。每个战略阶段的思路是一脉相承的，方向是一致的，即都是创造用户需求，为用户提供满意的体检。海尔的战略目标探索是从"规模型企业"到"平台型企业"，即打造成互联网时代全球领先的智慧生活解决方案的平台。实现战略目标，需要相适应、相匹配的人力资源管理，对人力资源管理提出了新的需求。

三是人力资源管理面临亟需解决的新课题。

5.7.2　主要做法

按单聚散人力资源管理的内涵：以"单"（即来源于用户需求的市场目标）为核心，通过创新二维点阵管理工具，实现战略损益表的落地；打造平台型组织，实现与用户零距离；创新人力资源聚散模式，开放吸引全球一流的人才与资源，实现世界就是我的人力资源库；建立"对赌酬"激励机制，激发员工的潜力与激情，实现员工与企业收益共享，风险共担；通过创造者孵化平台，鼓励员工创业创新，实现人人创客；建设承接战略的 HR 大数据增值服务系统，提高运营效率，为企业决策提供数据支持。具体做法为：

（1）按单聚散的指导原则和思想。顺应互联网时代"零距离""去中心化""分布式"的发展趋势，企业明确了按单聚散人力资源管理的指导思想好原则，即"开放、共享、共赢"，从一个封闭的科层制组织转型为一个开放的创业平台，搭建机会均等结果公平的游戏规则，呼唤利益相关各方共建共享共赢。

（2）创新管理工具——二维点阵、对赌承诺。在集团网络化战略下，员工直接面对市场，是自我驱动、自主创新、满足用户需求的主体。原来的自上而下逐层确定目标的方式必须颠覆，为了使战略损益表有效落地，海尔创建了管理工具——二维点阵、对赌承诺。

二维点阵。"二维点阵"上接战略损益表，下连对赌承诺，是全流程闭环的单与绩效管理工具。二维点阵承诺战略损益表的第Ⅰ象限（战略与目标），二维点阵分纵横两个维度，横轴是企业价值（收入、利润、平台交易额、市值等）；纵轴是网络价值，是实现横轴竞争力的差异化路径，聚焦的不是短期而是长期的持续发展。

对赌承诺。承接二维点阵落地实施的载体是对赌承诺，对赌承诺承接战略损益表的第Ⅰ、Ⅲ、Ⅳ象限。

对赌承诺包含到小微的小微对赌契约和到员工的人单合一双赢承诺。小微对赌契约中明确了对赌的单、单目标、单达成的时间、单达成对应的分享机制等。小微对赌契约明确后，具体到不同类型的员工，也要有源自二维点阵的人单合一双赢承诺，每个人从不同维度承接二维点阵的纵横轴。如小微主的人单合一双赢承诺要以用户流量切入，通过产品失代和平台级产品的推出，不断提升用户黏度，优化用户体验，进而实现小微整体市场竞争力。

小微对赌契约和员工人单合一双赢承诺既自成一体，又互相呼应，前者是后者的前提，后者是前者的承接，两者以二维点阵为桥梁，相互验证，互为因果。

案例分享

雷神小微

2013 年 12 月，海尔笔记本小李无意间在网上发现很多用户对游戏笔记本的抱怨，出于好奇，他收集了网络上 3 万多条用户的意见，然后把这些意见归类 13 类用户集中抱怨的问题，主要集中在：笔记本运行不稳定；单条内存容量过小；驱动难找；散热不好等，小李还发现产生这些抱怨的用户群具有"很有自己的想法、年轻、经济独立"等特点，他判断这应该是个很好的细分市场并有良好的发展空间。

在海尔小微机制下，鼓励员工在海尔平台上创业，很快，小李把对游戏本的完整想法形成方案，经过与相关利益相关方的论证，获得了认可和通过，成立了自己的小微，基于共同的愿景和志同道合的风格，另外两人也加入了这个小微，接下来这个小微建立了交互圈，抛出了与游戏本相关话题，面对面、零距离交互用户需求，在 25 天内便吸引了 550 949 人关注，33 841 次交互，最终形成了"雷神"品牌，其初衷就是满足互联网时代多变的用户需求。小李和小微成员通过贴吧、论坛、粉丝活动等多形式的用户交互，完成了雷神 1 代的设计交互和生产，在预售环节，18 万名粉丝预定，3 000 台雷神 21 分钟抢光！2014 年"雷神"游戏本实现 2.5 亿元的销售额。

车小微

"车小微"直属于日日顺平台，它是以加盟模式吸引各资源方主动进入，给加盟商订单，给他们运营系统、派工系统、结算系统等，从而搭建起送装一体化服务平台。每一辆配送车都是一个小微公司，符合条件的家电服务点、经销商，以及物流公司、个人等都可以加盟，通过车小微，日日顺平台成为一个"开放平台"。

以前，海尔的营销服务网，从省市县甚至到乡镇都要有专人负责，服务中心人员的主要职责是接到用户订单后，给网点派单，调度送货。原来负责物流配送的车辆和人员，此前的工作是被动地接受网点安排的派单送货。而随着互联网时代电商迅猛发展，用户对大家电物流送装的及时性和服务质量又提出了新的要求，尤其是目前电商人造节日越来越多，海量订单如何短期消化，成为物流需要解决的难题。车小微模式，就是海尔在提升配送效率、提高用户满意度、降低配送成本，以强化最后一公里的配送，形成对整体物流体系的提升的新的探索。

车小微平台开放，不仅整合了海尔原来的6 000多家服务商的送装服务，还吸引了数万社会车辆加盟。通过互联网组织进入，自主抢单，服务评价来自用户，考核则靠信息系统。用户给每单的评价会影响车辆评级，评级则会影响抢单的优先级。通过这种方式，激励每辆车努力提升客户满意度。

转成车小微后，原来负责配送的司机们从被动接单变成了主动抢单，有点类似打车软件抢单。这些配送车辆既可以承接海尔的配送单子，也可以承接阿里巴巴、京东或者其他任何品牌商的配送单子。海尔原来的服务网则转型成为一个信息及支撑平台，为车小微们接大单、开发票等。车小微通的过后台的大数据系统，对沉淀下来的消费数据进行大数据分析和订单的预测，为每辆车提供智能决策支持，同时车小微通过其GPS定位系统、POS机、定制的平台电脑等完成后台数据的连接，通信管理系统可以按位置分配订单，保证快色送达体检，这样每辆车都拥有了"大脑"。

优化后的配送体系达到了惊人的效果，"双十一"凌晨，济宁的一位用户00:05分在海尔天猫官网旗舰店完成了下单，在征得用户同意后，00:25分全自动洗衣机就送到了用户家中，并为用户进行安装，这种超快速度让用户惊讶到难以置信。这样速度背后是一整套体系的支撑，要形成的是让用户尖叫的服务体验。

目前，海尔的配送系统已经吸引了九万多个"车小微"，十几万人加盟创业，其中海尔 6 000 家服务商转型而来的车小微约有 2 万个。现有每个车小微的投资回报率平均接近 30%，而企业配送成本也降低了 5%，正是有了 9 万多个"车小微"，海尔才在全国 1 500 多个区县做出了"按约送达，超市免单"的承诺。

水盒子小微

小邹原来是海尔水交互平台的员工，于 2013 年 8 月加入海尔。有着 8 年净水行业经验的他，如今的新身份是在海尔平台上创业的"水盒子小微"小微主。水盒子是一个网器，能监控自来水的水质并改造自来水，让用户通过手机 APP 随时了解情况，同时还具备提醒更换净水机滤芯等实用功能。小邹注册了公司，并为这个公司投资了 40 多万元。

采用激励模式是"创业股权激励+跟股"，团队方面，用户体验驱动接口人及资源方面动态升级（全球一流资源抢入），做出的产品体积和成本进一步减少。

5.7.3 构建以单为核心的人力资源聚散模式

按单聚散的目标是在开放的组织下，打破组织边界，让外部优秀的人和资源可以无障碍进入，相当于引入"负熵"，让组织保持持续的活力。

具体构成包括四个部分：

第一部分，明确了人力资源需求来源于战略和市场目标。

第二部分，构建了开放的人力资源交互平台，解决了人力资源来源问题，这个交互平台可以快速挖掘和搜索各类社交网站、各类专业领域网站等，把上面的人和资源动态聚集在交互平台上，同时可以把这些人和资源进行"画像"，然后匹配战略和目标的需要，进行优先级排序，显示在平台上，小微可以自主用人。另外，这个平台可以实现资源、人和小微组织之间的实时动态交互。

第三部分，解决了人和资源如何进入到海尔平台上，主要通过自主申报、开放抢单、PK 三预竞单上岗、签约契约四个小流程来实现。

第四部分，动态优化，人和资源进入平台以后，不是一劳永逸，而是动态变化的，基本上可以分成三个情形：第一个情形，发展的趋势非常好，高单高酬；第二个情形，抢了市场目标，单是周期性的项目工作，完成这个单之后可以抢其他的单，即人在企业内部，每个人都是节点，这个节点不是静态不动的，而是基于目标的需要聚散；第三个情形，抢单之后，发展趋势和竞单上岗的目标承诺有差异并且不能限期关差，这时会启动"官兵互选"的机制。

通过按单聚散平台，解决了三个问题：第一，"官兵互选"让团队能够持续保持活力，并且让更优秀的人持续动态进入到海尔平台上；第二，PK 三预竞单上岗的机制，解决了员工主动抢大目标的问题，解决了员工快速发展的问题；第三，通过开放接入一流的资源，解决了现有人的能力和更大目标之间差距的问题。

5.8　企业社会责任

海尔一直以"绿色产品、绿色企业、绿色文化"为企业的经营战略，将绿色理念深入到企业发展战略和企业文化中，致力于成为用户和社会的和谐绿色消费关系的倡导者和探索者。

5.8.1　绿色经营模式

海尔从企业自身入手，通过绿色设计、绿色制造、绿色回收打造全流程绿色管理体系，实现产品生命周期内的环境负面影响最小、资源再利用率最大化。

绿色设计：海尔在产品设计中遵循既考虑人的需求，又考虑生态系统安全的绿色设计原则，对产品进行全生命周期绿色特性分析。通过重点开展产品的模块化、可拆解、材料的可循环利用及节能、降噪等绿色设计中关键技术的研究，帮助用户合理选择最新型、最环保的绿色设计产品。代表性设计包括海尔不用洗衣粉的洗衣机、静音冰箱、省电空调、防电墙热水器、润眼电脑等。

绿色制造： 海尔以环境管理和能源管理为基础，严格遵守国际相关法规，在产品制造过程中，最终产品及包装中有效控制铅、铌、隔、六价铬、聚惆二苯醚等有毒有害原料的使用，不断增强产品环保性能，全面实施产品的绿色制造生产。

ISO 14001 环境管理体系认证，为海尔产品的绿色制造提供了有力保障。通过清洁生产审核，共产生可行无费或者低费方案 1 517 个，方案实施后产生经济效益 11 601 万元/年，减排废水 112 万吨/年，减排 COD89.8 吨/年。

绿色回收： 废旧家电具有双重性，既具有环境污染的潜在性，又具有再生资源回收利用的价值性。海尔通过绿色回收在减少废旧家电对环境污染的同时，回收大量可再生利用的原材料。

海尔已开发了多项关键回收处理技术，建设了中国第一个国家级废旧家电回收处理示范基地和第一个绿色环保教育示范基地。国际领先的拆解线已经投入运行，将由为单家服务延伸向更多企业和用户服务。

绿色文化： 海尔不仅在外部为用户打造绿色生活体验，而且在企业内部倡导"绿色文化"，将环保思维渗透到每一位员工的意识中，对参与和担负环保责任的员工给予激励，降低企业日常工作带来的环境负荷。

海尔在企业内部倡导绿色文化。如夏季空调温度不得低于 26 度，员工不必打领结，使用太阳能空调，食堂取消一次性筷子。同时，海尔在社区积极引领绿色文化，主动引导用户的绿色消费理念。

5.8.2　为用户提供绿色节能解决方案

海尔通过技术创新不断实现产品的节能低碳，以绿色低碳产品为载体，为用户提供绿色、健康的生活解决方案，实现企业的绿色价值。

海尔为用户提供整套节能家电解决方案，包括节能冰箱、不用洗衣粉的洗衣机、防电墙热水器等创新产品。

● 冰箱：海尔推出日耗电量仅为 0.19 度，比国家最高能效标准节能 63%，比欧洲最高能效等级 A+++ 标准节能 41%。

● 洗衣机：海尔在欧洲推出的水晶系列滚筒洗衣机新品，比欧洲最高 A+++ 级能效标准还节能 40%，是当时欧洲市场上最节能的洗衣机。

● 空调：采用磁悬浮技术的磁悬浮中央空调是世界上最节能的中央空调，可以有效节能 50%。海尔自主研发的太阳能中央空调系统于 2006 年 8 月装备青岛奥帆基地，每年为该基地节约运行成本 19.14 万元，减排 CO_2 约 16 吨。

海尔宽带无氟变频空调

2010 年 3 月 9 日，伴随低碳体系（国际标准 ISO 14064）在中国的正式启动，海尔空调成为这一体系的首个执行者，并被中国质量认证中心温室气体审定与核查部授予"低碳体系（国际标准 ISO 14064）定点试点企业"，这也是目前中国首个获得该体系定点试点的企业。

以"低碳"为先导，海尔宽带无氟变频空调实现了比普通变频空调省电最高达 60.5%，通过根据用户对快速制冷、制热的需求，实现了 3 分钟速热、1 分钟速冷，−30℃～55℃超宽温度启动。不仅如此，在节能方面，海尔目前研发成功的智能变频空调还可根据每月耗电情况提供分析报告，给出使用习惯改善建议，实现最佳的节能效果。

海尔无氟节能冰箱

海尔冰箱在低碳生活领域的突出贡献可追溯到 1997 年，海尔冰箱成为中国第一个实现无氟生产的中国企业开始，一直到 2013 年这 16 年间，海尔共生产了 1.1 亿多台无氟冰箱，为社会节约用电超过 1 660 亿度，相当于三峡水电站两年半的发电量。到 2007 年，海尔节能冰箱又提前达到最新能效标准。新的 1 级能效标准比过去的 1 级能效标准平均节能还要低 25%，比普通冰箱节能 50%。到 2013 年，海尔节能型号达到 99% 以上，在国家节能补贴期间，销售节能补贴产品达 500 万台以上，比国家 1 级节能产品的产品更节能 20% 以上，节约能源 2.3 亿度电，相当于 20 万家庭用电，相当于一个发电厂的发电总量。

海尔"变频静音"洗衣机

2007 年海尔洗衣机与国际一流资源联合研发出了 S-D 芯变频技术，真正把"零碳"概念落到了实处。采用了"S-D 芯变频技术"的洗衣机产品，有着省电、省水、低噪音的三大产品优势，能够达到比普通洗衣机省电 20%，降辐射 30%，噪音低，使用寿命提升 50% 的效果。

2012 年，海尔联合斐雪派克公司联合研发出了水晶滚筒，比欧洲最高 A+++ 级能效标准还节能 50%，是全球上最节能的洗衣机。

5.8.3　曾获得的绿色环保奖项

在韩国釜山召开的国际电工委员会电子元器件质量评定体系 2012 年年会上，海尔凭借杰出的质控管理体系被大会授予"有害物质管理体系贡献奖"，是中国家电行业唯一获奖企业。

2012 年 4 月 21 日，由中国企业家俱乐部主办的"2012 年中国绿公司年会"上发布了《2012 中国绿公司百强榜单》，海尔集团因在节能环保方面所做的贡献而成为最健康、最具可持续竞争力的中国"绿公司"之一，并位居家电行业之首。

2009 年 6 月，海尔获得由美国《商业周刊》颁发的"绿色企业大奖"，评选委员会认为海尔作为新一代节能电器的先锋，致力于打造中国第一绿色品牌，努力让节能环保技术平民化，为中国的绿色变革做出了显著贡献。

2009 年 5 月，海尔荣获中国企业 CSR 研究中心等机构主办的"2009 中国企业社会责任特别大奖"。海尔在绿色环保方面所做的努力，受到了社会各界的好评。

2009 年，海尔凭借在产品研发、生产、服务等可持续性绿色节能环保方面所做出的突出贡献，被评为沃尔玛 2009 年度最具可持续发展性首先供应商。

2008 年 8 月，绿色和平组织将海尔集团列位"对绿色奥运有突出贡献的赞助商"。同时获得该殊荣的只有三个奥运赞助商：海尔、可口可乐与三星。

5.8.4 社区贡献

多年来，海尔在发展壮大的同时，始终记住对社会的回馈，也一直把关注社会进步、帮助弱势群体作为必须承担的责任和义务，用高度的企业责任感为国内企业做出了表率。海尔在扶贫、救灾、助残、教育、体育等方面做出积极地投入，据不完全统计，从发展至今海尔集团用于社会教育事业、对口支援帮扶、扶贫救灾助残的捐款、捐物等共计五亿多元，体现了全体海尔人奉献社会的拳拳爱心。

1. 中国

海尔积极参与希望工程等各类助学助教活动，到 2014 年底，海尔集团在全国援建了 206 所希望学校，用于希望工程方面的捐款、捐物共计 7 000 万元。

2010 年，海尔举办"海尔希望小学走进世博"系列活动，让贫困地区的孩子们走进世博、参与世博，丰富学生的知识，增长他们的精神财富。

2008 年，海尔"一枚金牌，一所希望小学"计划与北京奥运会同步启动。在前期进行了充分实地考察的基础上，奥运期间中国运动员每夺得一枚金牌，海尔集团就会在第一时间将捐建的希望小学地点、名称向全社会公布。中国运动健儿用 51 枚金牌的卓越成绩，为三万多名贫困地区的孩子建设了 51 所海尔希望小学，为他们带来了改善学习环境的机会。

2. 海外

（1）灾害援助。

古巴：2008 年 8 月底，古巴连续遭受古斯塔夫和艾克飓风的猛烈袭击，遭受 50 年以来最严重的自然灾害。海尔集团此次一共向古巴捐助冰箱、彩电、电脑等钱物，总价值约为 15 万美元。

泰国：2011 年，泰国遭遇 60 年一遇的洪水。海尔对千余名用户进行家电免费清理清洗服务，援助受灾群众。

日本：2011 年日本东北部海域发生里氏 9.0 级地震并引发海啸，造成重大人员伤亡和财产损失。海尔日本捐款 1 亿日元，并向避难所和临时住宅提供冰箱、洗衣机、微波炉共计 200 套产品。

（2）投身公益事业。

澳洲：2006 年，海尔澳大利亚公司与澳大利亚西老虎（橄榄球）队联合资助了悉尼乳腺癌基金会，在当地塑造了备受尊敬的企业公民形象。

非洲：2012 年海尔携中国非洲人民友好协会隆重举行多媒体电子化教学教室捐赠仪式，为解决当地教育落后问题做出实际贡献。

美国：2012 年起，海尔连续两年与美国国家公园保护协会合作，为国家公园和自然资源的保护工作出力，并积极宣传企业倡导的绿色生活理念。2013 年，海尔参加了 The Food Bank for New York City 的慈善活动，每个月为纽约当地个人和家庭赞助 5 万份饮食，以帮助贫穷的妇女、儿童、老人和残疾人。

（3）赞助本土体育赛事，提升品牌融合。

美国：2006—2012 年，海尔集团与美国职业篮球协会（NBA）实现连续 6 年的市场战略合作，通过融入当地最知名的体育赛事活动，策划并实施一系列的线上线下相结合的品牌及产品推广活动，海尔品牌知名度及科技、创新的品牌认知得到有效提升，海尔美国官网的页面访问量也累计增长了 2 128％。

新西兰：海尔冠名新西兰 Netball 女子手球比赛，并赞助了当地知名球队 Haier Paulse。根据最新的品牌调研报告数据，海尔在新西兰的品牌知名度已达到 73％，成为消费者值得信赖的家电购买品牌。

日本：2009 年开始，海尔日本连续四年赞助日本西武棒球赛，并通过幸运之星等推广活动的策划和实施，品牌累计认知人数达 400 万人。

5.9　企业荣誉

5.9.1　2014 年所获荣誉

● 海尔荣获"人民企业社会责任奖"

1 月 8 日，由人民网主办的"第八届人民企业社会责任"颁奖盛典在北京隆重举行，会上公布了第八届人民企业社会责任奖的年度案例奖、年度企业奖及优秀人物奖，其中，海尔凭借其为社会做出的贡献获得了年度企业奖。

● 海尔入选中国最具创新力的公司

2 月 10 日，全球大型家用电器第一品牌海尔被国际知名商业媒体《快公司》杂志评选为中国最具创新力的公司。《快公司》认为海尔让每个员工自主经营的举措是具有颠覆性的创新。

● 海尔荣获中国工业大奖

5 月 17 日，第三届中国工业大奖在北京人民大会堂揭晓。海尔荣获最高奖项"中国工业大奖"，这也是目前为止家电业唯一获此殊荣的企业。

● 海尔获得 2014 品牌中国花谱奖

8 月 8 日，由品牌中国、贵州省工商联、贵阳市人民政府联合主办的第八届中国品牌节上，海尔荣获"2014 品牌中国华谱奖"，荣获"叱咤全球的国家名片"。

● 海尔位列亚洲品牌 500 强第 11 位

9 月 9 日，被誉为亚洲品牌年度"奥斯卡"大奖推选活动的第 9 届亚洲品牌盛典在香港开幕，活动现场发布了"亚洲品牌 500 强"榜单，海尔位列第11 位。

● 海尔连续 6 年入围全球挑战者百强榜单

9 月 11 日，美国咨询业巨头波士顿咨询公司（BCG）在夏季达沃斯论坛上揭晓了 2014 年全球挑战者百强榜单，海尔集团连续六年入围，是唯一入围的中国消费类企业。

● 海尔连续 5 年获得"2014 全球竞争力品牌·中国 TOP 10"称号

9 月 18 日，在 2014 FutureM 未来营销论坛上，IDG 发布了"2014 全球竞争力品牌·中国 TOP 10"榜单，海尔集团连续 5 年入围该榜单，获得"2014 全球竞争力品牌·中国 TOP 10"称号。

5.9.2　2013 年所获荣誉

● 海尔集团跻身全球最具创新力企业十强

在 2013 年 1 月 10 日美国波士顿咨询公司公布的《2012 年度全球最具创新力企业 50 强报告》中，海尔集团位列第八位，同时位列"消费产品和零售"领域首位，这也是中国企业的最高排名。较 2010 年上一次发布排名，海尔集团前进了 20 位。

● 2013 中国企业形象管理典范

9 月 24 日，由中国文化管理协会企业文化管理委员会主办的第四届中国企业形象管理大会上，表彰了全国企业形象管理的典范单位和个人。其中，海尔集团荣获"2013 中国企业形象管理典范"称号。

● 海尔连续 12 年居中国最有价值品牌榜榜首

2013（第 19 届）中国最有价值品牌研究结果日前在法国巴黎揭晓。海尔以 992.29 亿元（人民币）的品牌价值连续 12 年居首。这是中国最早也是持续时间最长的关于品牌价值比较的专业研究，由睿富全球排行榜资讯集团与北京名牌资产评估有限公司共同进行。

● 海尔荣登 2013 中国最佳品牌价值榜

10 月 23 日，全球最大品牌咨询机构 Interbrand 在中国上海发布了"2013 最佳中国品牌价值排行榜"。在家电行业，海尔以 54.88 亿元（人民币）的品牌价值位居家电业首位，品牌价值同比增长 14％。

● 海尔荣获首届中国质量奖

12 月 16 日，在首届中国质量奖评选中，海尔集团凭借"人单合一双赢"的质量管理模式，成为两家中国质量奖获奖组织之一。

● 海尔获得全球"五连冠"

世界权威市场调查机构欧睿国际发布的数据显示，海尔大型家用电器2013年制造商零售量占全球市场的11.6%，居全球第一。海尔大型家用电器2013年品牌零售量占全球市场的9.7%，居全球第一。至此，海尔同时拥有全球大型家用电器第一品牌、全球冰箱第一品牌与第一制造商、全球洗衣机第一品牌与第一制造商、全球酒柜第一品牌与第一制造商、全球冷柜第一品牌与第一制造商共九项殊荣。

5.9.3　2012年所获荣誉

● 海尔最具创新力的中国公司

8月13日，《财富》中文网发布了"2012最具创新力的中国公司"榜单，海尔集团再度上榜。《财富》（中文版）认为，创新需要持续的投入和关注，丝毫的懈怠都可能导致被竞争对手超越。而海尔集团之所以能够持续被评为最具创新力的中国公司，说明海尔探索的互联网时代的商业模式——"人单合一双赢"模式跟上了时代的步伐，符合互联网时代的需求。

● 海尔集团位居"2011度中国轻工业百强企业"首位

6月6日，由中国轻工业联合会发起的"2011年度中国轻工业百强企业"评选结果揭晓，海尔集团荣获中国轻工业百强企业第一名。本次评选对企业规模水平、盈利水平、价值创造能力、对社会贡献及成长性等综合性指标进行评价，同时强调企业的均衡发展，全面、动态地考察企业的竞争水平。评价范围涉及19个轻工行业，海尔集团已连续三届位居该评选首位。

5.9.4　2011年所获荣誉

● 海尔"人单合一双赢"模式创新获美国管理会计师协会大奖

12月18日，由IMA（美国管理会计师协会）主办的2011年度中国管理会计行动学习峰会暨奥马颁奖典礼在北京举行，海尔集团"人单合一双赢"模式获得2011年管理会计行动学习企业奖。

● 海尔集团蝉联全球竞争力品牌中国十强排行榜

10 月 21 日，由美国国际数据集团主办的"2011 全球竞争力品牌·中国 TOP10"评选在美国卦谷揭晓，海尔集团从众多候选企业中脱颖而出，成功入选。这也是海尔集团第二次获此殊荣。

美国国际数据集团（以下简称 IDG）是全世界最大的信息技术出版、研究、会展与风险投资公司，具有全球化、区域性和本地化的专业视角。本次评选以"品牌领航全球化"为主题，通过 IDG 等权威数据评定，数万名社会各界人士的公开网络投票以及专业评审团的评估评选而出，共历经 5 个月。

● 海尔入选《财富》中文版 2011 "最具创新力的中国公司"榜

8 月 12 日，《财富》中文版发布了 2011 "最具创新力的中国公司"榜，25 家公司榜上有名，海尔位居家电行业榜首。《财富》中文版给出的上榜理由是：海尔打破了传统的组织模式，由"正三角"转向"倒三角"，一线员工直接面对用户，高高在上的领导者成为倒金字塔底部的资源提供者。商业流程的再造激发了每个员工的创新力，他们在一线创造出的源于市场需求的创新，让这家公司爆发出了前所未有的活力和能量。

● 英国销售杂志 *Campaign* 发布亚太最有价值品牌千强，海尔居中国大陆品牌首位

英国营销杂志 *Campaign* 发布的亚太最有价值品牌 1 000 强，海尔位列中国大陆品牌首位。亚太地区最有价值 1 000 强品牌报告由市场研究公司 TNS 负责部署，并由 TNS 与 *Campaign* 杂志亚太版共同制作。该报告共涵盖了澳大利亚、中国大陆、印度、日本、中国香港、马来西亚、新加坡、中国台湾、韩国和泰国十个地区，涉及品牌达到 72 个门类，参与调查的用户达到 3 300 位。

● 海尔入选全球最具声誉公司榜

据福布斯网站北京时间 6 月 9 日刊文称，国际化咨询公司信誉研究院日期评出了全球最具声誉的 100 家公司，所有入围公司全部为跨国企业。其中谷歌排名第一，苹果排名第二。中国有三家公司入围，分别是海尔、联想、青岛啤酒。榜单排名是信誉研究院根据跨国企业市场范围广的特点，对全球 15 个市场约 4.8 万名用户进行调研，以企业在用户心目中的信任、尊重、赞誉和好感四种感情进行评分，综合分析得出。

案例分享

全球顶级管理专家看海尔

张瑞敏是伟大的战略思想家。海尔的战略思路非常清楚，海尔的实践非常有竞争力、非常创新、很有吸引力。

——"竞争战略之父"迈克尔·波特

如何让企业全员面对市场、服务用户是全世界企业的难题，也是管理界的难题。目前在全球范围内，进行类似的管理革新的企业本来就不多，取得成功的则还没有。海尔推进的自主经营体创新是超前的，相信一定会取得成功。我希望能参与到这个过程中来，提供支持和帮助。

——世界一流的战略大师、《管理大未来》的作者　加里·哈默

海尔人单合一双赢模式是一种非常值得研究的公司治理模式，这个模式会对市场绩效带来非常大的影响。如何激发每个人的潜能是全世界公司的难题，如果海尔能够解决，那么海尔这个平台做什么都可以成功。要做成这一创新，经营体制和经营体成员的素质必须迅速提高。

——哈佛商学院高级副院长　潘夏琳

海尔自主经营体是要在企业内部培养国际化员工的企业家精神，我从来没有看到过一个大规模公司涉足这种模式。海尔的管理模式超越了西方代理理论，创造了"超级团队"的新模式。

——世界最著名商学院美国沃顿商学院　马歇尔·迈尔

海尔所推进的这些创新更加关注人的挑战性。传统组织里，员工听领导的指示，不会有任何的兴奋点。在海尔创新的组织里，员工不断有挑战，不断有兴奋点。

——营销学大师菲利普·科特勒

海尔是中国公司中非常有代表性的一家，正在运用数字化技术和云数据来改变自己的商业模式，其正在进行的自主经营体、小微公司等组织变革是对所有竞争者的致命武器，因为这样变革使整个公司与用户零距离。

——世界知名管理大师拉姆·查兰

第 6 章
青岛啤酒

6.1   企业简介

青岛啤酒产自青岛啤酒股份有限公司（以下简称青岛啤酒或青啤），公司的前身是国营青岛啤酒厂，1903 年由英、德两国商人合资开办，是最早的啤酒生产企业之一。青岛啤酒选用优质大麦、大米、上等啤酒花和软硬适度、洁净甘美的水为原料酿造而成。原麦汁浓度为十二度，酒精含量为 3.52%～4.8%。酒液清澈透明、呈淡黄色，泡沫清白、细腻。

青岛啤酒股份有限公司的前身是 1903 年 8 月由德国商人和英国商人合资在青岛创建的日耳曼啤酒公司青岛股份公司，2008 年成为北京奥运会官方赞助商，跻身世界品牌 500 强。

1993 年 7 月 15 日，青岛啤酒股票在香港交易所上市，是中国内地第一家在海外上市的企业。同年 8 月 27 日，青岛啤酒在上海证券交易所上市，成为中国首家在两地同时上市的公司。

20 世纪 90 年代后期，青岛啤酒股份有限公司运用兼并重组、破产收购、合资建厂等多种资本运作方式，在中国 19 个省、市、自治区拥有 50 多家啤酒生产基地，基本完成了全国性的战略布局。

青啤公司 2010 年累计完成啤酒销量 635 万千升，同比增长 7.4％，实现主营业务收入 196.1 亿元人民币，同比增长 10.4％，实现净利润 15.2 亿元人民币，同比增长 21.6％，继续保持利润增长大于销售收入增长，销售收入增长大于销量增长的良好发展态势。

青岛啤酒远销美国、日本、德国、法国、英国、意大利、加拿大、巴西、墨西哥等世界 70 多个国家和地区。全球啤酒行业权威报告 *Barth Report* 依据产量排名，青岛啤酒为世界第六大啤酒厂商。

青啤的品牌历史悠久，在国际上的影响力比较大，可是"帆很小，船很小。"1998 年，公司制定了"大名牌"发展战略，开始进行大规模的并购扩张。青啤的战略重点从"做大做强"转为"做强做大"，从扩张转向整合。在世界品牌价值实验室编制的 2012 年度《中国品牌 500 强》中，青岛啤酒的品牌价值已达 631.68 亿元。2013 年，青岛啤酒品牌价值为 805.85 亿元，升值 28％，连续十年居啤酒行业首位。

青岛啤酒几乎囊括了 1949 年新中国建立以来所举办的啤酒质量评比的所有金奖，并在世界各地举办的国际评比大赛中多次荣获金奖。1906 年，建厂仅三年的青岛啤酒在慕尼黑啤酒博览会上荣获金奖；20 世纪 80 年代三次在美国国际啤酒大赛上荣登榜首；1991 年、1993 年、1997 年分别在比利时、新加坡和西班牙国际评比中荣获金奖；2006 年，青岛啤酒荣登《福布斯》"2006 年全球信誉企业 200 强"榜单，位列 68 位；2007 年荣获亚洲品牌盛典年度大奖；2009 年，青岛啤酒荣获上海证券交易所"公司治理专项奖——2009 年度董事会奖""世界品牌 500 强"等诸多荣誉，并第七次获得"中国最受尊敬企业"殊荣；2010 年，青岛啤酒第五次登榜《财富》杂志"最受赞赏的中国公司"。

6.2　发展历史[1]

1903 年，青岛啤酒厂由英德商人创办，时名"日尔曼啤酒股份公司青岛公司"，生产设备、原材料从德国进口。1906 年，该厂产品即在慕尼黑国际博览会上获得金奖。

1993 年，青岛啤酒股份有限公司成立并进入国际资本市场，公司股票分别在香港和上海上市，成为国内首家在两地同时上市的股份有限公司，募集的雄厚资金为今后的飞速发展奠定了坚实的基础。至 2001 年，通过全面实施"大名牌"战略，青啤公司在全国已基本完成战略布局。抢占了全国市场的制高点，实现了地产地销的战略转变。对购并企业，推行青啤管理模式，用青啤企业文化来整合子公司管理思想和理念。

青岛啤酒厂始建于 1903 年。当时青岛被德国占领，英德商人为适应占领军和侨民的需要开办了啤酒厂。企业名称为"日尔曼啤酒公司青岛股份公司"，建厂初期的年生产能力是 2 000 吨，生产设备和原料全部来自德国，产品品种有淡色啤酒和黑啤酒。在上海、青岛、芝罘、天津、大连设有销售总代理。当时，产品质量就很出色。据日本田原之次郎所著《胶州湾》一书记载："日尔曼啤酒公司青岛股份公司生产的啤酒 1906 年在慕尼黑博览会上展出，获得金牌奖。"

第一次世界大战爆发以后，日本乘机侵占青岛。1916 年 9 月 16 日，日本国东京都的"大日本麦酒株式会社"以 50 万银圆将青岛啤酒厂购买下来，更名为"大日本麦酒株式会社青岛工场"，于当年 12 月正式开工生产。日本人对工厂进行了较大规模的改造和扩建。1939 年建立了制麦车间，曾试用山东大麦酿制啤酒，效果良好。大米使用中国产以及西贡产，酒花使用捷克产。第二次世界大战爆发后，由于外汇管制，啤酒花进口发生困难，曾在厂院内设"忽布园"进行试种。由于设备能力的扩大，1936 年实际产量四打

---

[1]　青岛啤酒集团. 青岛啤酒厂志 [M]. 青岛：青岛出版社，2003.

装 103 202 箱（3 208 吨），最高年产量曾达到 4 663 多吨。

1945 年抗日战争胜利。当年 10 月工厂被国民党政府军政部查封，旋即由青岛市政府当局派员接管，工厂更名为"青岛啤酒公司"。1947 年 6 月 14 日，"齐鲁企业股份有限公司"从行政院山东青岛区敌伪产业处理局将工厂购买，定名为"青岛啤酒厂"。工厂的主要管理人员从厂长到各主要生产部门配备的负责人和技师都具有大专以上的学历，在生产和工艺技术问题的处理上由专业人员负责确定。

1979 年以后，随着国家产业政策的调整，工厂的活力日益增强，基本建设的步伐大大加快，工厂大规模引进国际上先进的技术装备。1981 年，在中央和国务院领导的关怀下，国家计委、进出口委、财政部批准投资 4 551.62 万元，进行 10 万吨扩建工程，于 1986 年 8 月竣工投产，1986 年的产量在全国啤酒行业里首先突破 10 万吨。同年，国家计委又批准拨款 4 998.39 万元，进行 13 万吨技术改造工程，并要求在 1988 年建设 13 万吨的同时，要统筹考虑建设 20 万吨和 30 万吨的发展规划，以加快青岛啤酒的发展步伐。这个时期，年产 10 万吨的青岛啤酒第二有限公司于 1991 年建成投产；年产 10 万吨的青岛啤酒第三有限公司正在筹建中；年产 2 万吨的青岛啤酒四厂，也于 1991 年 2 月开始生产。到 1992 年末，青岛啤酒的年产量已达 24 万吨。

随着国家经济的发展与市场的变化，青岛啤酒厂的生产品种与生产结构，也不断有新的变化。青岛啤酒厂主要生产淡色啤酒，但也曾生产过黑啤酒。后来由于啤酒出口量扩大，酿造能力有限，故在 1972 年停止了黑啤酒的生产，将青岛黑啤酒的技术工艺及有关设备，转移到其他厂生产，使用青岛牌商标。在日本人经营时期开始的制药——维他益车间，1977 年后改为"青岛啤酒制药厂"，又增加生产三合素、酵母粉等。1980 年，根据国家整顿药厂的要求，停止生产。1964 年，为了发展葡萄酒工业，青岛市第一轻工业局决定将果酒车间从青岛啤酒厂分出，成立青岛葡萄酒厂。1958 年，根据青岛市第一轻工业局要求，青岛啤酒厂成立罐头车间，增加罐头生产。1963 年，为全力搞好啤酒的生产，罐头车间下马停产。

1978 年，青岛啤酒首次进入美国市场，由美国的莫纳克公司作为青岛啤酒的总代理，当年销量为 2 万箱。此后，在有几十种国外啤酒激烈竞争的美国市场上，青岛啤酒以其较高的品质、独特的风味加之美国代理的大力促销宣传，终于巩固了在美国的销售市场，并在美国 50 个州建立了强大销售网络，进入了中国餐馆和国外开办的连锁饭店及超级市场。从 1978 年青岛啤酒首次进入美国市场到 1992 年的 15 年里，青岛啤酒在美国市场的销量由 2 万箱增至 120 万箱，销量排列名次由第十三位跃为第九位，所占市场比重由 0.3％增长到 1％以上。1978 年至 1992 年，青岛啤酒在美国市场上的销量占亚洲 12 个国家出口量的 25％。

在漫长的 100 多年发展历程中，青岛啤酒厂积累了丰富的经验，在消化吸收的基础上形成了自己独特的传统。1963 年 4 月在全国第二届评酒会上，青岛啤酒被评为国家名酒，获轻工业部金质奖章；1979 年 9 月获国家经委颁发的国家优质产品银质奖；1980 年、1985 年两次获得国家质量金质奖；1980 年 4 月获国家工商行政管理局"国家著名商标"称号；1991 年 9 月被评为中国十大驰名商标之一。在国际上，1981 年、1985 年两次在美国华盛顿举行的国际评酒会上获得冠军；1987 年 5 月在美国密西西比州杰克逊市举行的国际啤酒评比中名列榜首；1991 年 9 月在比利时布鲁塞尔举行的蒙顿国际评比大赛上获金质奖。

公司全资拥有青岛啤酒一厂、二厂、四厂、扬州啤酒厂、日照啤酒厂和青岛麦芽厂并控有青岛啤酒西安有限公司 55％的股份及深圳青岛啤酒朝日有限公司 35％的股份。公司销售收入、实现利税、出口创汇等指标位均居中国啤酒行业之首。青岛啤酒集团的发展目标就是要充分发挥品牌及技术优势，以民族资本为主，以弘扬民族工业为旗帜，国内收购兼并厂和新建厂并举，尽快扩大规模经济，并大力推进多元化经营，不断培育新的经济增长点，尽快把青啤集团建成具有超强实力、跨地区、跨行业、综合性的大型企业集团。

20 世纪 90 年代初，通过与另外 3 个工厂的联合，成立了股份制公司，青岛啤酒厂也更名为"青岛啤酒股份有限公司"，27％的股份被美国的安海斯-布什（A-B）公司持有，2008 年英博集团购并安海斯-布什，中国商务部反垄断局于 11 月 18 日决定附条件批准购并。

1993 年 7 月，青岛啤酒 H 股在香港上市，是中国第一家内地在港发行 H 股上市的企业，同批赴港上市的还有上海石化等共 9 家。

1998 年，青岛啤酒实施"大名牌发展战略"，率先在全国开展大规模兼并扩张，截至 2007 年 9 月，已在全国 18 个省市拥有或者绝对控股 71 家分公司。2002 年 10 月 21 日，美国 A-B 公司和青啤公司在美国纽约正式签署《战略性投资协议》，A-B 公司成为青啤公司战略投资者。2005 年 8 月 11 日，青岛啤酒与北京奥组委签约，成为北京 2008 年国内啤酒赞助商。2009 年 4 月 30 日，百威英博以每股 19.78 港元向日本朝日啤酒出售青岛啤酒 19.9％权益，套现 6.665 亿美元，ABInbev 则将保留 7.01％的股权。

6.3　啤酒历史

我国古代的原始啤酒可能也有 4 000 至 5 000 年的历史，但是市场消费的啤酒是到 19 世纪末随帝国主义洋枪洋炮一起进来的，在中国建立最早的啤酒厂是俄国人在哈尔派八王子建立的乌卢布列夫斯基啤酒厂，此后五年时间里，俄国、德国、捷克分别在哈尔派建立另外三家啤酒厂。

1903 年，英国和德国商人在青岛开办英德酿酒有限公司，生产能力为 2 000 吨，这就是现在青岛啤酒厂的前身。

1904 年，哈尔滨拥有了中国人自己开办的啤酒厂——东北三省啤酒厂。1914 年，哈尔滨又建起了五洲啤酒汽水厂；同年北京建立了双合盛啤酒厂；1935 年，广州出现了五羊啤酒厂。

1958 年，我国在天津、杭州、武汉、重庆、西安、兰州、昆明等大城市投资新建了一批规模在 2 000 吨左右的啤酒厂，成为我国啤酒业发展的一批骨干企业。

到 1979 年，全国啤酒厂总数达到 90 多家，啤酒产量达 37.3 万吨，比新中国成立前增长了 50 多倍。

然而，我国啤酒业大力发展发生在 1979 年之后十年，啤酒工业以每年 30％以上的高速度持续增长。20 世纪 80 年代，我国的啤酒厂如雨后春笋般不断涌现，遍及神州大地。到 1988 年，我国大陆啤酒厂家发展到 813 个，总产量达 656.4 万吨，仅次于美国、德国，名列第三。短短十年，我国啤酒厂家增长 9 倍，产量增长 17.6 倍，从此，我国成了名副其实的啤酒大国。

融合了古老的珍贵典藏和现代设计的青岛啤酒博物馆，作为百年青岛啤酒企业文化的一个重要组成部分，该博物馆集青啤的历史发展历程、深厚的文化底蕴、先进的工艺流程、品酒娱乐、购物为一体，为国内首家啤酒博物馆。

坐落在 1903 年建设的青岛啤酒厂——登州路 56 号内，它的建成不仅为海内外游客走近青岛啤酒、了解青岛啤酒提供了一个独具魅力的"视角"，更成为青岛市引以为傲的旅游产品。

整个临街建筑外墙以仿欧洲古典建筑风格进行改造的青岛啤酒博物馆展出面积为 6 000 多平方米，共分为百年历史和文化、生产工艺、多功能区三个参观游览区域。

青岛啤酒博物馆中最具价值的核心区域当属第一区域——百年历史和文化。在这里，顺着时空的脉络，游客可以通过详尽的图文资料，了解啤酒的神秘起源、青啤的悠久历史、青啤数不胜数的荣誉、青岛国际啤酒节、国内外重要人物来青啤参观访问的情况，许多从欧洲和全国收集的文物、图片、资料和青岛啤酒的各阶段的实物是这一区域的展示精华。而祖辈曾在青啤工作过的德国、日本友人专门捐献的文物史料，使得这一展区更加引人入胜。

6.4　现代发展历程

青啤于 1993 年 7 月 15 日在香港联合交易所有限公司上市，成为首家在香港上市的中国 H 股，同年 8 月 27 日在上海证交所上市。

6.4.1　第一阶段——做大做强的阶段

青啤的品牌一向走高中档的市场，但高中档市场仅占全中国市场的 15% 左右。增长快速及潜力巨大的，却是占有 85% 市场份额的大众市场。因此从 1993 年开始，青啤原总经理彭作义希望借着收购当地啤酒品牌来打人不同省市的大众市场。青啤以"做大做强"及"低成本收购"作为整个收购策略的蓝图及核心，并以增加产量到 300 万吨及增加市场占有率到 10％以上为目标。

"做大做强"的理念就是透过购并把市场向下延伸，以高中档的市场补贴大众市场，进而打入一直被忽悠的大众市场。但由于青啤是独资经营的公司，并无母公司的财务支持，因此需独立承担收购重责。也就是说，青啤在进行收购活动时需要做出比竞争对手，如北京控股的燕京啤酒和华润的雪花啤酒付出更多直接的代价。因此为了能在短时间内进占更大的市场，不得不实施"低成本收购"。截至 2003 年，青啤的并购中有 42％属于破产收购，这个比例是相当惊人的。到 2001 年，青啤已完成了四十多项收并活动，厂房遍布 17 个省市。生产量由 1996 年的 35 万吨升至 2001 年的 251 万吨，而市场占有率也由 1996 年的 3％升至 2001 年的 11％，达到彭作义所讲"增加生产量到 300 万吨"及"增加市场占有率到 10％"的目标，成为全国最大的啤酒厂。2001 年，虽然青岛已占有市场 11％，但单单这一年，青岛在低档的大众市场的亏损已达到 7 000 多万元，青岛需要以高中档市场所赚的利润去补贴低档市场。青啤在不断收购的同时，营业和管理费用亦不断上升，子公司营业及管理费用从 1998 年的 8 541 万元上升至 2002 年的 12.392 1 亿元，劲升14.5 倍。

青啤生产能力透过高速度收购不断提高。虽然青啤产量历年亦有提升，但升幅较慢。青啤于 2001 年的生产能力已超过 360 万吨，但产量只有 250 万吨，厂房空置率更高达 30％，严重浪费生产力及资源。结果是青啤的边际利润的表现在三大啤酒厂中明显最差，青岛啤酒只有 1.80％，而拥有燕京啤酒的北京控股就有 13.90％，而华润雪花啤酒也高达 9.86％而大幅超过青啤。可见过往的急速收购活动对青啤弊大于利。

6.4.2 第二阶段——精益求精的阶段

由于盲目高速的收购活动加上内部管理的不协调令青啤出现高成本、入不敷出、债台高筑等问题。2001 年 7 月，青啤原总经理彭作义辞世，由金志国接任。他明确地调整青啤的运营战略，由"做大做强"改变为"做强做大"，着力推行改革，提升公司的内部核心竞争力。

改革措施具体包括：架构重组；品牌重组；增减子公司股权；增慢收购速度。我认为这些重组的做法对于大部分公司而言具有相当参考性，因此我们将作进一步的详细分析。

1. 构架重组

未重组前，青啤的子公司每个都是独立的营运单位，同一地区内的子公司的营销范围没有清晰的划分，各自有销售网络和行政单位，造成资源重叠和浪费。青啤于是自 2000 年起先后组建八个事业部，把全国的子公司按区域收归各事业部，划小范围管理，统一产供销、市场及行政管理，共同使用运输、分销等系统以实现资源优化配置，节省人手及成本。2000 年，青啤在青岛本部首先建立 ERP 信息系统，并于 2002 年 6 月于华南事业部实施第二期计划。经过首两期的实施，青啤统一了 22 041 种数据编码、整理 1 400 余个客户档案、2 000 余个供货商档案等，并为各部门建立管理信息系统模块模型。在事业部制度的区域管理和 ERP 信息系统的基础上，青啤成立了仓储调度中心，对全国市场区域的仓储活动进行重新规划。青啤的仓库面积由以往的 7 万多平方米下降到 29 260 平方米。库存量也得到改善，从以下数据可以知道成立仓储调度中心后青岛本部的产量虽然上升了，但库存量反而大大下降。

2. 品牌重组

经过一轮疯狂收购后，青啤旗下的品牌增至 40 多个，不但难以管理，更造成"自己人打自己人"的情况。有鉴于此，青啤进行品牌重组，欲在 5 年之内将 40 多个品牌减至 10 个以下。例如在东北地区，青啤旗下的啤酒品牌一共有三个，分别为五星啤酒、兴凯湖啤酒及青岛啤酒。经过重组整合后，青啤把这三个品牌归纳为一个品牌——"青岛啤酒"推出市面，再与同区的对手——雪花啤酒和百威啤酒竞争。

3. 增减子公司的股权

自 1994 年收购扬州啤酒厂以后，青啤兼并了 40 多家啤酒企业，但这 40 多家企业却是 1/3 盈利、1/3 持平、1/3 亏损。为增加盈利，减少开支，青啤增持了一些表现较好的子公司的股权。而减持表现较差的，甚至注销它们。举例而言，青啤增持西安公司的股权由 56.32% 至 76.1%，增持渭南公司股权由 41.28% 至 69.28%，增持薛城公司股权由 70% 至 85%。青啤同时减持北京三环股权由 54% 至 29%，并注销了江苏和上海啤酒的营销。

4. 减慢收购

青啤自从大量收购全国各地的啤酒厂后，负债率不断上升，银行因此不愿再贷款给青啤。由于资金不足，青啤无法继续疯狂收购。再者，新上任的总经理有意推行新政，减慢收购，并进行内部整合，青啤自 2001 年开始已大大减慢收购的速度。2002 至 2003 年间，青啤只收购了两间的啤酒厂，分别为厦门银城股份有限公司和湖南华狮啤酒厂，青啤在这两项收购中，共享了 1.24 亿元。

由以往青啤股价的走势看来，大部分时间青啤 H 股股价会在并购消息发放后下跌，反映香港机构投资者对青岛啤酒并购消息抱负面反应。由于对青岛啤酒的前景抱怀疑态度或质疑一连串并购对青岛啤酒能否产生协同效应，触发投资者于并购消息发报后抛售青岛啤酒股票。反之，青岛 A 股股价却受并购利好消息影响而令其股价不断上扬。改革前，A 股股价一直偏好，这是由于国内的小股民“羊群心态”，视收购为好消息。但改革后，A 股股价并未因改革而大幅上升，基本保持稳定，而香港机构投资人较国内股民更着重基础分析。由于机构投资人认为青啤做大做强的策略失当，因此青啤疯狂收购的结果使得青啤 H 股股价在改革前一路下滑。但改革后股价却不断上升，显然是机构投资人肯定青啤的改革策略。

2008 年 12 月末，在世界权威的品牌价值研究机构——世界品牌价值实验室举办的"2008世界品牌价值实验室年度大奖"评选活动中，青岛啤酒凭借良好的品牌印象和品牌活力，荣登"中国最佳信誉品牌"大奖。

6.5　国际进程

6.5.1　国际市场

青岛啤酒是最早进入国际市场的中国品牌之一。1906年，在慕尼黑国际啤酒博览会荣获金奖；1948年，青岛啤酒开始大批量出口至新加坡，当地《星洲日报》称该啤酒质量远驾于其他啤酒之上，当地侨商争求其代理资格；1954年，青岛啤酒开始大批量发往香港；1972年，青岛啤酒进入美国市场，1988年在美国的销售量已达124万箱，到现在仍然是美国市场上销量最大的亚洲啤酒品牌。截至目前，青岛啤酒远销美国、日本、德国、法国、英国、意大利、加拿大、巴西、墨西哥等世界71个国家和地区，居中国啤酒出口量首位，占到中国啤酒出口量的50%以上。已经形成北美、欧洲、东南亚三个强力出口三角架。2005年，青岛啤酒在台湾10万吨生产能力的啤酒工厂投产，青岛啤酒迈出了在海外生产的第一步。2007年，青岛啤酒董事会通过了在泰国建设海外工厂的决定。

1972年，青岛啤酒进入美国市场以后，1981、1985、1987年在美国华盛顿、密西西比州举行的三次品酒会上，通过对数百种啤酒进行匿名评比（密封商标、只能品尝、不见品牌），青岛啤酒三次荣登榜首，且在短短几年间，成为美国市场上销量最高的亚洲啤酒，并赢得了世界500强企业Crown公司的青睐。青岛啤酒在美国的产品销售，由Crown公司代理，该公司有强大的主流渠道和市场网络，正在帮助青岛啤酒完成"from Chinatown to downtown"的转变。

青岛啤酒自20世纪50年代出口欧洲以来，深受欧洲消费者的认可和喜爱，先后在比利时布鲁塞尔、西班牙马德里获得国际金奖。1992年青岛啤酒在意大利成立欧洲办事处，1994年迁至法国巴黎成立青岛啤酒（欧洲）贸易有限公司。2007 年青岛啤酒在欧洲的销售量比 1997 年时增加了 80％，青岛啤酒是进入家乐福、欧尚等主流渠道的唯一亚洲啤酒品牌。青岛啤酒在国际市场的阶段性策略是"走出唐人街，走进主流市场"。

同时，青岛啤酒已经实现了采购的国际化。青岛啤酒一直坚持从澳大利亚、法国、加拿大进口优质大麦作为酿酒原料，这些产地的大麦籽粒饱满、溶解性好、色浅，是目前世界上最优质的酿酒用大麦，保证了青岛啤酒的高品质。

青岛啤酒一直与英国国际酿造研究院、加拿大酿造技术研究中心、德国杜门斯啤酒学院有常年的产学研合作，通过与国际实验机构的合作与交流，保证酿造技术的高水准和产品标准的同步化。

6.5.2　品牌国际

青岛啤酒的品牌价值逐年递增，在 2005 年（首届）和 2008 年（第二届）连续两届入选英国《金融时报》发布的"中国十大世界级品牌"。其中 2008 年在单项排名中，青岛啤酒还囊括了品牌价值、优质品牌、产品与服务、品牌价值海外榜四项榜单之冠。

2007 年，在咨询公司 Interbrand 和美国《商业周刊》联手进行的中国品牌调查中，通过了解 500 多名营销和商务专家对中国品牌的认识，并分析了公司的财务状况和战略后，Interbrand 评出五家"已获得相当认可"的全球企业，青岛啤酒在"已获得相当认可"的公司中位列第二。文章评论说，"冰镇青岛啤酒早在 20 世纪 40 年代就开始出现在中国餐馆和全球各地的商店、餐厅里。公司成功的树立了品牌形象，44％的调查回应者认为青岛啤酒是中国两大全球品牌之一，并在'中国的形象使者'方面给予了它很高的评价。"

北京在成功申办 2008 年奥运会之后，青岛啤酒抓住奥运机遇，成为奥运会赞助商，积极利用奥运平台提升品牌在国际上的影响力。

青岛啤酒策划"青岛啤酒·CCTV·倾国倾城——最值得向世界介绍的中国名城"大型电视活动，在向世界推广青岛啤酒品牌的同时将中国名城推荐到全世界。

6.5.3　资本运作

1993 年 7 月 15 日，青岛啤酒在香港联交所挂牌上市，成为中国内地第一家在海外上市的企业。

2002 年 10 月 21 日，青岛啤酒与当时全球规模最大的啤酒制造商美国安海斯-布希公司（A-B）签署《战略性投资协议》，引入 A-B 为战略投资者。和 A-B 合作以后，双方开展了"最佳实践交流"活动，实现了知识库的对接，这对提高公司市场竞争力，加快国际化进程有重要意义。

1996 年 3 月 7 日，青啤向美国发行一级存股证（ADR）获美国证券及交易委员会批准正式开始交易。

2003 年，上市公司。

青岛啤酒在内地企业中，率先进入国际资本市场，这使得青岛啤酒在上市公司运作及监管规则方面，率先了解了国际规则，从而严格按规则规范运作，在法人治理架构方面也成为内地企业的榜样。

6.6　企业文化

6.6.1　青啤的公司文化释义

青啤公司文化是青啤公司全体成员的一种共同的特质。既是外在的、外显的，更是内在的、隐含于公司成员脑海里、内心里的自觉的理念、意识或规则，它区别于人们日常的理解。如文化是一切物质文明和精神文明的总和，还有一些艺术、游戏类的事物，那是艺术不是青啤所说的公司文化，如果把这些都说成是公司文化，那实在是太轻视公司文化了。

公司文化因人而生，因组织而生，是内在的，是公司的标志，也是公司的内涵。无论青啤人身在何处，从事何种工作，工作在什么时代，你认同了青啤公司文化，你就属于这一文化，你就是真正的青啤人，因为你与青啤人的行为处事别无二致，你完全依照青啤人的样式思考问题、评价问题和采取行动。

公司文化，定义不同，体悟就不同，深度也就不一致。假若在青啤公司内这个子公司认同的青啤文化与那个子公司认同的青啤文化不一样，甚至个个都力图自己提出一个文化定义尽可能与别人不同，以显示出自己的独特性，那就犯了大忌，大错而特错。青啤公司文化必须是统一的，全公司员工认同一致的。对于青啤文化的提升和进步，每个子公司的每一名员工都有责任维护它、丰富它、充实它，但必须得到全公司员工的认同，它永远是青啤的文化，而不是某个子公司的文化。所以说，我们必须对它有个非常科学的界定和统一的概念，一个很清晰、很准确的定义，一种共同的语言，一个符合逻辑的系统的文化框架。

青啤公司文化是青啤人当下的普遍自觉的观念和规则系统，这个概念群中有多层意思。具体而言包括以下几点。

第一，青啤公司文化是在特定人群中的文化。青啤公司文化是在青啤人这群特定的人群中产生、认同和发展起来的。青啤文化的产生和发展都有渊源，且青啤文化滋生整合了全公司的生存和发展的基本规则，它是在公司文化类别中最具有代表性、被普遍认定以及实践证明了的优秀文化，在支撑青啤发展中能与时俱进，自动优化、传承和丰富，适应竞争，促进公司提升。

青啤文化是属于青啤人这群特定人物的文化的另一层含义是，青啤文化属于青啤人这群特定人物共同拥有的，而不是某一个人或董事长、总裁特有的。董事长、总裁可以是青啤文化的代表，他应该或必须领略公司文化的精要，甚至是公司文化发展、创新的领航人，但绝不是公司文化的全部。否则，董事长或总裁因为是青啤文化的杰出代表，因为出类拔萃而有疏离青啤现有的、共同文化的可能。青啤文化一定是一大片，是全公司，而不是一个点、一个人。以一个人或几个经典的文化人物和文化典籍故事去研究、解释一种文化，不仅不具有普遍意义，而且有失精准。只有对青啤人这一特定人群普遍、集体的思维、言语、行为的研究才可能是系统的、全面的、科学的研究。

第二，青啤公司文化是当下的文化。青啤文化是一些观念和规则在特定的青啤人群中普遍认同和自觉行动时才产生的，是与公司和员工共生共存的。青啤文化鲜活地留在全体员工心中，是当前我们所共同认同的东西，它是现实的、眼前的、栩栩如生的，所以青啤文化是当下的文化。文化和员工的结合，附着在员工的生命体上，青啤人存在，这些生命体就存在，这个公司就存在，反之亦然。文化是一代代传承下来的，又是发展的、与时俱进的。在青啤经历的风风雨雨中，有些东西已经完全被摒弃了。如过去的青啤人也有"人有多大胆，地有多大产""学好数理化，不如有个好爸爸"等观念，但已经被如今的青啤人所摒弃，取而代之的是"有多大本事干多大事""合适的人干合适的事"以及"能力贡献决定前途"等新观念。这就是新时代的青啤文化，这才是当代青啤人所共同认同的、自觉的观念和规则，而且扎根在员工心里，是内在的。所以说，青啤公司文化是当下的，是内在的。它融在全公司员工的心里和行为上，我们应该倍加珍惜。在青啤，员工所遵循着的许多观念和规则，历经百年锤炼，成就了令人尊敬的青啤公司，是值得全体青啤人乃至青岛人、中国人骄傲的。一百年来，青啤文化让我们生活、发展得那么理想，并且在大部分时间里，这种文化曾经那样的强大和辉煌，只是百年后的今天遇到一些挑战，需要我们当代青啤人尽责地去传承、丰富和提升。

一个公司是否存在，是以其特有的文化作为表征的。如果青啤人都按联想、海尔的思维和行为方式工作和生活，青啤文化就不存在。青啤文化的认真、严谨、质量、诚信、敬业的优秀传统文化与新时期全集团各事业部、子公司开放、创新、包容、吸纳的文化相结合，同时吸纳全国各先进企业文化、各区域文化的优秀文化因子，形成的青啤新文化，是一个传承发扬和吸纳丰富的开放型的、与时俱进的、适应环境变化的先进文化，它是内在的、具有决定性的影响着青啤人实现全球影响力品牌的国际化大公司的宏伟愿景，也从根本上决定了青啤公司与其他公司的不同。所有说，青啤人重视公司文化，传承发展和优化丰富公司文化基因，这种态度和行动是完全正确的，也是十分必要的。

青啤的伦理是文化，是因为它塑造了员工的心灵，今天继续在塑造员工的心灵。譬如，认真、严谨、质量、诚信、敬业已经成为众多青啤人的行为准则，使青啤的产品质量、工厂管理一直处于行业的领先位置。再譬如，"和谐"一词虽带有中国传统文化的中庸之味，但在青啤强调的是平衡，指导着青啤在发展中正确的评估自身能力和资源的基础上，确定发展目标，控制发展速度。凡事不能过，一过就错，在青啤对事物的讨论既有科学的含量、法律的成分，同时又有过与不过的讨论，这与中国的主流文化有相近之处。两个人在讨论问题发生争执时，边上有人说，你们不要吵嘛，为什么要吵呢？吵着吵着，另一个人开始骂人了，旁人又说，你骂人就不对了，他和你争，你也和他争嘛，为什么骂人呢？接着这一个打了那一个一巴掌，旁人又讲，他骂你，你也可以骂他，可你打人就是你的不对了，谁先动手谁不对嘛！如果对方还是一脚踹断打人者的腿，踹人者最终一定会被界定为是个很过分的人，大多数的惩罚也会落在他头上。对这个故事是一个动态的评价过程，是以超过一定的限量为评判标准。再譬如上级批评下级时，适度严厉，旁人会评价此领导对部下管理很严，治军不严，事业难成；若严厉过度，旁人就会评价，干吗那么凶，没人情味。

所以"和谐"在青啤很受重视，在平衡战略与执行时强调和谐；在业务增长和能力资历上关注和谐；在总公司和事业部、子公司的协调上强调和谐；在人与物、人与自然、内与外都强调和谐，和谐成为青啤的重要文化因子。今天青啤公司的使命是"用我们的激情酿造消费者喜好的啤酒，为生活创造快乐"，这种激情酿造、创造快乐的使命，确定了青啤人以消费者为导向的使命，奉消费者为上帝，消费者的快乐不仅是啤酒，而且是品牌价值和青啤文化。让消费者快乐是青啤人的天职，因此青啤人的付出也就充满了激情。由此看来，公司的使命就不仅是酿造消费者喜好的啤酒，更是塑造青啤公司文化了，我们追求的就是这种文化认同。

第三，青啤公司文化是一种普遍的自觉的文化。青啤文化要被特定的青啤人普遍认同，这里有三层意思：

第一层意思是普遍。多少为普遍？事实上很难具体界定，因为文化是内在认同的观念和规则，也很难用言语表达。每个人对幸福的感觉不同，幸福的程度更是不同，且无法具体衡量。所以说我们对普遍只能说大概数量。当绝大多数人倾向于青啤文化这一系列观念或规则时，普遍就存在了，对普遍的判断还是模糊一些反而更加准确。如同大家对白天和黑夜的确定是很轻松、很自然的一样，"现在是白天""现在是黑夜"，这种感觉很精准。假如规定"几点到几点是白天""几点到几点是黑夜"，那反而成了问题，让人无法轻松确定，普遍自觉也是如此，员工感觉公司文化的存在。

第二层意思是自觉。可以用诚信的观念和规则来阐释，即青啤人普遍认为自觉是理所当然的，是应该如此。对于这些观念和规则，青啤人说，该如此，就如此，因为大家相信这些观念和规则的正确，并深刻认同，依此而行。青啤人外出会朋友、赴宴，只点青岛啤酒，且是青啤人的朋友就应该喝青岛啤酒，没有青啤情愿不喝甚至罢吃，这就是文化，这在青啤也是普遍认同的，而且这种认同已经连带了家庭、朋友，没有任何人任何社会力量迫使他们这么做，这么认真，而是他们日复一日，年复一年以此生活着，这就是自觉的青啤文化。

第三层意思，青啤文化，因其是绝大多数员工普遍认同，也就不会是精英化而倾向极端。文化在特定的青啤人中分布呈橄榄状，观点和规则也是中间大道，达到文化精英的少一点，文化垃圾也不会太多。值得加重一笔的是，"自觉"这个概念可以使青啤文化与其他一些概念和规则的状态分开，如文化与法律、政策、制度、纪律的区别。青啤文化是一些观念和规则，而法律、制度等也是一些观念和规则，它们的不同点在于自觉与否。强制的是法律、制度，自觉的才是文化。当遵法守规成为自觉时，法律、制度就成为文化。

6.6.2　青啤公司文化是青啤发展的推动力

通过对公司文化的总结、提炼、研究、分析，我们发现不同的文化模式决定了公司的异质，而公司文化是内在的、潜隐的，需用心渐渐领悟方能看见，能"亲眼看见"公司文化内涵的毕竟是少数，"看清"公司文化将是一个长期而艰难的历程。青岛啤酒新文化的曙光已经初现，员工坚信公司文化是存在的，并左右着公司发展的速度、质量，甚至决定着公司的命运。对青啤公司文化的总结、提炼、去糟存精、传承丰富、分析研究，无异于发现了一个内在的青啤，一个有信仰、有灵魂、有思想、有精神、有内涵、有血有肉的青啤。

由于公司是基本的文化组织，当我们对文化的认知仅限于公司内部时，看到的只是脱离竞争环境的大文化，即社会主流文化下的公司文化。但当我们的视野扩展到国际范围内时，我们就会看到公司文化的种种不同。国际化为我们感知公司文化提供了一个很好的框架和条件，它使我们感觉到在一个公司内观察和思考着整个世界上发生的种种大事一样，非常集中和方便。

在计划经济时期，以生产型文化导向的青啤传承了中华民族诚信、和谐的黄河文化，嫁接了德国严谨、认真、精益求精的西方文化，体现在啤酒生产过程中的敬业态度和精湛的技艺，制造出质量超群令专家叹服、自豪和消费者喜好的青岛啤酒。青岛啤酒名扬海内外，为祖国赢得了无数殊荣，这是不争的事实。在青啤扩张时，加盟青啤的子公司，随着青啤文化、管理模式、制度规则的导入和整合，其文化作用下的产品质量和口感迅速提升，工厂运营效率明显提高。青啤是一个看起来很随意、很自然，就可以制造出很高质量产品的公司，在青啤有数百名技术工程师和上万名技术工人可以把质量做到中国第一，世界一流，这是文化使然。青啤公司普遍对质量的自觉、严谨、认真的态度，使青啤在啤酒制造业中稳稳坐在行业产品质量的巅峰，21世纪，这种趋势将还会继续下去。

随着中国的改革开放和经济转型，生产型文化导向下的产品制造的质量比较优势在竞争的环境下逐渐递减，以市场为导向，终端制胜和以消费者为中心的价值营销成为竞争的主要武器。市场型公司文化是公司发展的催化剂，是公司适应国际化竞争的重要支撑。青啤新文化传承了生产型公司文化的精华，植入市场型公司文化的因子，并科学、平衡地解决了两种不同文化因子的排异风险，优化出"黄河文化"与"海洋文化"融合后的绿色新文化，具有极强的生命力，带有鲜明的国际化的市场型特征和消费者导向。它标志着青啤公司的文化特质所形成的战略优势，将决定性地使青啤公司在伟大的时代成为具有全球影响力品牌的国际化大公司，具有无可争议的全球竞争力，领导和主导所属文化最擅长的行业，并使这一行业获得最充分的发展，使青岛啤酒能够自立于世界经济之林，并不断发展和壮大。

用文化的眼光去分析、研判青啤的文化特质及其由这些特质支持形成的在啤酒行业的战略优势，将使青啤人把做事的目标集中在一点上，奉消费者为上帝，赢得众多消费者的喜好，为消费者创造快乐和价值，在公司的经济目标上实现最强最大。青岛啤酒的发展战略、目标、使命、与价值观完全具备了这一特征，所以青啤人对自己所深感兴趣的事业，就会乐此不疲且持之以恒，结果就一定会满足期望。

青啤公司文化从不自觉走向自觉，这是推动青啤的无形的、内在的、巨大的动力。

随着青岛啤酒发展战略，公司愿景、使命、核心价值观念、理念以及制度、行为准则等公司文化的系统化完善，战略意图也清晰地展现在青啤人面前。公司由做大做强转向做强做大，由外延式发展转向内涵式发展，由注重有形资产的投入转向无形资产的投入，由经营产品转向经营品牌，由生产型公司转向市场型公司，由着力于生产规模的扩张转向运营能力的提高。今天的青啤正在按绝大多数员工的意愿、目标和方向进行着转变，而员工的意愿是被文化所支配的，文化决定了公司的模样和前途。在青岛啤酒的发展过程中，公司文化决定了公司的发展战略、战略规划和一系列的战略策略，而内涵的文化特质与啤酒行业的特征之间的关系，具有不容忽视的巨大影响和作用。因此，我们必须掌握文化，把握文化战略，使其发展进入正确的方向，并保持良好的发展势头。

但是，并不是所有的公司都在自觉地实施文化战略，可能有更多的公司是在直觉中走上正确的发展方向，并且取得了相当的成功，或者是不自觉地受到社会主流文化的影响和牵引。由于对公司文化的陌生和没有正确地观察和系统分析，部分员工对一时的成功始终感觉像谜一样不可解释，实质上是公司文化特质支持和引导着公司的发展，并且自觉地推动着行业的发展。

当然有很多的公司还处在文化的迷宫之中，即这些公司不了解自己的文化特质，也不了解自己所在行业发展所必需的文化特质。不少人认为，公司文化的特质虽然有差异，但基本相同；然而更多的人认为，别人能干的事我们也能干，甚至比别人干得更好，好像每一个公司都能成为最优秀的公司。其实不然，他们忘记了没有破产的行业，只有破产的公司这一道理。因为不是所有的公司都擅长干所有的事情，也不是所有的文化都适合于所有的公司，所有的行业。文化不同使每个公司处于不同的位置，结果也就悬殊。

至今世界上还没有一套系统的公司文化战略理论体系，但文化战略早就存在，只是在一些战略条件还不具备时，人们往往忽视了它的存在。究其原因，大体有四：一是文化理论不够发达，虽有众多的流派，但未形成完整的理论体系，使文化战略难以把握；二是全球化并未最终成为现实，往往无法从全球多元文化的比较中看到文化的战斗力量；三是竞争与发展尚未走完，仅依靠了外在的资源和战略优势就可以使一个公司发展起来的过程，即依靠自然的资源、资本、技术、管理和人才可以成为世界第一或一流的可能依然存在；四是文化没有普及到相当通俗的地步。青啤公司文化战略理论研究经过近两年的努力，除对文化战略理论进行分析外，也充分结合了战略条件和竞争环境，并深刻地认识到没有精准、清晰、系统地文化战略，就会使公司的发展处于盲目状态，是做不强、做不大、做不壮、做不活、做不久的。仅凭资源优势和运营能力支撑即使能成为优秀的公司，但缺乏文化的支撑，也永远不会成为卓越的公司。发展战略的支撑是文化战略，文化与发展不能南辕北辙，否则越发展越有问题。文化战略是公司的定位和导航系统，可以据此找到我们在行业竞争中最恰当、最强势的位置。文化战略又是公司的战略系统，它可以使我们知道在何时、何地、何种方式赢得世界第一或一流，并如何保持这种优势。

青岛啤酒百年的历史和发展经历足以看出是成功地、自觉地运用了文化战略。文化战略必须不断地为全体青啤人理解和广泛采用，并且由强制到自觉，到越来越深入。公司新文化相当准确地传承了一系列公司文化的优秀文化特质，如诚信、和谐、认真、敬业，同时又极其娴熟地使新的市场文化特质融入公司文化之中，如开放、创新、团队合作等观念和规则。公司新文化将极大地推动公司战略目标的实现，公司的综合竞争力在新文化的支撑和作用下将大大提高，公司新文化将加速推动青啤成为具有全球影响力品牌的国际化大公司的宏伟愿景。

6.6.3　青啤公司文化在青啤发展中的巨大作用

青啤公司文化在青啤的发展过程中，在两个方面起了明显而巨大的作用：

（1）从历史的脉络看青啤文化的作用。1903 年，青岛被德国占领，为了满足德国占领军和海外人士的需求，且偶然发现崂山水的各种理化指标和矿物质含量，是酿造啤酒的最好的自然资源条件，英德商人出资设立了在中国的第一间股份制啤酒酿造公司，即日耳曼青岛啤酒股份公司，规模为 2 000 吨/年，主要市场和消费群是德国占领区的驻军、侨民，上海各国租界内 的洋人和伪洋人、商人、中国香港地区的居民。

德国民族文化的特质是严谨、精密，世界上最精密的产品制造是由德国来领导生产的，这种表现在工艺上的严谨和技术上的精密主要是由文化特质所决定。直至如今，虽然日本、美国也成为汽车制造大国，但其产品的精密质量、档次上永远赶不上德国的奔驰、宝马，甚至英国人的劳斯莱斯也只好交给德国人制造。

德国的优秀文化特质，严谨、精密的文化因子移植到初建的日耳曼青岛啤酒股份公司后生根发芽，对百年来过硬的青岛啤酒的高质量做出了极大的贡献。

1927 年日本占领青岛后，出资收购了英德商人的股权，并植入了日本特质的文化，认真与质量。

日本狭小的国土生存空间，迫使日本人无法强调生存的数量而转向突出生存质量，这一点在日本文化中承续了许多深刻的规则。表现在文化行为上即为日本人做事、待人和工作的认真。对许多其他民族的人来说，与日本人交往，其认真的程度有时让人受不了，而日本人的认真已成为了习惯，是一种自然、自觉，凡事都很认真，哪怕是吃一碗青菜汤面，日本人也相当认真，一丝一缕，一板一眼，绝不马虎。从青菜种下去，麦子长出来开始，日本人有很多研究，麦子的品种、加工、和面的干湿，制面的工艺都有规则，那一把青菜何时、何地种下，如何浇水、管理都有标准。厨师用的青菜的大小、高矮、色彩、形状都有研究，面条、面汤、烹饪还有种种名堂。客人入座，吃浇头、面条和汤面也有个程序和节奏。一碗青菜汤面，种的人、做的人、吃的人其认真的程度是在他处少见的，认真是日本文化的特质之一。青岛啤酒北方事业部销售经理刘小波在访问日本时，曾看到一件在中国随处可见的小事，让这个在中国惨烈的市场竞争中不畏艰难的硬汉不寒而栗。一位普通的日本妇女清洁工，在清理路边的垃圾桶，不是仅仅将垃圾桶内的垃圾清理掉就算完事，而是将垃圾桶里里外外、边边角角擦了又擦，净光净亮，还仔细地摆好位置，站在旁边瞄了又瞄，不差丝毫才算结束。这一切做得是那么的认真，却又那么的自然、自觉，既没有人在旁边监督她，也没有那么精细的标准衡量她的工作质量。从一位普普通通的清洁工身上看到了整个民族的影子，是可以证明其文化特质在一位清洁工和一个民族中的强大力量的。

日本在1945年战败后30年里，经济发展突飞猛进，实现了从一个战败国一跃成为世界经济大国，其根本原因是日本的文化基本适合标准制造业的特性，使日本在制造业中以极低的成本获得了巨大的收益，高速自动地推动了日本经济的发展。制造业成功的基本要素是质量、管理、低成本和技术，缺少这些特性或其中的一部分，其制造业几乎无法取得成功。而日本文化中的认真、勤奋、学习和服从等一些鲜明的文化特征，有力地支持了制造业在日本的发展。

德国的严谨、精密和日本的认真、专业，不同的文化特征使其发展的结果不同。严谨、精密文化特质下的高质量、高档次伴随着高成本，其产品在行业竞争中成为贵族消费群的商品。而认真、专业的文化特质伴随着标准化、低成本，其产品在行业竞争中成为最大消费群中、低层消费者的商品。日本文化特质永远赶不上德国文化特质基础上的严谨精密顶端产品的特质；而德国文化特质也无法超越日本文化特质基础上认真、专业和标准化、低成本行业特性上的量。这就是文化的强大力量，它使事物走上一定的方向。

1949年新中国成立以后，德、日经营的青岛啤酒留了下来，除了啤酒的设备、技术工艺传承了下来，其不同时期的文化特质也一并传承了下来。在计划经济年代里，青岛啤酒成为国家这个世界上最大企业的一个车间，产供销由国家计划和工厂制造在以政治为导向的环境中完成。以阶级斗争为纲要是工作的指导方针，由政客引领着员工高呼着政治口号，为政治而生产，为政治而前进，一时间会干的不如会说的，会说的不如会说政治的，企业的生存与发展在资源匮乏、产品短缺、政府统购统销的时代里，如同在长江里成长的江轮，看似巨大，实际上直到 20 世纪 80 年代初也不过 50 万吨的产量，但却经历了 80 多年的历程。

这个时候人们信仰的是政治斗争，而不是市场经济，幸运的是身处孔孟之乡的青岛啤酒，仍然浸透着诚信、和谐的儒家文化的因子。20 世纪 70 年代进厂工作的员工，师傅们教导他们"好人做好酒"。好人，基本的理解就是诚信、守规则，好人与好酒的关系就是典型的和谐关系。那时，在德国严谨、精密的文化因子遗传下，对工艺纪律的要求是"时间不差半天，温度不差半度"，虽然衡量的单位大了点，但其严谨精密的精神依然存在。同时日本认真、专业的文化因子也未消失殆尽，如在清洗发酵池的时候，师傅说刷洗五遍，每遍要上下刷几下，左右刷几下，这些规则虽然在当时没有用文字的形式固化为制度和流程，但大家在执行中很坚决，很自觉，很自然，也很习惯。没有人监督，甚至没有人检查，但心智模式、行为习惯却很一致，很完整。从这几个小事例可以看到文化的作用，也正是青啤文化的力量使青啤走到今天和具有不可替代的高品质，即使是一些技术和管理都不低于青啤的公司，由于没有良好的文化，它也永远不会超越青啤。因为青啤人较其他企业而言，做事更认真、更严肃，即使在生活中，青啤人的家庭卫生环境也会整体高人一筹。这一现象说明，青啤人的严谨、认真已经渗透到骨子里，他们都乐意如此、习惯如此。大家认为诚信、和谐、严谨、认真是必需的，成了青啤人公认的理念。因此，质量就不但需要外显的制度管理，更需要内在的优秀的青啤文化起作用。特别是在大规模的生产中，产品生产不是由少数精英人士完成，而是由几万名工人来生产的今天，文化的作用就显得更为重要和明显了。

20 世纪 70 年代末、80 年代初，中国实行改革开放和处于经济转型时期，青岛啤酒由车间变成了工厂，由单一的生产智能变成了产—供—销一体化的经营模式。特别是到 20 世纪 80 年代后期，全国各地大大小小的近千家啤酒厂如雨后春笋般地成长起来，越来越多的消费者的潜在需求爆发了，竞争出现而且迅速升级，青岛啤酒生产型文化导向的优势受到了严峻的挑战。垄断变成了竞争，稀缺变成了过剩，面对快速变化的市场环境和快速变化的市场需求，原有的优势已变成了过去式，青啤人郁闷，这么好的产品为什么没人要？并齐声讨伐消费者不识好歹之后的叹气、无奈显得苍白无力，即便是到了 20 世纪 90 年代初竟然没有销售机构，门可罗雀，人走茶凉。

看看现象，再看本质。青岛啤酒以不变应万变，急速失利，10 年间的市场变化，燕京、珠啤超过青啤，青啤沦为老三，紧跟其后的也奋起直追。1996 年青啤的总规模也仅有 20 多万吨，且大量压库环境。所以，支撑了百年的青啤文化也力不从心，无法充分激活。这导致青啤文化与青啤的发展出现了短暂的严重脱节。

案例分享

创新如同动祖坟

传统技术受到了现代技术的挑战，"前池后灌两罐法"的传统酿造技术受到了"主体锥形罐一罐两法"的挑战，传统周期 45～60 天，现代技术 20～30 天，生产效率相差 1 倍，成本处于劣势。1991 年从外部调入的孙明波（现任青啤股份公司总裁），通过出国考察和研究，提出体外冷却工艺，即"三罐法"工艺，它能够缩短发酵周期 6～7 天，这在国际上已经是非常成熟的技术，可在青啤却受到了围攻，最终设备上了也不准采用，一切创新都视同叛逆。当然，如今这项技术在青啤已经得到了广泛的应用。

谁服从谁？

传统的醇厚型啤酒和淡爽型啤酒的现代流行趋势的对抗。青岛啤酒近百年的工艺、配方、品种固化，不能创新，当中国广泛流行清淡型啤酒时，青岛啤酒仍然抱着 12 度醇厚啤酒不放。专家们说，这是正宗的啤酒，淡爽的啤酒不叫啤酒叫啤水，可是消费者恰恰就喜欢淡爽型啤酒，且畅饮不衰。专家们认为中国的消费者不懂啤酒，实际上是专家们不懂消费者，他们忘了中国人是吃中餐长大的，洋人是吃西餐长大的。中西之间的生活方式、饮食习惯存有客观差异。在谁服从谁，谁为谁服务的小儿科问题上专家们都没搞懂，犯了市场的大忌。

坐商与行商

青岛啤酒在计划经济年代里如同皇帝的宠儿，由国家调拨，得一箱青岛啤酒是一种恩赐，在众人面前拥有青岛啤酒是极大的荣耀。为获得一箱青啤要有极有权力和威望的人士写批条，啤酒厂的一把手批示后，再经过开票、提货层层环节，花上近一天的时间，有时还要携礼通融才能得到，上门买还买不到，哪里有出门卖之说？厂长一支笔，统销全厂货就变成既成事实。如今高质量的青岛啤酒名扬海内外，成了消费者的珍品。青啤人由坐商变成了走遍世界的行商。

（2）从扩张整合中看青啤文化的作用。青岛啤酒经过 90 年的艰苦历程，也只发展到年产 20 万吨，在世界范围中基本上属于袖珍型的公司。从工厂的角度看只是青岛市的一个市属企业，既谈不上跨省跨地经营，也谈不上跨国经营。但值得骄傲的是，经过几代青啤人的努力，产品远销国内外，做到了凡是有华人的地方就有青岛啤酒销售，品牌的知名度和美誉度不断扩大，但市场销售量仍然非常有限，帆大船小，再加上在转型初期青啤在本土市场上的竞争失利，做大做强就成为青啤的战略重点。1993 年青啤率先股改，并分别在上海、中国香港两地上市融资，同时打破了国有企业传统体制模式，实现了资本社会化和多元化，并在此基础上迅速调整扩张策略，采用嫁接方式收购了扬州中丹、控股了西安汉斯。然而青啤扩张后却出现了"消化不良"、连续亏损的"症状"，特别是扬州中丹一亏就是 10 年，活活赔了老本。究其原因，除了青啤的生产型文化导向所致之外，青啤文化对于市场经济的行业特性不适应也是原因之一。青啤文化中市场文化因子尚未充分挖掘出来，即缺少市场话语权。它与计划经济体制下的生产型文化天然相吻合，但与市场经济体制下的市场型文化截然不同。另外以"统"的手段整合区域文化，而不是以"融"的手段，在"同"的基础上"统"，必然出现青啤以生产导向型公司文化与市场导向型公司文化的冲突以及与区域文化的叛逆。青啤以生产导向型文化去"统"、去整合、去拯救被兼并的公司，结果可想而知。因为误诊了，药方自然对不上号。汉斯的复苏案例证明了系统整合、文化整合的力量不可估量，是青啤文化在与汉斯文化交汇中先融、后通、再统的创新过程，其结果是青啤文化以"融合"的手段顺利在汉斯落地，又与汉斯创新的市场文化融通。最终，既丰富了青啤市场文化，又达到了青啤与汉斯、生产与市场的大一统。

生产导向型文化的思维逻辑是：专家是上帝，专家设计什么→生产什么→销售什么→消费什么；市场导向型文化的思维逻辑是：消费者是上帝，消费者需求什么→销售什么→生产什么→设计什么。两种思维的出发点不同，目标也不同，游戏规则也全变了，不同思维方式和文化作用的结果也就完全不同。汉斯的模式是在公司内部把销售独立出来，与生产形成链，使思想和销售互为客户，创建销售的市场环境，通过产销协同机制，优化生产系统的文化因子，最终整体上打造公司的市场型文化，完成汉斯以生产导向型向市场导向型公司的转变，从而实现汉斯的整合成功。

华南的快速整合与发展，更能凸显文化的作用，以及华南团队在整合中的聪明智慧。

（1）以青啤生产型文化优势整合华南区域工厂；

（2）创新市场型文化环境的销售系统；

（3）以销售为中心的品牌文化营销。

三项措施打造了生产、销售、消费者的价值链，并且使价值具有文化的弹性与张力，实现了市场占有率、利润的快速增长。

青岛销售的改革也借鉴了汉斯、华南的经验，创新了营销文化而成就了骄人的业绩。

总部在三大事业部文化创新的过程中给予的支持是享受特区的政策，充分授权和部分品牌资源与资金支持，使其区域文化顺势而变，更能适应竞争。总部最终在总结、吸收三个区域的创新型文化的基础上，放大、演变成总公司的创新型市场文化因子和优良的生产型因子的结合体，从而诞生了青啤公司的新文化。

6.7 营销策略[1]

随着世界经济一体化的高速融合，谁把顾客奉为上帝，以优质的产品和服务赢得顾客，谁就是市场竞争中的胜者。只有顾客才是企业的上帝，在青

---

[1] 花红艳. 青岛啤酒集团发展战略研究［M］. 江苏：江苏大学出版社，2011.

岛啤酒集团中，这并不是一句冠冕堂皇的空话，因为顾客将是最终决定谁是市场赢家的仲裁者，而他们都是产品的消费者。青啤相信消费者的信念是来自于其本身，因为消费者对品牌价值与品质的认知，将决定青啤的未来。以"顾客价值为导向"，青啤公司在梳理发展指导思想时，正式提出一项做大做强的新战略，这一战略的核心是由生产型企业向服务型企业过渡，通过实现为股民、为职工、为消费者服务，来进一步转变机制，真正地与市场接轨，以形成新的企业竞争优势。

把青啤这一具有百年历史的中国民族品牌发展成为世界啤酒行业的强者，再创百年辉煌，这是几代青岛人的梦想，青啤公司认为，公司的机制转变，比眼前几个经营数字的好转更重要。因为青啤的发展有个"路径"问题，路径选择不当，就有可能欲速则不达，就有可能付出不应有的代价。

青啤公司认为，摆正企业利益和消费者利益的关系，处理好赢利和服务的关系，是青啤发展中的重要指导思想。青啤提出"顾客价值导向"为中心的创新经营模式，认为营销理念现代化、销售信息自动化、营销管理专业化、物流配送科学化、销售网络精细化的目的，就是一切以消费者为中心，如何为消费者在第一时间内提供高质量的服务。青啤公司提出，这是企业在市场竞争的中心任务，要在服务的速度和质量上，形成新的竞争优势。这一指导思想已经在青啤全国各市场的开拓中得到体现和运用。

企业机制的调整，也是职工利益的调整。对此，青啤公司提出，减人增效不能简单化，要把发展与改革科学地结合起来，要实事求是，不是为改革而改革，不要搞形式主义，改革应是主动的，而不是被动的。为此，青啤公司组成战略委员会、提名委员会、薪酬委员会三个专业委员会，增设外部董事和独立董事，以保证宏观、前瞻性决策安全的同时，有计划地、系统地、自上而下地组织全体员工学习，激发每个人的潜能，激发每个人的创造精神，尤其是学习和了解与国际化大公司，学习和了解公司的发展目标，学习和了解新的企业流程，明确"为什么要发展"，让尽可能多的职工提高学习能力，跟上时代和企业信息化的快速发展步伐。青啤是我国最早上市的著名公司之一，社会公众股在不断地增多，随着时间的推移，股民手中股票价值在总股本中的比例还要增加，怎样使这部分股东的利益增值，不断地得到回报？青啤公司提出股东价值最大化的效益观，从过去的以效益为中心转向更加强调投资回报率，也就是以资本增加值为中心，诚信经营，创新考核机制，追求企业的长期可持续发展，使股东手中的股票物有所值，不断增值。

消费者忠诚的塑造是青岛啤酒成功的前提条件，也是青岛啤酒百年持续的战略选择，塑造消费者忠诚对啤酒公司想要基业长青来说这个理念还是至关重要的，主要有以下两点：

啤酒公司持续的第一个要点，在于不断探索获得消费者忠诚的方法和渠道，青岛啤酒必须从 3A 转向 3P（3A 指的是让消费者在购买青岛啤酒时，买得起、买得到、乐得买，而 3P 指的是无处不在、心中首选、物有所值）。当消费者变化的时候，战略也要相应变化。同样，赋予产品的文化内涵也要变化，这样才可能使一个单一口味的产品，能够适应百年消费者的变化。

啤酒公司持续的第二个要点，在于不从价格上过分地与对手竞争，而是通过对产业链和价值链进行分析，通过控制某些关键点，通过收购与兼并，去获得比较竞争优势，这样的竞争能够塑造一个健康的行业结构，能够使领导者之间能够通过竞争去扩大自己的市场份额，减少跟随者"反击成功"的机会。

6.8　产品特点及识别

6.8.1　产品特点

1. 口味特点

风味纯净协调，落口爽净，具有淡淡的酒花和麦芽香气。选用的原料包括：

麦芽：采用进口优质大麦，经青岛啤酒独特的制麦工艺精心制备而成；

大米：以国内领先的大米新鲜控制技术保证大米的优质新鲜，并采用适宜的代码配比；

酒花：采用优质新鲜的青岛大花和制定的优良香花；

水：酿造用水；

酵母：采用青岛啤酒独特的啤酒酵母。

2. 酿造工艺

采用现代一罐法酿造工艺和独到的低温长时间后熟技术，历经 30 多天精心酿造而成，同时通过国内领先的啤酒保鲜技术，保证啤酒口味的新鲜。

采用了优质麦芽、大米、酒花和水，经过糖化、过滤、冷却、发酵、包装等工序精制而成，它成功的原因在于独特的酿造工艺和严格的工艺管理，在继续传统酿造工艺的基础上，通过不断的技术改进，青岛啤酒的酿造工艺已日趋完善，而独特的后熟工艺和优良的酵母菌种更使其锦上添花，保证了产品质量的优异和稳定。公司制定了严格的高于国家标准的内部质量控制标准，从原料进厂到半成品加工直至成品出厂，须经过系统、严格的质量检测。1995 年公司已通过了由挪威船级社组织评审的 ISO9002 国际标准认证，标志着青岛啤酒的质量管理水平进一步提高并已与国际接轨。

6.8.2　产品识别

青岛啤酒股份有限公司的前身系国营青岛啤酒厂，始建于 1903 年，是我国最早的啤酒生产厂家之一。

在近百年发展历程中，青岛啤酒在吸取国外技术的基础上形成了自己独特的生产工艺和质量品位，成为国内外久负盛名的名酒。曾七次获取国家金质奖，三次在美国国评酒会上夺魁。

真假青岛啤酒主要从外观质量的两大方面来鉴别，即外包装和内包装。

1. 外包装的鉴别

（1）瓶装啤酒鉴别。

包装箱鉴别。青岛啤酒包装箱规格 640mL×12 瓶、355mL×24 瓶、296mL×24 瓶之分，分为出口纸箱、内销纸箱两种。内销酒箱面上"青岛啤酒"字样的英文字母及栈桥图形用的是大红色，箱面上标有"中国啤酒唯一驰名商标""此包装仅限中国境内销售"的文字，字体是宋体，比例适当，色泽均匀，印刷清晰；出口酒箱面上"青岛啤酒"字体的英文字母及栈桥图形等用的是深绿色，字体是正楷，间架结构协调规范，比例适当，色泽均匀，印刷清晰。出口、内销包装箱绝大部分用热熔胶封口，从封口处打开检验，有两道热熔胶，呈条状痕迹，箱面上有激光射码机打印的生产日期，由点组成的数码，每个点有扩张感。

假冒包装箱的印刷质量粗糙，箱面上字体及图形色泽暗淡，不均匀，字体印刷清晰，纸箱粗糙且软，包装箱用糨糊或胶水人工刷胶封口，无热熔胶条，生产日期是用塑胶刻制人工盖上的，由点组成的数码，每个都很死板，无扩张感。

商标鉴别。青岛啤酒商标标识是青岛印刷股份有限公司的凹印技术印制的，其文字、图形、纸质、套色、金边等明快、光洁、细腻、纯正、均匀，商标外沿用毛边，经摩擦不掉色。有的批号在瓶盖上喷码，有的批号在商标外沿切口。

假冒青啤商标标识，印刷技术低劣，纸质较软，商标外观质量粗糙，套色往往有重影、歪斜，色彩不均、不正，麦穗模糊不清，暗淡无光，无明快光滑之感，商标边沿易出现毛边。

瓶盖鉴别。瓶盖的真假主要从油墨的印刷质量来鉴别。青岛啤酒瓶盖主要有蓝色、红色、绿色、棕紫色、灰色、黑色，蓝色用于内销酒，红色用于出口酒、金标酒，绿色用于出口酒，棕紫色用于棕色啤酒，灰色用于淡啤酒，黑色用于黑啤酒。

青岛啤酒所使用的瓶盖视觉清晰、细腻、光滑，盖面"青岛啤酒"字样与栈桥图形、英文字母清楚，瓶盖裙边的"青岛啤酒"小字样非常清晰，瓶盖内是PVC模牙胶垫，内有字码，胶垫与瓶盖不易分离。

假冒青啤瓶盖，油墨印刷质量粗糙、歪斜，盖面油墨印刷直观感觉不好，颜色暗淡不正，瓶盖裙边的"青岛啤酒"字样模糊不清，有的假冒盖裙边没有这四个字，手感不润滑，瓶盖胶垫有的是橡胶垫，有的是滴塑垫，很容易使其与瓶盖分离。

瓶子鉴别。青岛啤酒有限公司为确保产品质量，所生产的"青岛"牌啤酒全部采用新瓶子，主要供瓶厂家有青岛晶华玻璃厂，瓶底标有"青岛玻璃厂""崂山玻璃厂""胶州市玻璃厂""青岛北海玻璃厂""南定玻璃厂"等字样，这些厂家都属山东省日用玻璃行业。一箱啤酒一般不会出现几个玻璃厂生产的酒瓶混合使用的情况，假冒青啤使用的瓶子，用回收的旧瓶，什么厂家生产的都有，也有可能上述几种瓶子混合使用。如果出现该公司从没使用的瓶子，一看便可确认是假冒。

其他鉴别。

（2）听装包装箱的鉴别。

听装啤酒使用的纸箱，箱面上的"青岛啤酒"字样有英文字母，栈桥图形，颜色为大红色，印刷质量较好，刻版细致，印制清晰，色泽红而不艳，纸板质量较硬、挺拔，箱口用热熔胶机器封口，为加固起见，另外用透明胶带纸自动加固粘贴。从封口处打开检验，有两道热熔胶条痕迹，包装箱上的生产日期用油墨自动射码，有的射在箱面，有的射在封口处，点状数码有扩张感。

假冒听装青啤纸箱，文字、图形等印刷粗糙、不清晰，纸质较软，颜色不均匀，深浅不一，有的呈紫红色，沾水后易掉色，有的暗浅，箱口一般用糨糊或胶水人工刷胶封口。生产日期有塑胶刻制的数码，人工盖在箱面上，无扩张感。

2. 内包装的鉴别

听装青岛啤酒自 1995 年 1 月起全部采用 206 型斜肩式，罐的高度为122.55 毫米罐体清晰平整、光滑、干净、无皱折，衬盖密封，容量足，手捏不动，生产日期均用激光射码机在罐底喷码，字码清晰，不易抹掉。

易拉罐的供货单位主要是：西安昆仑富特波尔容器有限公司"FK"，青岛美特容器有限公司，香港美特容器有限公司"M"，大连北太平洋容器有限公司。罐盖上有"凸"起的"青岛啤酒"四个汉字。

假冒听装青啤多使用回收旧罐，有的用制假工具把罐盖割掉，灌入劣质啤酒或自来水等压上新盖，此种假酒比真酒矮 2～3 毫米左右。另一种情况，把旧罐放在砂轮上磨透后，将盖挑掉，整体不影响罐的高度，但假冒产品往往容量不足，压盖密封不严，易渗漏，用手能捏动，罐体皱折痕迹明显，曾擦痕迹严重，罐体较脏，生产日期模糊不清，易擦掉。罐盖上无"青岛啤酒"四个汉字。

6.9　青啤模式

青啤模式的突出特点是：它是中国在国际上最早得到广泛认知的最有代表性的民族品牌，具有百年历史传承与国际持续领先的优异品质，最早实施以品牌带动公司发展的战略，具有"激情、开放、亲和、自信"的鲜明的品牌个性与"三位一体"的开拓性营销模式，建立和谐与绿色的社会责任系统，在当下企业最新发展要求方面走在国内乃至国际前列。

6.9.1　青岛啤酒是中国在国际上最早得到广泛认识的最有代表性的民族品牌

青岛啤酒厂始建于 1903 年，建厂后第三年，即在慕尼黑啤酒博览会上获得金奖，以后多次在欧美大赛中获得金奖。20 世纪 80 年代曾三次在美国国际啤酒大赛上荣登榜首；1991 年、1993 年、1997 年分别在比利时、新加坡和西班牙国际评比中荣获金奖；2006 年，青岛啤酒荣登《福布斯》"2006 年全球信誉企业 200 强"，排名第 68 位；2007 年荣获亚洲品牌盛典年度大奖；在 2005 年（首届）和 2008 年（第二届）连续两届入选英国《金融时报》发布的"中国十大世界级品牌"。2008 年在单项排名中，青岛啤酒囊括了品牌价值、优质品牌、产品与服务、品牌价值海外榜四项榜单之冠；2010 年，青岛啤酒第五次登榜《财富》杂志"最受赞赏的中国公司"；2011 年获得"中国最受尊敬企业十年成就奖"。

经过百年积累，青岛啤酒在国际上已有很高的知名度。在长达百年的时间里，欧美的普通老百姓知道和消费的中国产品其实只有一种，那就是青岛啤酒，有许多欧美的普通老百姓先知道青岛啤酒，而后才知道有青岛这个城市。媒体及专家对此有过许多肯定。有一种评价是："没有一个民族品牌能像她一样一百多年来在很多外国人心中代表着中国；没有一个民族品牌能和她一样一百多年来和一个国家深深地融在一起；没有一个民族品牌能和她一样一百多年来经历风雨而愈加亮丽，这就是青岛啤酒。"

6.9.2　青岛啤酒品牌定位金字塔

1. 品牌符合

（1）栈桥。栈桥是青岛城市的代表，也突出了青岛啤酒的发源地。

（2）Tsingtao。是青岛建立之初就使用的德文拼音拼写方式，是中国向世界介绍青岛啤酒时的名字，随着一个多世纪的传承，已经成为世界对青岛啤酒的印象。

（3）青岛的绿。绿色代表健康、环保、积极向上，也是青岛啤酒的标准色，有助于表现青岛啤酒正面积极的、国际化的品牌形象。

2. 消费者利益点

（1）理性利益。青岛啤酒以专业的百年酿造工艺，优质的酿造原料，激情的酿造态度，让消费者享受世界上品质最好的啤酒。

（2）感性利益。啤酒是人与人关系的黏合剂及催化剂，青岛啤酒希望以优质畅爽的啤酒，打破人与人之间的差异，让人和人在一起，人和世界在一起，让青岛啤酒成为人们交往和沟通的世界通用语言。

3. 品牌个性

（1）品牌个性——激情。青岛啤酒以充满激情的心态，在历史变化和传承的过程中，为青岛啤酒注入了时代感，使百年品牌焕发新活力。青岛啤酒能让人们释放激情与活力，展露真实的自我，消除人与人之间、国与国之间的隔阂，共享欢乐。

（2）品牌个性——开放。中国改革开放以来，经济飞速发展，更带动了精神文化的多元性、包容性；以鲜明的个性和姿态赢得世界各地人们的了解和热爱。青岛啤酒作为代表中国的国际啤酒品牌，始终以开放的胸怀吸收接纳世界先进生产技术与理念，并使其发扬光大，为世界人民带来最好的啤酒，为中西文化交流敞开另一扇大门。

（3）品牌个性——亲和。不恃宠而骄，不居高临下，谦虚、合群、友善，上可以交结君王，下可以联系草根，自信但低调，令人不单信任，更是热爱。

（4）品牌个性——自信。发展中的中国正以越来越自信的姿态屹立于世界舞台。

4. 品牌价值观

（1）坚持对品质的追求。百年以来，青岛啤酒对品质的苛求已经深入企业文化的 DNA，从最初的"好人做好酒"到"百年品质，中国骄傲"的行业赞誉，从中国第一家采用 ISO 9000 全程质量管控系统进行生产链管理到第一个国家级啤酒科技研究所落户青岛啤酒，无不说明青岛啤酒对品质的不懈追求，造就了消费者持续百年青睐。

（2）用激情融合世界。用激情酿造出消费者喜好的啤酒，是青岛啤酒公司的使命，也是世人共有的情感。青岛啤酒的产品凝聚了青岛啤酒员工对其倾注的激情，更是青岛啤酒与世界融合的态度。

5. 品牌精神

青岛啤酒的品牌精神是：源自中国，连接你我，沟通世界的人文精神。品牌精神阐述——青岛啤酒：让世界在一起。

今天的世界比以前任何一个时代都更丰富多彩：国界线变得更透明，信息越来越流通，能看到更多不同的人、文化和生活方式。青岛啤酒热爱这个世界的不同和丰富，因为青岛啤酒源自中国，同时融汇了世界优质工艺与技术，本身就是中西文化碰撞的产物。青岛啤酒相信，激情可以超越各种界限，连接你我，让中国人和世界在一起分享、欢聚。青岛啤酒拥有百年荣耀与世界消费者的认可和爱戴，充满自信力量，能代表最纯正的中国啤酒文化与世界沟通交流。

从这个金字塔及其解释可以看到：青岛啤酒具有百年历史传承与国际持续领先的优异品质；青岛啤酒有着"源自中国、连接世界、沟通世界的人文精神"的品牌精神及"激情、开放、亲和、自信"的品牌个性。近年来，青岛啤酒的激情、时尚、年轻化的营销战略是非常突出的，也是非常成功的。

6.9.3　品牌带动下的公司发展战略

1993 年，青岛啤酒进行了股份制改造，在香港和上海分别发行 H 股和 A 股股票，募集到大量资金，为以后的发展扩张奠定了良好的基础。通过股份制改造和上市融资，青啤完成了从计划经济向市场经济的转型。从 1996 年开始，为了解决"船小帆大"的问题，青啤果断调整经营发展战略，在国内啤酒行业率先掀起了并购浪潮。在规模并购的同时，青啤制定了"大名牌战略"，实施"品牌带动"式的资产重组，用青啤先进的管理理念和成熟的企业文化整合子公司的现有资源。在短短几年时间内，青啤就拥有了 50 多家生产厂，遍布全国 19 个省、市、自治区。并购使青啤的企业规模和市场份额迅速扩大，保持和扩大了青啤在国内市场的领先地位并抢占了国内市场制高点。2002 年 10 月，青啤和世界知名啤酒品牌——美国安海斯-布希公司（A-B 公司）签署了战略合作协议。和 A-B 公司的合作不仅充实了青啤的资本力量，更重要的是通过与 A-B 公司进行全方位的"最佳实践交流"、学习和借鉴其成功的品牌管理模式和全球营销战略，使青啤在品牌规划和营销理念上得到了全方位的提升，对于青岛啤酒品牌的国际化进程起到了极大的促进作用。2009 年，朝日啤酒成为青岛啤酒第二大股东，与青啤签订了《战略性合作协议》。

　　时至今日，青啤已经建立起了遍布全国的市场营销网络，在 19 个省、市、自治区拥有 50 多家啤酒及麦芽生产厂，产品出口 70 多个国家和地区，是中国出口量最多的啤酒品牌。青啤的啤酒生产能力、品牌价值、产销量、销售收入、市场占有率、利税总额等多项指标均位居国内同行业前列。

　　青岛啤酒的愿景是成为拥有国际影响力品牌的国际化大公司，品牌拉动和品牌战略是实现这一愿景的核心组成部分，青啤的国际化战略是品牌带动下的国际化战略。

6.9.4　"三位一体"的模式

　　为把"青岛啤酒"这一国内强势品牌打造成具有国际竞争力和影响力的强势品牌，青啤制定了以此为目标的品牌运营方案。

　　今天的消费者选择啤酒已经不仅仅是看中它的品质和功能，更重要的是看它的品牌定位是否符合消费者的心理需求。啤酒消费已经逐渐成为一种情感消费，消费者更多注重的是在享受产品过程中能体验到啤酒所带来的激情、活力与快乐。因此，青啤把品牌使命定义为："用我们的激情酿造出消费者喜好的啤酒，为生活创造快乐。"青啤制定了激情、活力、快乐的品牌传播口号，大量进行事件营销和情感营销，实施集"品牌传播、产品销售、消费者体验"于一体的"三位一体"营销模式。

　　青啤与奥运结缘，开展"我是冠军""倾国倾城"、牵手 NBA、青岛啤酒"炫舞激情"NBA 啦啦队选拔赛等活动，收到了显著的效果。青啤融入了越来越多激情、时尚、快乐的年轻化元素，扩大了消费群体，提升了市场份额。调查显示，近年来，18～29 岁消费者在青岛啤酒整个消费人群中的占比提升了 14%，成为最大的消费群体。

　　1."三位一体"模式的概念

　　"三位一体"指的是将产品销售、品牌传播、消费者体验三种促销手段结合运用的一种营销模式，三个组成部分相互支持、相互促进，不可分割。

2. "三位一体"模式的内涵

（1）把"市场"看成一个充满不同方向拉"力"的"力场"，不同"力"竞争的结果决定"市场"走向。

（2）市场竞争的核心是对消费者的争夺，准确地说就是不断从竞争对手中转化游离消费者使其成为自己的忠实消费者的过程，目标是建设从认知偏好到行为忠诚再到情感忠诚的品牌竞争优势。

（3）80/20原理：80%的销量和利润来自20%的忠实消费者；对忠实消费者的投入产出比更高；忠实消费者会通过口碑传播吸引更多潜在消费者尝试产品。

（4）对消费者争夺包括三个层次：建立选择认同、建立身份认同、建立关系认同；与此对应，营销的三种手段依次为：产品销售、品牌营销和体验营销。

（5）打破力量均势：简单力学原理——多股"力"大于单股"力"。

（6）前提是竞争品牌之间品质差异不大或品质不是决定性因素。

1）产品销售。

①销售是营销的基础和核心，能在短期内形成现金流；

②销售的首要任务是将产品放置在任何可能产生购买的场所；对于快速消费品，可见度决定一切；

③建立选择认同：消费者选择某一个产品的前提是在其周围可见到该产品；产品销售如促销能促使潜在消费者的尝试行为，形成对于品质可靠性的体验，为消费者的转化打下基础；快速消费品是替换性较强的产品，保持较高的铺货率（所在区域的适合产品销售的目标零售商总数中，已销售本企业产品的零售商所占的百分比）和存货水平是维持忠诚消费行为的重要条件；

④产品的可见度也是品牌影响力的组成部分，特别是产品线得到聚焦的时候。

2）品牌传播。

①品牌传播有助于强化消费者对产品品质的信任感，减少消费决策风险，

从而拉动销售；

②建立身份认同，品牌传播的核心和出发点是品牌的定位，通过定位，品牌向消费者宣称自己是谁，地位、特征和价值主张是什么，期望在消费者中引起共鸣，从而形成偏好；但喜欢不等于忠诚；消费者仍然可能因某些理性原因（如价格、购买方便性等）而转换品牌；

③品牌通过电视广告、广播、纸媒、户外等手段向消费者传达统一信息，消费者被动接受信息；当信息越来越多、媒介越来越复杂分化时，消费者对信息的处理能力下降，导致传播的作用下降；

④当消费者无时无刻不在接受某一信息的提示的时候，也是一种体验。

3）消费者体验。

①消费者体验：通过有意识地创造一种消费体验环境来使消费者亲身体会品牌的价值主张，并提供消费刺激，从而在传播品牌的同时拉动销售；

②建立关系认同：通过事件活动将消费者带入品牌内涵的创造性情境体验过程中去，有助于克服传播力量的弱化和单向性，为消费者创造个性化的品牌接触记忆，从而深化和扩展品牌与消费群之间的连接，将品牌价值主张与消费者的情感、个人经历结合起来，形成情感忠实。

将社会环境假设为一个大"终端"，分析消费者生活中可能的品牌接触点，利用事件活动吸引消费者关注、互动、参与、交流；品牌定位是消费者体验的主线，通过一系列事件活动来吸引消费者的关注和参与，从而创造体验的环境。

所谓体验就是人们响应某些刺激的个别经历或感受。例如，企业营销活动为消费者在其购买前或购买后所提供的一些刺激；体验通常不是自发的而是诱发的，但并不表示消费者是被动的，而是说明营销人员必须使用一定的媒介来吸引其关注；体验是完全个体化的经历，不同的人在同一事件中取得的体验是不完全相同的；体验通常来自于对事件的观察或直接参与，它涉及情感、情绪等感性因素，也涉及知识、思考等理性因素，还包括身体的一些活动。

创造体验的工具包括：

● 传播：广告、公共关系等；

- 感官识别：品牌识别系统；
- 产品呈现：产品设计、标志物等；
- 联合营销：赞助活动、联合促销、植入式营销等；
- 空间环境：消费氛围和生活环境；
- 互联网社区：专属讨论区、特许商品下载；
- 人员：促销人员、忠实消费者。

6.10　人才、质量和科技战略[1]

6.10.1　人才战略

青岛啤酒清醒地认识到：第一，人才是企业的生存之本；第二，企业领军人物，特别是第一把手的经营理念、价值体系、人文修养，决定着这个企业招聘人才的力度和质量，以及挖掘人才潜力和调动人才热情的能力；第三，国际级的企业必须要有国际水准的"以人为本"的企业文化，这种文化具有充分的授权、自由讨论的空间和浓厚的人文气息，势必吸引大批精英人才的到来；第四，国际级企业要有一个选拔、激励、培育人才的治理结构、激励体系和监督系统。将该认识结合企业的发展历程，不同发展阶段制定出不同的人才战略。以下是青啤的最新人才发展战略。

1. "不拘一格降人才"的选才理念

作为一个盘根错节的国有企业，经过现代企业制度改造后，正朝着国际化大公司、大品牌方向发展。其中，在人才选拔这一方面与国际化大公司已经接轨，确实做到了"唯才是举"和"不拘一格降人才"。

青啤人深刻地认识到：现代企业之间的竞争，实质上是人才的竞争。在

---

[1]　赵满福，王文晓. 青岛啤酒人才战略透视 [J]. 2015 (8) -. 长春：企业研究，2015-.

传统的计划经济状态下，企业并不会因为人才的流失而造成资金和资源的流失；在知识经济和市场经济时代，智力资本在企业的所有资本中居主导地位，有人才就有一切。在社会的各种资源中，人才资源是最重要、最宝贵的资源，人才对资金等其他资源发挥着重大的聚拢作用。一个企业一旦出现人才流失，企业原本拥有的资金和资源也会同步流失，甚至超速流失，出现"人去楼空"的局面。正是基于这一认识，公司党委依托政治优势，将建设高素质的人才队伍作为党委工作的中心任务来抓，按照现代人力资源管理理论采取了一系列人才开发、管理措施，深入实施人才战略，以人才优势提升企业核心竞争力。

例如，1999年，青啤公司在全国范围内不拘一格地选聘优秀的高层企业管理者，当时有20多位人才进入了初选范围，公司董事会最终选聘了曾任广东珠江啤酒集团董事、副总经理的严旭女士负责市场营销的副总经理，充分授权其对整个青岛啤酒华南市场的生产、经营和管理负责。严旭运用先进的经营理念、灵活的管理及薪酬机制，以及青岛啤酒的市场号召力，在华南市场迅速打开了局面，从1999年的啤酒产销量4.8万吨，连年猛增至2002年的59万吨，利润总额也连年递增，已成为继西安公司之后青岛啤酒公司的又一重要盈利来源。

2. 不断创新，探索人才管理新路子

为了落实人才管理的新思路，建立有效激励、严格监督、竞争择优、充满活力的用人机制，公司坚持在人才的管理、培养、使用和激励机制上下功夫，在企业营造了优秀人才健康成长的良好环境。

（1）在人才管理机制上创新，把"党管干部"原则贯穿企业生产经营全过程。充分发挥党的思想政治优势，以党的先进性教育人、鼓舞人，是企业凝聚人才的法宝。实施以"竞争择优"为核心的人才动态管理机制，把好政治关、能力关、作风关，有效地预防了用人上的不正之风，为建立高素质的人才队伍打下了坚实的基础。

（2）在人才培养机制上创新，努力营造优秀人才脱颖而出的用人环境。

要想用好人才，就必须先下大力气培养人才。为此公司党委积极创建学习型企业，倡导干部终身学习，营造良好的学习氛围。通过举办各种不同形式的学习培训班，为人才"充电"，全面提高人才的综合素质。每年公司党委都要制定《员工年度培训计划》，对人才的培养做出全面部署。在尖端人才培养方面，青啤也颇多建树，例如，2001 年 2 月，青啤投资成立了博士后工作站，不断为企业长远发展积蓄着核心力量。

（3）在人才使用机制上创新，全面提高人才综合素质。现代企业经营管理要求培养大批"一专多能"的复合型经营管理人才，轮岗、换岗是促进人才综合素质全面提高的重要措施。目前，公司的干部岗位基本形成了"两年一调整"的机制，一批既懂经营管理、又懂专业技术的复合型人才脱颖而出，成为公司规模化扩张的后备人才力量，使公司在人才管理上实现了可持续发展。

（4）在人才激励机制上创新，不拘一格选拔优秀人才。在人才的激励机制上，公司党委建立健全了以事业激励、感情激励、政策激励、待遇激励为主的一系列措施，引入"职业生涯设计"理念，以事业激励、事业留人为核心，人尽其才，才尽其用，支持人才大胆的创造性地开展工作。同时在人才资源的开发上，既要立足于内部培养，又要着眼于社会流动人才的引进。

3. 以人为本，开创企业发展新局面

几年来，公司通过实施人才战略，将智力资本转化为生产力，以良好的人才效应获取了很大的经济效益，使青岛啤酒公司迅速强大起来，各项经济技术指标达到了国内同行业上游水平，在新世纪一举创下了显著的成绩，实现了历史性突破。

人才效益不仅使公司自身发展壮大起来，而且发挥了名牌效应，实现了经济效益和社会效益的双赢。"输出一人，救活一厂"成为青岛啤酒西安公司人才战略成功实施的范例。2000 年 6 月，公司兼并原渭南市秦力啤酒厂，组建了青岛啤酒渭南公司。在被兼并之前，该厂是渭南市严重亏损的企业，某啤酒集团收购该企业，投入近亿元资金，但是不仅未使该厂摆脱困境，反而背上了更加沉重的包袱。青岛啤酒兼并这个厂后，公司党委向该厂派出 3 名高级管理人员，在仅注入 3 000 万元资金的情况下，一举创出了"当日挂牌、当日生产、当月盈利"的惊人业绩，并在短短的一年时间内，使该公司从渭南市的亏损大户一跃成为利税大户、名牌企业，企业迅速扭亏为盈，走上了持续、快速、健康发展的轨道。

青岛啤酒提出，对外广招人才，对内广造人才，建立人才激励机制。青岛啤酒公司将教育培训视为可持续发展的原动力，也作为员工最大的一项福利。在人力资源管理方面，从选人、用人、育人、留人四方面入手，通过各种培训和建立激励、约束、竞争机制，如竞争上岗、优化组合、干部"一评两考"、员工厂内待岗、民主评议等方式，调动员工积极性，开展企业内部合理竞争，激发员工潜能，最大限度地发挥个人能力，增强员工事业心及敬业精神，增强企业凝聚力，促进企业不断发展。

可以预计，青岛啤酒人才战略将越来越完善，越来越有效，在国内外业界占据突出的位置，为青岛啤酒的发展壮大提供强有力的保障和支撑。

6.10.2 质量战略

质量是品牌的第一支点。从消费者的角度看，认识并记住青啤首先是因为它的高质量。在美国，连许多写字楼的看门人都在喝青岛啤酒，挑起大拇指称赞，"China，Good！"他们所叫好的正是青岛啤酒的质量。从国家抽检情况看，自 1998 年至今，青啤一直是山东省质量免检产品；2000 年获国家质量技术监督局通报表彰；被中国质量检验协会评为国家监督抽查历次合格企业；被中国食品工业协会授予"2000 年安全优质承诺食品"称号；青岛啤酒近三年在国家、行业以及地区有关部门组织的监督检查中，产品质量全部合格；出口产品近三年商检合格率均为 100%。

目前，青岛啤酒是我国出口啤酒最多的企业，占全国出口总量的 50% 以上，青啤在国内的地位是不言而喻的，国内外的消费者青睐青啤的原因主要还是它的高质量。青啤人都懂得：好啤酒不是靠检验出来的，而是操作出来的。所以青啤人有个世训："好人做好酒！"具体来说，青啤的高质量主要源自以下几个方面：

1. 良好的基础和优越的自然条件

1903 年由英德商人创建的"日耳曼啤酒公司青岛有限公司"，由 F. H 斯密特公司承建，著名的日耳曼啤酒设备制造厂提供设备。木制酒桶容量 7 吨的后酵罐及无毒沥青都是直接从德国运来，发酵设备及滤酒机来自德国恩茨俄公司。生产啤酒是用著名的崂山泉水酿制，其水质经过德国柏林检验证明是优质酿造用水。啤酒生产是采用优质麦芽和著名的巴伐利亚酒花而不加任何辅料，严格按照《德意志啤酒酿造法》进行酿制。企业的管理和工艺技术均由德国人负责，当时的负责人是一位曾在南美一家大啤酒厂长期工作并具有丰富经验的德国酿酒师。另外，还有几位德国酿酒工被安排在关键的生产岗位上。1904 年开始生产，1906 年在慕尼黑博览会上展出，获得金牌奖。可见，青啤从一开始质量就非常好。由于青岛是我国最早的啤酒生产厂家，同时吸收了世界啤酒王国的工艺技术、原料、设备及人才，使青啤质量在当时就具有较高的水平，为名牌的确立打下了良好的基础。

2. 独特的工艺技术

青岛啤酒是依托得天独厚的崂山泉水和独特的工艺技术，酿造出一流品质的啤酒。采用优质大麦、啤酒花和特有菌种为原料，沿用传统的经典酿造工艺和独到的后熟技术精心酿造而成，素以泡沫洁白细腻、持久挂杯、酒体清亮透明、醇香爽口而享誉中外。

独特的百年纯种青啤酵母不但保持了百年传统，还具备了适应新时代的风格。

独特的青岛啤酒配方是根据不同风味特点，经过科学严谨的试验，确定原料配方。大米一直采用最新鲜的大米，从脱壳到使用不超过 7 天，麦芽采用酿造性能最好的加拿大、澳大利亚、欧盟的进口大麦生产。

传统工艺技术与现代工艺技术相结合。青岛啤酒传统的低温长时间发酵技术保证了酒体更纯净，口感更柔和，在国内独一无二。此外开发的体外冷却三罐发酵技术、高浓度稀释技术，风味图谱技术、密闭糖化隔氧技术、立式大罐 GIP 刷洗技术、啤酒风味一致性技术等，均居国内领先地位，在国际上也处于先进一流的检测技术。

青啤目前采用国际最先进的检测手段进行检测，监控生产过程中的啤酒生产过程，保证啤酒的质量。应用图谱技术等先进分析手段，监控生产过程中的啤酒风味，建立了与啤酒相关的食品安全检测手段，与啤酒相关的检测方法全部实现了与国际接轨。

青啤公司是国内唯一利用图谱技术进行过程控制的企业。2002 年 9 月，青岛啤酒公司开发的啤酒风味物质图谱获得国家科技进步奖二等奖，实现了啤酒行业在国家科技进步奖中零的突破。青岛啤酒在国内首次建立起涵盖啤酒主要风味组成的 214 种物质的定性分析和 174 中成分的定量分析方法，确立了青岛啤酒特征指纹图，形成了较完整的啤酒风味物质图谱数据库。建立啤酒生产过程数据化的控制体系，监控工艺关键点，控制风味物质种类由 12 种增加到 68 种，实现了每批青岛啤酒一个味，每罐青岛啤酒一个味，每个工人操作生产出的青岛啤酒一个味，每个工厂生产的青岛啤酒一个味。借助强大的科研力量，青岛啤酒可以细微地分析出每个子过程会产生什么，产生多少，应该怎样控制，对生产进行最精细化的管理，从而实现管理的数据化、标准化、科学化。只有过程的全部都是精确的，最后产品才会是精确的。

先进的自控技术。在啤酒生产全过程中，配置了国际先进水平的自动化控制系统，消除由于人为因素导致的质量误差，对关键质量参数实现了在线监测和控制。以青岛啤酒厂为例，从麦芽制备到包装的各个工序，设置了 8 669 个的计量检测控制点，保证了啤酒生产全过程的控制。并且拥有国家级技术中心，不断进行技术开发与创新。

3. 完善的质量管理体系

（1）完善的技术标准体系。青岛啤酒生产全过程涉及所有原材料质量标准均高于相应的国家标准、行业标准，有国际标准的直接与国际标准接轨；

产品质量内控标准远远高于国家标准，与国际标准接轨；出口产品按国际标准生产，符合每一个进口国的质量标准。例如出口美国的啤酒，就按照美国的啤酒质量标准生产，出口欧盟的啤酒，就按照欧盟的啤酒质量标准生产。

（2）从种子开始的原料管理。麦芽、大米和酒花的控制：青岛啤酒对原料采取从种子开始的全方位过程控制，从原料种子的培育到生长全过程严格把关。青岛啤酒始终坚持用世界最好的原料来酿造啤酒，青岛啤酒的原料大麦全部来自加拿大、澳大利亚和法国这三个国家。多方验证证明：产自加拿大、澳大利亚和法国三个国家的酿酒大麦在品种纯度、酿酒性能、啤酒口味及其稳定性等方面都是世界上最优质的啤酒大麦，同时这些国家在农产品的农药残留、重金属、转基因等健康方面符合法律法规要求，从而对啤酒制造源头的食品安全给予了强大的品质保证。每年在大麦种植前，青岛啤酒公司都要组织专家到加拿大、澳大利亚等产地对原料大麦的品种、种植、收获以及运输、储存进行全过程实地考察，真正做到一丝不苟，种子必须是非转基因产品，种植环境不能有任何污染沉积。在多方考察的基础上，青啤公司还要求供方提供多个证明和检验报告，比如每批进口大麦的种植环境评估证明、非转基因谷物证明、制麦特性和酿造性能报告以及相关的检验报告。除此以外，还要求供方国权威部门出具卫生安全检测报告、质量检测报告等。大米、酒花也必须是绿色环保产品，所有用于生产青岛啤酒的大米和酒花，其供方必须通过严格的供方认定程序和每年一度的质量评估。每一批大米和酒花都要按 HAGGP 要求提供如下质量保证材料：省级检疫机关出具的农产品种植环境评估证明；重金属离子、农药残留等产品检疫合格证明；无公害产品证书或绿色食品证书；产品检验报告以及质量体系有效运行的证明等。在对方出具材料证明的同时，青岛啤酒还要对采购的原料在经实验室检验鉴定后进行小批量试用，形成来自青岛啤酒内部的鉴定报告，最终才能够确定是否可以采购。

在前期诸多保障基础上，所有原料在入厂前，还要进行进货现场的严格抽样检测，实行"安全否决制"。青岛啤酒在原料上的高要求，让很多原料供应商在深感压力的同时也深感荣耀。压力是源于要想保留青岛啤酒这个大客户，就只有提供最优质的产品。而荣耀恰恰也是源于能够给青岛啤酒这样高标准的厂家提供原料，这足够证明自己产品的品质。

（3）酿造水源的控制。对于酿造水源的控制，《青岛啤酒内控标准》关键性指标均严于国家标准。每日对总水管的微生物等各项指标进行全分析检验，每日对各分支水龙头进行微生物抽样检查，在工作现场，每2小时对酿造用水进行品尝，连操作人员怎么洗手都做了非常详尽严格的规定。

（4）严格执行工艺标准。酿造啤酒是一个无形的生化过程，生产过程中具有看不见、摸不清的特点。因此，除了出厂要经过1 800多个检测点，啤酒的口味和质量还直接与每道工序上的工人操作有着最直接的关系。青啤人都懂得：好啤酒不是靠检验出来的，而是操作出来的。所以青啤人有个世训："好人做好酒！"发酵师尊崇的工作理念是"像培养自己的孩子一样培养酵母"、操作工们则喜欢"像雕琢打造工艺精品一样做好每一道工序的操作规程"……如此赋予了啤酒以生命和灵魂。多年来，青岛啤酒为塑造无价的诚信声誉付出了大量的有价努力。即使供不应求，青啤也决不降低品质追求产量，始终恪守"时间不差一分，温度不差半度"的标准工艺流程，为消费者提供最好的啤酒。

（5）优良的设备保障。在硬件配置方面，青岛啤酒使用世界上先进的酿造设备和检测仪器，不惜巨资对老工厂进行设备改造，优化生产工艺条件，确保装备的领先水平。目前青啤骨干生产厂的各工序主要设备都已达到国际领先水平，已全部实现GIP自动化刷洗，杜绝了微生物生成的可能。如酵母扩培引进了丹麦ALFALA-VAL系统，糖化采用ZIEMANN三锅两槽系统，发酵采用FOXBO-RO自动控制系统，过滤引进瑞士FILTROX60吨/小时烛式过滤机……均为目前国际最先进的水平。

此外，对设备维护提升到工艺支持的高度，促进维修方式进行转变，实现了：救火式的应急维修→基于经验的预防维修→基于信息的预测维修的三个阶段的转变，使设备故障率大大降低，企业运行效率大大提高，保证青岛啤酒始终按照最标准的工艺进行生产。

（6）完善的品评体系。目前青岛啤酒制定运行《品评标准》，涵盖了啤酒生产全过程的所有品评点，填补国内啤酒行业空白，建立了公司、工厂直到生产一线完善的品评制度，通过全方位的对原料、与酒接触材料、过程产品、成品高频次的品评，监控过程控制状况，及时发现问题解决问题，不断改进提高。"品评是质量改进的驱动力"目前已成为质量工作的重要组成部分。

（7）完善的食品安全管理。青啤在啤酒行业率先通过了 HAG—GP 国际食品安全控制体系认证，强化啤酒生产的食品安全性控制，重点对生产过程添加剂、水以及酿造原料进行控制，建立与啤酒有关的食品安全相关标准及检测方法的信息网络。跟踪联合国食品法委员会、美国食品与药物管理局、欧盟食品安全机构等国际权威机构，关于啤酒食品安全的最新法规及检测方法，加强与国际啤酒专业研究机构的合作，如与 BRI 的食品安全网络合作。青岛啤酒的食品安全性指标符合国际及相关出口国的法律法规，对于啤酒无国家标准的二氧化硫、铅、镉、砷、咯、硒、亚硝酸盐、总三厄代泾等项目均进行检测和控制。

（8）4·10 提高质量纪念日，使质量意识深入人心。1976—1978 年，虽然青岛啤酒出现了供不应求的局面，但是由于政治运动尚未结束，企业的生产受到干扰，管理混乱，致使发生了"毛刷子事件"，这样严重的质量事故给青啤人敲响了警钟。根据上级部门及领导的指示精神，企业于 1978 年 12 月 10 日全面停产整顿，历时 4 个月，1979 年 4 月恢复生产。企业把 4 月 10 日定为提高质量纪念日或耻辱日，每年的这一天都举行各种各样的活动以示警诫。职工参与质量管理的意识和能力不断增强，产品质量稳步提高。在恢复生产的 9 月份青岛啤酒即获国家经贸颁发的国家优质产品银质奖。1985 年实行厂长负责制以后，完善企业内部的经济责任制和以总工程师为主的质量责任制。1986 年又制定了青岛啤酒厂《全面质量管理工作条例》《工序管理点管理制度》等质量管理的具体制度，并逐步推广落实，1988 年获轻工部质量管理奖。

因为完善的质量管理体系，所以才有了产品质量的保证，并取得了丰硕成绩。1995 年，青啤公司率先在全国同行业通过了国际权威认证机构——DNV 的认证。2000 年，青啤公司参与 GB/T 19001—2000 标准的起草工作。2001 年公司进行了 ISO 9000：2000 标准的换版；ISO 4001 环境管理体系于 2001 年全国行业首家通过国际权威认证机构认证；2002 年，公司建立职业安全卫生管理体系，并通过 DNV 认证；2003 年，通过 HAGGP 认证；啤酒行业首家国家级"企业标准化良好行为"试点。

6.10.3　科技战略

1. 积极采用国际上的先进酿造工艺，不断完善与发展青岛啤酒工艺

青岛啤酒采用经典的德国酿造技术，由优质麦芽、大米、酒花和著名的崂山泉水酿制，已经形成了低温发酵、酵母使用代数少、后桦时间长等工艺特点，保证了酒体稳定，酒液均匀，CO 及各种风味物质的饱和度。这是青岛啤酒口味醇厚、风味稳定持久的关键所在，在此基础上不断创新工艺，是青岛啤酒质量得以保证的重要原因。如酶法糖化新工艺，于 1990 年通过科技成果鉴定，居国内领先地位。这一工艺，通过辅料用量的增加，提高了原料和设备的利用率，降低了成本，提高了产量和质量。再如，锥形罐发酵为 20 世纪 80 年代国际新工艺，1992 年采用后缩短了生产周期 35 天，而且一罐发酵占地面积小，便于微机控制。另如，高浓度稀释工艺的采用，在不增加设备的基础上，提高了糖化能力，增加了产量。

2. 新技术、新材料的采用，对保持青岛啤酒的独特风味，提高质量起到了积极作用

第一，新技术、新材料的采用。1979 年以前，青岛啤酒厂的技术装备一直停留在原来的基础上，党的改革开放政策实施以来，新技术、新设备、新工艺、新材料不断地应用于生产之中。如硅藻土过滤新技术代替棉饼过滤，使过滤速度由原来的每小时 5 吨提高到 30 吨，滤过量一次提高到 400 吨，且具有酒液澄清、浊度低、劳动强度低等特点。再如碳钢内涂料代替沥青技术，热熔胶代替甲基纤维素用于封箱，为机械化生产创造了条件。

第二，积极实施技术难题攻关。在 20 世纪 60—80 年代，青岛啤酒后酵期为 90 天，通过组织攻关进行大量科学试验后，制定出合理工艺，缩短酒龄至 50 天，从而缩短了啤酒的生产周期，提高了产量并保证了质量。另外，

1965 年试验成功糖及添加稳定剂、后酵添加酶制剂和抗氧剂技术，使啤酒的稳定性由 90 天提高到 150 天。进入 20 世纪 80 年代后，随着消费者对啤酒风味的更高要求，厂里专门成立了技术攻关组，进行科学试验，最后通过 15 个大批次，44 种不同配方和相应的工艺条件进行了工艺调试，组织分析了 1 000 多个数据，取得了满意的效果，使啤酒泡沫的持久性达到 5 分钟以上。与此同时，围绕啤酒的生产，还开展了优良啤酒、酵母的选育、相型啤酒花应用、木瓜蛋白酶及其他啤酒稳定剂的应用，啤酒专用大麦国产化、玉米辅料等项研究，均取得了良好的效果。

3. 建立科研机构，专门从事啤酒技术研究和产品开发

面对世界范围内的产业升级趋势，青岛啤酒公司决心依靠科技优势敞开新世纪的大门。1993 年股份公司一成立，就投资 2 000 万元建立起拥有高新技术装备的青岛啤酒科研中心。1996 年 11 月又被国家经贸委认定为国家级企业技术中心，目前已承担国家级、部级、市级课题近 10 项。1994 年，青岛啤酒公司与德国慕尼黑啤酒学院合作，利用德方的资金、技术成立了中德啤酒技术研究所，成为国内最系统、最先进的啤酒技术人才基地之一。与此同时，不断加大科技投入，投入的比例已占全年销售收入的 2%，仅 1996 年既达到 4 000 万元。在技术引进中，坚持高起点、严要求，先后从德、法等国引进具有世界先进水平的工艺就是和生产线，同时添置了啤酒自动分析仪等仪器，提高了生产能力、技术水平和检测能力。

青岛啤酒科研中心自 1995 年以来为满足不同层次的市场需求，研制开发出一批适销对路的产品，如低热量啤酒、淡啤酒、全麦芽啤酒、14 度黑啤酒，并进一步提高包装档次，适时推出一批高附加值产品，取得了良好的经济效益和社会效益。

1997 年，青岛啤酒科研中心完成了从德国引进中式啤酒生产线的安装调试工作，并利用此套设备成功地生产了棕色啤酒和全麦芽啤酒，先后两次聘请国内著名专家、评委组织对"棕色啤酒""富硒啤酒""高浓稀释啤酒酿造技术"的鉴定总结，加快科研成果向市场效益的转化速度，使青岛啤酒的产

品结构更加合理完善。

2000 年，《啤酒稳定性保鲜及抗老化研究》项目获青岛市科技进步一等奖、山东省科技进步二等奖、2002 年研发的《啤酒风味图谱技术的开发应用》成为食品行业首家获得国家科学技术进步奖的企业。《啤酒生产中污染微生物的快速检测及鉴定技术开发》项目获 2002 年山东省十大科技成果奖，2004 年青岛市科技进步一等奖。2003 年，《非发芽谷物结合高浓酿造技术开发》项目获山东省科技进步二等奖、青岛市科技进步一等奖。

2006 年，青岛啤酒历时八年完成的《啤酒高效低耗酿造技术的开发与应用》项目再次荣获国家科学技术进步二等奖，引起业界极大关注。这是继 2002 年青岛啤酒获得国家科技进步奖后又一次技术创新，质的飞跃，标志着青岛啤酒在国际领先的成熟生产平台再度实现成功的技术创新。这不仅是中国啤酒企业获得的第二个国家科技进步奖，同时也是青岛啤酒成为中国啤酒行业内唯一一家两度摘取国家科技最高奖的企业。

原中国酿酒工业协会理事长、国家科技进步奖评审专家狄兆林，中国啤酒分会会长肖德润等行业内的专家在谈及该项目时均表示，在啤酒生产的过程中如应用此项技术不仅可以降低水耗、煤耗、蒸汽等资源，同时也可以缩短发酵周期，如在行业内推广将节约近 1/3 的能耗，市场前景非常广阔。这不仅可以缓解啤酒行业原料紧缺的困境，更是国家倡导的建设节约型社会的需要，是啤酒行业一次革命性的创新，在中国啤酒行业的发展史上青啤又将写下浓重的一笔。

据统计数据显示，该项技术在青啤公司陆续推广三年，在没有增加设备投资的情况下，为青啤新增利税 18.97 亿元，新增产量 212 万吨，相当于一个 20 万吨的大型啤酒厂 10 年的产量。节约的用水量相当于青岛城市近 20 天的供水量，达到 1 659 万吨。累计节约的用电量可供青岛城乡居民使用 20 多天，达到 22 120 万千瓦时。节约标煤 24.88 万吨，累计节约资源成本 3.22 亿元。

更为重要的是，这项啤酒高效低耗酿造技术为民族啤酒产业的转型提供了一种新的思路，如何从啤酒大国向啤酒强国转变，依靠科技创新，打造自主知识产权的核心竞争力成为民族啤酒行业的必然选择。

6.11　企业荣誉

首届中国驰名商标，1963 年全国酒评会上获得金牌奖；

1984 年荣获轻工部颁发的质量金奖；

1987 年青岛啤酒获得美国密西西比国际酒会质量奖；

1988 年获中国食品博览会金质奖、轻工部颁发的创汇先进企业奖；

1991—1993 年分别在比利时布鲁塞尔和新加坡的评比大赛上获得金奖；

1993 年荣获新加坡国际饮品博览会最高荣誉金奖；

1997 年获得 23 届国际金星奖——"杰出公司形象和质量金奖"；

1999 年中国大陆唯一入选"亚洲五十大名牌"企业；

2000 年入选中国十大最具影响力企业；

2001 年被评为"中国最受尊敬的企业"；

2007 年青岛啤酒获得 DET NORSKE VERITAS（DNV）的 ISO 9002 质量体系认证证书；

2008 年青岛啤酒入选世界品牌价值实验室编制的《中国购买者满意度第一品牌》，排名第十一；

2010 年荣获"中国绿色公司百强企业""首届中国绿金奖"及"2010 中国最佳雇主企业"称号；入选《财富》"2010 最受赞赏中国公司"；荣获"2010 中国最佳企业公民""受推崇知识型结构及卓越知识管理项目大奖""2010 年食品饮料行业 A 股上市公司最佳社会责任报告"；入选"中国 500 最具价值品牌"。

6.12　青岛啤酒百年历史的启示

青岛啤酒的百年历史充满了辉煌与荣耀，也不乏坎坷与挫折。不管是辉煌与荣耀，还是坎坷与挫折，都给我们以无限的思索。

6.12.1　青啤 1949—1979 年发展出现挫折与计划经济体制有直接关系

随着新中国的建立，人民政府正式接管青岛啤酒，但由于此时中国实行的是计划经济体制，用集中统一的计划来指导复杂的经济活动，忽视市场的作用。这就造成企业缺乏应有的自主权，使本来应该生机盎然的社会主义经济在很大程度上失去活力。

在当时的计划经济体制下，造成了资源稀缺和产品垄断，青啤又成为一种对内的"贵族产品"和对外的换汇产品。青岛啤酒属于特供产品，产量比较小，只有通过批条子才能买到。在这种状况下，一方面，大众依然无法消费到青岛啤酒；另一方面，企业也难以快速成长。青啤的组织管理、生产计划、营销服务、工艺改造、资本运营都深深打上了计划经济的烙印。由于青啤不能按照市场规律发展自己，受计划经济体制的制约，1949—1979 年青啤发展出现挫折。

6.12.2　当今青啤发展和重新举起的重要原因是国企改革和政府的大力支持

由于传统计划经济体制的种种缺陷，所以必须对这种体制进行根本性的变革，建立市场经济体制。又由于国有企业是我国国民经济的支柱，搞好国有企业改革，对建立市场经济体制具有重要的意义。由于青岛啤酒在新中国成立初期即被人民政府接管和在 1949—1979 年的发展中出现的挫折，使其成为我国国有企业改革的重点和政府大力支持的对象。

改革开放后，随着国家产业政策的调整，青岛啤酒厂的活力日益增强，基本建设的步伐大大加快，工厂大规模引进国际上先进的技术装备。1981 年，在中央和国务院领导的关怀下，国家计委、进出口委、财政部批准投资

4 551.62 万元，进行 10 万吨扩建工程，于 1986 年 8 月竣工投产。1986 年国家计委又批准拨款 4 998.39 万元，进行 13 万吨技术改造工程，并要求在 1988 年建设 13 万吨的同时，要筹措考虑建设 20 万吨和 30 万吨的发展规划，以加快青岛啤酒的发展步伐。

1992 年 3 月，工厂着手探讨转换企业经营机制，会同青岛市人民政府有关部门赴深圳、上海考察，学习推行股份制的经验和具体做法。同年 9 月，国家体改委做出决定：将青岛啤酒厂列为国有企业转换经营机制，实行规范化股份制试点企业。青岛啤酒厂将从此开始一个新的历史阶段，企业按照国际上规范化的股份制公司进行改制，积极利用发行股票所筹集到的社会资金来迅速发展青岛啤酒，形成规模经济，发挥名牌优势，参与国际市场竞争。青岛啤酒股份有限公司于 1993 年 6 月 12 日成立。进入 2000 年以后，国家经贸委决定，在啤酒行业申报国家贴息贷款的项目中，只支持青啤一家。

现代企业制度的建立和政府的大力支持是青岛啤酒在 1979 年以后，尤其是 1991 年后取得迅速发展的重要原因。

6.12.3　青啤与青岛发展的关系

青岛啤酒是伴随着青岛的发展而发展起来的，青岛啤酒的兴衰成败、几经易手可以看作是青岛发展史的一个缩影。正如青啤人自己所讲："在中国没有哪一个企业的命运能像我们青岛啤酒一样，与祖国近代百年的荣辱兴衰紧紧地连在一起，也没有哪一个企业的品牌能像我们青岛啤酒一样与它所在的城市齐名并享誉海内外。"

现在，青岛是全国公认的品牌之都乃至名牌之都，拥有海尔、青啤、海信、青岛港、澳柯玛等众多中国驰名商标。但青岛名牌的历史始于青啤，在欧美国家，许多人是通过认识青啤而认识青岛的。

在未来的日子里，青啤将继续对青岛市的经济发展起到支撑拉动作用。青岛市自 1991 年举办首届青岛国际啤酒节以来，已对青岛的经济做出了巨大的贡献。啤酒节也将更好地宣传青岛，为青岛经济做出自己的贡献。

6.12.4 青啤历经一百多年的发展，成功的基本因素

品质是品牌的第一支点。成就百年历史的品牌，不管什么战略都会随环境的变化而变化，因此成功并没有永恒不变的具体战略，促使青啤成就百年历史永恒不变的是青啤的品质。青岛的历史虽然几经动荡，但青啤传承德国酿酒技术，历经历史的沧桑巨变，金牌质量却百年未变。

青啤文化是成就青啤品牌的永恒动力。德国的严谨、精密和日本的认真、专业，不同的文化特征使其发展的结果不同。严谨、精密文化特质下的高质量、高档次伴随着高成本，其产品在行业竞争中成为贵族消费群的商品。而认真、专业的文化特质伴随着标准化、低成本，其产品在行业竞争中成为最大消费群中、低层消费者的商品。日本文化特质永远赶不上德国文化特质基础上的严谨、精密、顶端产品的质；而德国文化特质也无法超越日本文化特质基础上认真、专业和标准化、低成本行业特性上的量。这就是文化的强大力量，它使事物走上一定的方向。1949 年新中国成立以后，德、日经营的青岛啤酒留了下来，除了啤酒的设备、技术工艺传承了下来，其文化特质也一并传承了下来。

第 7 章
海信集团

7.1　企业简介

　　1969 年 9 月，海信集团有限公司（以下简称海信集团或海信）的前身"青岛无线电二厂"成立，职工十余人，生产半导体收音机。1994 年，海信集团公司成立。

　　海信集团是特大型电子信息产业集团公司，自成立以来先后涉足家电、通信、信息、房地产、服务等领域。

　　海信坚持"高科技、高质量、高水平服务、创国际名牌"的发展战略，以优化产业结构为基础、技术创新为动力、资本运营为杠杆，快速成长，迅猛发展，率先在国内构架起家电、通信、信息为主导的 3C 产业结构，主导产品为电视、空调、冰箱、冷柜、洗衣机、商用空调系统计算机、移动电话、软件开发、网络设备等。已经形成了年产 1 610 万台彩电、900 万套空调、1 000 万台冰箱、70 万台冷柜、470 万部手机的强大产能。2006 年海信实现销售收入 435 亿元，在中国电子信息百强企业中名列前茅。

通过收购科龙，海信已经拥有海信电器和科龙电器两家在沪、深、港三地的上市公司，同时成为国内唯一一家持有海信、科龙和容声三个中国驰名商标的企业集团。海信电器股份有限公司 2001 年荣获了首届"全国质量管理奖"，海信电视、海信空调、海信电脑、海信手机、科龙空调、容声冰箱全部当选中国名牌，海信电视、海信空调、海信电脑、海信冰箱全部被评为国家免检产品，海信电视获得首批国家出口免检资格。

海信是国家首批创新型企业，国家创新体系企业研发中心试点单位，中宣部、国务院国资委共同推举的全国十大国企典型，拥有国家级企业技术中心、国家级博士后科研工作站、国家 863 成果产业化基地、国家火炬计划软件产业基地、数字多媒体技术国家重点实验室。海信在青岛、深圳、顺德以及北美、欧洲等地建有研发机构，初步确立全球研发体系。科学高效的技术创新体系，使海信的技术创新工作始终走在国内同行的前列。

海信拥有国家级企业技术中心，建有国家一流的博士后科研工作站，是全国高新技术企业、全国技术创新基地。科学高效的技术创新体系使海信的技术始终走在国内同行的前列，2005 年 6 月，我国第一块自主知识产权、产业化的数字视频媒体处理芯片在海信诞生，此举打破了国外垄断的历史。

海信在南非、匈牙利、法国等地拥有生产基地，在美国、欧洲、澳洲、日本等地设有销售机构，产品远销欧洲、美洲、非洲、东南亚等 100 多个国家和地区。

7.2　历史传承[1]

1969 年 9 月—1979 年

1969 年 9 月，海信的前身"青岛无线电二厂"成立，职工十余人，生产半导体收音机；

---

[1]　迟宇宙. 海信史［M］. 海南：海南出版社，2009.

1970 年 4 月，超外差式"红灯牌"501 型晶体管台式收音机研制成功；

1970 年 8 月，研制出山东省第一台电子管式 14 英寸电视机，填补了山东省的空白；

1976 年 9 月，9 英寸全塑机壳晶体管黑白电视机问世，填补了国内空白；

1976 年 11 月，12 英寸木塑结构晶体管电视机试制成功；

1978 年 9 月，首台 CJD18 型彩色电视机出产；

1979 年 2 月，青岛电视机总厂成立，并被国家确定为电视机定点生产厂。

1980—1989 年

1980 年，56CD1 型 22 英寸自会聚彩电生产；

1982 年，完成了由广西路 22 号到江西路 11 号的搬迁；

1984 年 12 月 26 日，引进日本松下技术和设备生产的第一台 14 英寸彩电走下线体；

1985 年 4 月，企业实现了第一次腾飞，主要技术经济指标列全省电子业、全国电视业第一位。

1990—1999 年

1992 年，年仅 35 岁的周厚健执掌帅印，出任厂长，海信进入快速发展壮大时期；

1993 年 3 月，投资 2 000 万元，生产商用收款机，成为中国最大的生产厂家；

1994 年，海信集团公司成立；

1995 年 7 月，研究所升级为技术研究中心，并成为国家级技术研究中心；

1996 年 7 月，面对国内第一次价格战的风起云涌，海信在人民大会堂庄严宣布，海信以"高科技、高质量、高水平服务，创国际名牌"的发展战略应对市场竞争；

1997 年 4 月，海信电器（股票代码：600060）上市，给海信带来了新的发展机遇；

1997 年，海信变频空调上市，被中国消费者协会授予行业唯一"零投诉"空调品牌；

1998 年，海信名列"中国电子百强企业"中第七位；

1999 年 2 月，"海信"获得中国驰名商标；

1999 年 6 月 22 日，海信集团用户服务中心正式投入使用；

1999 年 7 月，中国企业管理协会授予海信"中国企业管理杰出贡献奖"。

2000—2001 年

2000 年 4 月 18 日，海信新的 VI（visual identity）启用，"国际化、科技感、亲和力"的海信赋予了自己新的内涵；

2000 年 8 月 21 日，海信以在北京开展的"8341 防火墙诚邀全球黑客高手检测"活动为契机，宣告海信数码科技公司成立；

2000 年 9 月，海信与日立公司（以下简称日立）签订 CDMA 项目合作协议，进军第三代数字移动通信领域；

2001 年 4 月，海信电视、空调、计算机成为免检产品，荣获免检证书；

2001 年 6 月，海信凭借在数字领域的先进的科研技术成功推出数字冰箱；

2001 年 9 月，海信电视荣获"国家质量奖"，海信电视、海信空调、海信计算机成为首届中国名牌；

2001 年，海信大厦、海信信息产业园建成，海信经营环境发生了质的变化，海信获得了空前的发展。

2002 年

2002 年 1 月 10 日，海信、四通、阳光与新浪宣布结成 ITV（interactive television）互动电视战略联盟；

2002 年 2 月，海信集团引进推行 TPI/TPM，全面开展经营革新活动；

2002 年 4 月 25 日，第 180 万套海信变频空调下线，海信"变频"五周年；

2002 年 5 月，投股北京"雪花"，海信建立了完备的冰箱生产基地；

2002 年 5 月，海信电视、空调、手机、冰箱首批通过"CCC"权威认证；

2002 年 7 月 30 日，海信住友组建合资公司，拓宽海外市场渠道；

2002 年 8 月 15 日，"三园一厦"大工业格局全面形成；

2002 年 11 月 18 日，海信、日立携手进军商用空调；

2002 年 11 月 27 日，赛维首开家电业剥离售后服务先河，成为中国第一家专业品牌服务商；

2002 年 12 月 18 日，海信推出变频空调新标识——"变频码"。

2003 年

2003 年 1 月 18 日，海信日立商用空调生产基地在海信信息产业园奠基；

2003 年，在山东省九届人大六次会议上，海信董事长周厚健以高票当选为第十届全国人民代表大会代表；

2003 年 7 月，《海信史》《海信经验》出版；

2003 年 8 月 21 日，海信计算机公司与英特尔（中国）有限公司联合在北京长城饭店召开盛大的"推开数字家庭之门"战略合作暨产品发布会；

2003 年 9 月，"我们的海信　共同的未来"——海信与百位国际经销商联合布局全球客户大会。

2004 年

2004 年 2 月，海信 3G 终端提交国家测试；

2004 年 3 月，于淑珉总裁荣获首届全国"十佳"三八红旗手；

2004 年，周厚健董事长倡议推广变频技术缓解电荒；

2004 年 4 月 12 日，3C 融合领跑未来，集团"龙虎计划"水落石出；

2004 年 4 月 20 日，海信国际化"路线图"露端倪；

2004 年 6 月，集团举办平板电视全球研讨会，公布平板电视品牌新战略；

2004 年 6 月 28 日，贵阳工业园正式启用；

2004 年 8 月 21 日，山东大学海信研究院成立；

2004 年 12 月 16 日，"技术、速度并重，海信走过 35 年辉煌历程"——集团举办 35 周年庆典活动。

2005 年

2005 年 3 月 6 日，海信集团与德国博世-西门子家用电器集团在京正式签订协议并发表联合声明，双方历时六年的商标争议终于画上一个完满的句号；

Hisense 回到海信；

2005 年 3 月 30 日，海信成为国内第 15 家同时拥有双牌照的手机厂商；

2005 年 4 月 6 日，海信（南京）电器有限公司冰箱工业园在南京新港经济技术开发区举行了隆重的奠基仪式，新厂区正式破土动工；

2005 年 4 月 30 日，海信集团当选首届 CCTV 我最喜爱的中国品牌；

2005 年 5 月，在俄罗斯纪念卫国战争胜利 60 周年庆典上，海信的产品——4277 液晶电视被作为国礼赠送俄罗斯老战士们；

2005 年 5 月 8 日，海信在浙江湖州设立的变频空调生产基地，开始正式批量生产；据介绍，全称为海信（浙江）空调有限公司的这个基地，一期的年产能 100 万套，二期年产能 200 万套；

2005 年 6 月 26 日，海信集团在京正式发布被命名为 Hi-View "信芯" 这款民族彩电第一芯的重大成果，信息产业部副部长娄勤俭等高调出席并对海信的这一成果给予充分肯定；7 月 2 日，当装有 "信芯" 的彩电在青岛海信 "破壳而出" 时，中国彩电产业掀开了一个新的篇章；

2005 年 8 月 4 日，海信全球第十三个生产基地——海信新疆工厂在新疆喀什正式开工投产；

2005 年 10 月底，周厚健董事长荣获首届 "中国杰出质量人" 称号；

2005 年 11 月，海信信号控制机系统中标北京；

2005 年，周厚健董事长当选 2005CCTV 中国经济年度人物；

2005 年 12 月 9 日，海信牵手 CCTV 高清频道，标志着中国的高清电视节目将迅速地走进千家万户。

2006 年

2006 年 1 月，海信获得商务部 "2005—2006 年重点培育和发展的中国出口名牌"；

2006 年 1 月 23 日，海信网络科技与资生堂签约；

2006 年 5 月 23 日，海信在北京召开的第九届中国北京国际科技产业博览会（以下简称科博会）上语出惊人，称 "电视机" 将成为过去式；本次科博会，海信展出的平板电视已超越电视的传统概念；

2006 年 6 月 27 日，海信集团荣获 "2006 中国大学生最佳雇主" 称号；

2006 年 7 月 7 日至 10 日，中国国际消费电子博览会再次成为国内外电子厂商的一场盛宴，以"我的多媒体生活"为展示主题的海信展台，首次展示和推出代表了 CE 发展方向的多媒体新产品，将参观者带入了一个缤纷的多媒体世界；

2006 年，海信网络科技成功中标北京快速公交建设项目；

2006 年 8 月，美国波士顿顾问集团的一份研究报告评出 100 家来自迅速发展经济体系（RDE）的企业，海信荣获全球挑战者企业，并获评全球最有可能成为顶级企业的公司；

2006 年 8 月 19 日，海信电器股份有限公司获得了中国证券业协会和证券日报社联合颁发的"2006 年度中国证券市场十佳品牌"的证书和奖杯；

2006 年 9 月，国家统计局在人民大会堂举行的"第六届中国大企业集团暨首届企业集团竞争力 500 强发布会"上，海信集团荣获中国大企业集团首届竞争力 500 强排名第一；

2006 年 9 月 1 日，海信确立多品牌战略——科龙新标志正式发布；

2006 年 9 月 14 日，海信平板电视获得了美国 *TWICE* 颁发的"中国消费电子冠军产品"大奖；

2006 年 9 月 24 日，"海信技术孵化模式"被授予首届"中国管理学院奖"；

2006 年 10 月 10 日，海信召开第三届全球客户大会，并宣布国际市场全面布局；

2006 年 10 月 18 日，全球首款超薄双网双待手机 D806 在海信研制成功；

2006 年 12 月 10 日，海信 TLM4028 点晶系列平板电视成功摘得"最佳功能设计奖"；

2006 年 12 月 13 日，海信空调受广东格林柯尔所持科龙公司 26.43％法人股份的股份过户登记手续办理完毕。

2007 年

国产第一条液晶模组生产线批量投产；设立国家首批依托企业建设的国家重点实验室。

2008 年

2008 年 12 月 30 日，世界权威的品牌价值研究机构——世界品牌价值实验室举办的"2008 世界品牌价值实验室年度大奖"评选活动中，海信凭借良好的品牌印象和品牌活力，荣登"中国最具竞争力品牌榜单"，赢得广大消费者普遍赞誉。

2009 年

2009 年 12 月，海信牵头起草背光组件系列国际标准中的 LED 背光分规范标准，开创了该系列标准由中国企业负责制定的先河。

2012 年

2012 年，相机建设投产江门产业园、平度产业园、深圳海信南方管理总部、青岛研发基地，进一步构建国内外制造格局。

2013 年

2013 年，海信南非家电工业园正式投产。该园区占地 10 万平方米，拥有40 万台电视、40 万台冰箱的年产能。可覆盖包括南非在内、撒哈拉沙漠以南的安哥拉、加纳、刚果等 30 多个国家和地区。

2014 年

2014 年 9 月，海信宣布推出完全自主研发和制造的 100 时激光影院系统，向全球的产业链布局，在更广泛的激光显示领域规划、研发新形态的产品。

7.3　六大产业布局[1]

7.3.1　多媒体产业

海信的多媒体产业——致力于基于互联网、广播电视网、局限网、家庭网络的数字多媒体系统与终端产品以及主要部件的研发、制造和销售，该产业顺利实现将电视接收机、机顶盒、芯片、PLC、互动电视系统等互联，产

---

[1] 罗衍. 海信集团考察［M］. 北京：经济管理出版社，2014.

品线涵盖电视、专业电视、机顶盒、交互电视系统、芯片、PLC、数字家庭系统等，已成为全球家庭网络终端产品最丰富、技术最可靠、方案最全面的解决方案提供商之一。

2004 年以来，海信平板电视连续十年高居中国平板市场销量和市场占有率第一；

2005 年 6 月，成功研发出我国第一块拥有自主知识产权兵产业化的数字视频处理芯片"信芯"，结束了我国年产 7 000 万台彩电无"中国芯"的历史；

2007 年 9 月，成功研发出平板电视模组并批量生产，结束了中国液晶电视模组几乎全部依赖进口的状况；

2010 年，海信在国内率先推出基于自主知识产权操作系统的智能电视，同时开始提供丰富多样的电视应用商城服务；

2011 年 8 月，海信在全球率先推出首款个人智能电视 ITV，用微创新颠覆了大产业；

2013 年，海信发布全球反应速度最快，操作最简单的智能电视 VIDAA TV；

2014 年，海信发布 VIDAA2TV，主打"聚合""社交"功能，开启智能电视 2.0 时代。

7.3.2　家电产业

冰箱

在顺德、平度、南京、成都等拥有生产基地；

拥有海信、容声两个中国驰名商标，国内市场占有率排名第二；

2003 年，刷新日耗电记录，获联合国 GEF（全球环境基金）节能明星唯一金奖；成功开发处世界领先的奕量变频冰箱，并在国内率先应用国际最前沿的多门无霜制冷技术；

2012 年，德国 IFA 展（柏林国际电子消费品展览会）发布首款智能冰箱；

2013 年，国内首创顺光离子除菌养先进技术，实现了冰箱除菌、保鲜功效二合一。

洗衣机

2009 年海信惠而浦合资公司在湖州的工厂全面运行并批量生产；

2014 年海信在青岛平度的生产线投入生产。

冷柜

具有现代化的生产工厂，拥有先进的设计技术，精良的生产设备和一流的检查设备，在国内率先采用标准化的管理体系，是国内冷柜行业最专业的生产厂家之一；

在美国、欧洲、澳洲、阿拉伯地区和东南亚等地区享有很高声誉。

空调

在平度、湖州、顺德拥有生产基地；

海信对代表节能环保的变频技术进行持续投入和研发，是中国首个变频家电联盟召集人；

1997 年推出中国第一台变频空调并实现批量上市；

2005 年推出中国第一台 180 度正铉波直流变频空调；

2006 年推出能效比达到 7.5 的全直流变频空调，刷新空调节能记录；

2008 年成为全国家用变频控制器分技术委员会秘书处单位，并牵头制定变频控制其国家标准，推动产业升级；

2011 年，中国疾病预防控制中心联合研制成功的"FPA 全净化"健康变频空调上市，开创了空调功能向健康领域拓展的先河；

2013 年推出了全球首台互联网智能空调，引领智能空调发展趋势。

中央空调

采用世界领先的变频控制技术的空调系统解决方案，以卓越性能和高品质引领行业发展，已成为国内高端中央空调市场的领军企业。

7.3.3　通信产业

智能手机

青岛海信通信有限公司成立于 2001 年，是海信集团直属子公司，海信通信集智能移动终端的研发、制造、销售和服务于一体，依托多媒体研发中心

600 多人的专业技术团队，拥有行业领先的自主技术研发实力，产品线涵盖 3G、4G 等智能终端；移动互联网时代，海信通信正以互联网作为战略方向，以用户体验为中心，输出温良的产品价值观，致力于向用户提供质量信赖、人性关怀、物超所值的智能移动终端和服务。

光通信

在黄岛、江门等地拥有生产基地；

2002 年海信及与技术研发而成功孵化的光通信产业，是与多媒体网络技术发展密切相关的高端产业，自 2005 年成功推出全球第一款可商用化的光线到户高端模块以来，海信已主持和参与了多想光通信国际标准的置顶，国内同类市场占有率稳居第一；同时，海信用五年时间成功研发的应用于光纤到楼和光纤到户的 GPON 和 EPON 系列"光收发一体模块"产品，一直处于国际领先水平，并于 2008 年率先推出了商业化的 10GPON 产品；

2010 年完成非对称和对称 XG-PON 光模块研发，获得了国际一流设备厂家的广泛认可，推动了光纤接入技术从 1G 到 10G 宽带的革命性发展，提升了国际国内光接入网的技术水平。

7.3.4 信息系统

智能交通

海信智能交通的市场占有率排名全国第一。其中，快速公交系统（bus rapid transit，BRT）的市场份额达到 74%，城市交通核心产品市场占有率达到 20%。推出自主研发的"Hicon 自适应交通信号控制系统""交通管控平台""轨道交通大规模数据采集与综合监控技术""快速公交智能系统与公交优先关键技术""高速公路交通智能管理信息系统"等智能交通核心技术打破了国外技术垄断，成为国内智能交通领域知名品牌。海信以卓越的产品与服务满足"智慧城市"发展建设需求，提升人们社会生活品质！

智能商用产品

海信商业企业信息化解决方案已成功服务于国内 300 家大型流通企业和 2 000 余家中小型商业客户，智能商用终端设备商用收款机、金融 POS 机、税控收款机及各类结算终端。

7.3.5　房地产业

海信地产成立于 1995 年 7 月，将数字化、网络化技术与建筑设计技术相结合，将文化、品位和品牌融入地产开发，形成了现代家居和高端地产的产业板块，专长于智能化高端住宅和商务项目的开发，拥有建设部颁发的国家一级开发资质、甲级设计资质、国际一级物业服务资质。已开发建设的项目包括住宅、公寓、别墅、高级写字楼及大型工业园区，业务遍及深圳、马鞍山、青岛、济南、烟台、威海、潍坊、东营等城市，先后获得"中国房地产品牌企业 50 强""中国值得尊敬的房地产品牌企业"等荣誉称号。

7.3.6　现代服务业

海信的现代服务产业立足信息化应用及系统建设等专业前沿技术的研发，提供一流的电子信息和家电产品、智能商用、物流、家居、物业等领域的现代服务业。

赛维公司

成立于 2002 年 9 月，是中国第一家自主服务品牌的现代信息化建设与产品技术服务型企业，以家电维修、IT 服务等为重点业务方向，在全国近 30 个省市拥有近 1 000 名自由服务工程师，下设 3 000 余家直营店和加盟店，服务网络覆盖全国四级市场。

海信实业

海信实业的主体是青岛海信实业股份有限公司，旗下拥有青岛海信广场、天津海信广场、长沙海信广场三家全国知名的高级百货连锁店，营业面积近 20 万平方米。

海信模具

正式成立于 1996 年 9 月，拥有 40 多年模具加工制造经验和沉淀，掌握

CAD/CAM/CAE、热流道技术、双色模具技术、Over Mould 模具加工与注塑技术、叠层模具技术。

7.4 研发中心

7.4.1 海信研发中心总部

海信研发中心总部坐落在青岛，占地 4.2 万平方米，建筑面积 6 万多平方米，是五部委联合认定的国家级企业技术中心、国家 863 产业化基地、国家火炬计划软件产业基地。作为产学研合作与联合的研发实体，同时又是大企业与重点大学全面合作的载体——"山东大学海信研究院"。2004 年，海信成为国内首批国家创新体系企业研发中心试点建设单位。

海信研发中心现已建成国内较为完善的研发平台体系。具体包括应用基础研究中心（数字多媒体技术国家重点实验室）、产品开发中心、公共研发支持平台（检测中心、中试中心、数据信息中心、技术培训与学术交流中心）、博士后科研工作站等。海信研发中心设有数字显示技术、智能多媒体技术、数字电视技术、光学投影技术、智能家电技术、移动通信技术、智能交通技术、网络安全技术、计算机技术、光电子通信技术等研究机构。研发中心是海信 3C 产业技术研究与发展中心，担当着海信核心技术与前端技术的研发、新产品的开发与产业升级，产品结构调整的重任。

海信研发中心汇聚了专职技术开发人员数 2 000 多人，其中，一半以上人员拥有高级或中级职称，高级专家和博士近 50 人，硕士 300 多人，90% 以上的科研开发人员为 40 岁以下的青年人。

海信集团历来重视研发投入，每年投入的研究与发展经费占产品销售收入的 5% 以上。在国内率先建立了第一家基于企业内部网基础上的无纸化开发系统，拥有联网微机 2 000 多台，CAD 工作站 50 多台。先后组建了家电综合实验室、空调综合实验室、通信技术实验室、数字显示技术实验室、计算机实验室、网络技术实验室、智能研究实验室、工艺设计实验室、工业设计实验室、性能评测室及电路 CAD 机房等，全部达到国家、国际先进标准要求的试验环境要求。实验室内配备各种先进仪器仪表几百余台套，许多仪器仪表居于国际领先水平，满足了电视、空调、计算机、通信、冰箱、网络等各种产品的开发、实验、检测需求。

研发中心通过信息共享和资源综合利用，为研发人员提供了一个具有国际先进水平的开发实验环境，为海信的技术创新打下了坚实的物质基础，使海信集团的技术水平始终处于国内同行业的前列，每年承担数十项国家级项目。到目前为止，已申请专利 2 000 多项。2006 年全集团共完成新技术、新产品研发 537 项，其中 2/3 以上达到国际领先水平或国际先进水平。

技术创新的基础是人才的聚集和培养，多年来海信坚持"以人为本"的经营宗旨。建立了"求人、用人、盲人、晋人、留人"的人力资源开发机制，完善了"待遇留人、事业留人、氛围留人"的文化，形成了良好的人力资源开发和管理体系。设在研发中心的海信学院，为研发人员的知识更新与发展创造了良好的条件。每年培训支出近千万元。

海信以创建世界水平研发中心为目标。近年来，通过不断完善研究开发和创新体系的建设，在向着这样一个目标迈进。

7.4.2　海信顺德研发中心

2001 年，海信顺德研发中心被认定为国家级企业技术中心，2002 年建立博士后科研工作站。同时，海信顺德研发中心还是国家产业技术创新基地和国家高技术研究发展计划（863 计划）产业化基地。2002—2006 年，海信顺德研发中心的前身——科龙技术中心获得各类科技进步奖 70 项，省部级奖 25 项。承担各类科技计划项目 86 项，其中，国家级科技计划项目 16 项，省部级项目 39 项。获得各级重点新产品称号 71 个，其中，国家级 5 个，省部级 38 个。截至 2006 年年底，累计申请专利达到 1 536 件。

海信顺德研发中心是中国冰箱核心技术的缔造者。1996 年和 2000 年，容声冰箱因"无氟节能电冰箱技术"和"碳莘物质替代 CFCS 制造系统改造"两次获得国家科技进步二等奖。2005 年，海信成功突破矢量变频技术的核心技术，推出国内第一款矢量变频冰箱，采用 180 度正玄波控制，最大限度地实现了节能、降噪，达到国际领先水平。目前，海信科龙新一代节能环保发泡剂技术、分立多循环技术、自感应节能电冰箱技术等多项核心技术居世界领先地位。海信顺德研发中心致力于高效舒适节能空调技术的研究开发。科龙空调的能效比三次打破国内记录，两次打破世界纪录。海信空调的变频技术世界领先，拥有独特的核心技术优势，多次荣获我国的节能贡献大奖。

7.4.3　海信深圳研发中心

海信深圳研发中心位于深圳市南山区科技园中区的朗峰大厦，周边与同行业的创维、TCL、长虹、康佳等研发机构比邻，大多数跨国公司研发机构、办事处等也位于同一区域，技术合作、信息交流等渠道十分畅通。中心总投资约 1 000 万元人民币，前期为 500 万元人民币，后期将根据海信集团战略规划、新增产品线和市场需求持续增资。

中心内现有的研发人员 30 多人，均为本行业中技术拔尖人才，配备一流的仪器仪表设备，并且依托研发总部的研发平台，进行技术和信息的沟通交流。研发人员根据需要定期流动，保证中心的人员素质、研发能力和水平始终保持在同行业的前茅。同时，海信深圳研发中心与国际著名的 MStar、MTK 等公司合作建立了联合试验室，使开发的产品与芯片开发同步，从而保证研发的产品与国际大公司保持同步竞争态势。

海信深圳研发中心主要工作包括数字电视及网络产品开发、前沿技术信息收集、数字视频类新产品的跟踪与储备，对广东海信多媒体公司进行技术支持和产品研发等，同时还承担着吸纳行业优秀人才的任务。该中心后续将逐渐扩大开发人员规模和产品种类，使研发规模的年增长率始终保持在 30% 左右。

7.4.4　海信美国研发中心

海信美国研发中心是海信全球研究和开发网络的一部分，致力于消费电子领域两个方面的研究工作，一是新产品的调研和预研；二是现有产品质量提升和成本控制。在新技术研究方面，美国研发中心已经成立专业小组研究网络电视、家庭无线互联、多媒体娱乐中心、新显示器件等。在质量提升和成本控制方面，美国研发中心致力于研究高对比度、高清晰度画质提升技术以及新材料的研究和使用、外观造型领先设计、整机平台标准化和新产品设计等。海信美国研发中心和国际上的先进公司保持着密切的合作和交流，研发中心还对海信美国市场的开拓提供了强有力的技术支持。

海信的产品已经成功地在北美各大商店销售，美国海信研发中心正以其雄厚的技术实力保持海信产品的竞争力，使海信产品走进北美市场的千家万户。

7.4.5　海信（美国）光通信研发中心

海信（美国）光通信研发中心坐落在美丽的东部城市芝加哥，成立于2002年7月，开发团队由北美光通信行业的精英组成，实验室配备了最高速率达到40Gb/s的开发设备。该研发中心立足于全球光通信技术的制高点，致力于在全球范围内提供技术领先的光通信模块产品和方案。自成立以来，海信（美国）光通信研发中心先后完成了国际先进的 SFF，SFP，XFP 小型化光收发一体模块的研发，产品速率从每秒100M 比特到每秒10G比特，成为青岛海信光电科技公司技术孵化器，为海信光通信产业的发展打下了良好的基础。尤其是在 PON（无源光纤网络）产品上，2006年在世界上率先研制出了 GPON（Gigabit-Capable PON）解决方案，得到市场和客户的认可，迅速占领了美国市场。

海信光通信产业正在飞速发展，海信（美国）光通信研发中心将继续努力，开拓进取，引领海信光通信产业走向新的辉煌。

7.4.6　海信欧洲研发中心

海信欧洲研发中心于2007年3月在荷兰南部城市——埃因霍温正式成

立。欧洲研发中心设有电路设计、软件设计、结构设计、产品经理及 ID 造型设计等研发岗位。

海信欧洲研发中心将充分利用海信在数字电视、网络多媒体、芯片、数字家庭等领域的技术优势，并充分调研最新技术发展趋势、欧洲流行趋势、用户使用习惯和用户需求，面向欧洲及相近市场开发高技术含量、高性价比的数字 DVB 产品以及网络、高清、多媒体平板电视产品等。同时，为满足欧洲不同国家和地区用户的品质需求，海信欧洲研发中心将根据欧洲不同国家和地区的不同标准，进行现场测试验证和用户体验测试等工作，为欧洲各个国家和地区的用户量身定做高品质产品。并且，海信欧洲研发中心将研究国际最新技术和产品的方向与潮流，与国际知名 ID 造型设计公司开展交流和合作，设计世界一流的产品，全面打造国际化海信品牌形象。

海信欧洲研发中心的设立使得海信在占有全球 1/4 以上电视销量的欧洲市场，实现了研发、生产、销售三位一体的战略布局。

7.5　企业文化

7.5.1　核心理念

"创造完美，服务社会"是海信的核心理念，是海信一切经营活动的最高准则，是每一位海信人的行为准则。海信人以振兴民族工业为己任，具有高度的社会责任感和使命感，海信以服务社会来回报社会，立足于社会。

"创造完美"涵盖创造完美的产品、完美的服务、完美的生活、完美的人生几层意义。海信人在生产劳动过程中，把对美的追求、对生活的热爱，融注于每一个产品之中，并通过优质的服务把它奉献给人们，让更多的人在使用海信产品、享受海信服务的过程中，真切地感到一种美的存在，获得一种美的享受，从而引导广大消费者以及全体社会大众热爱美、追求美、创造美，这就是海信创造完美的真正含义。

"服务社会"是海信事业的最终目标。人生只有在服务社会的创造过程中才能得以升华，企业也只有在服务社会中才能发展、壮大，才能展现企业的存在价值与生存意义。"服务"不仅表现在海信与社会、海信与消费者之间，也表现在海信集团内部各职能单位、集团与子公司之间，即集团为子公司服务，子公司及各职能部门为生产、销售服务，上一道工序为下一道工序服务，整个海信为社会服务。

7.5.2　团队意识

海信人有"团结共进，众志成城"的团队意识。

企业是职工的，海信的兴衰与每一个员工的切身利益休戚相关。"厂兴我荣，厂衰我耻"，有了大家才有小家，企业好了、强了，员工才能不断改善物质生活，提升精神品位。因此，在当今激烈的市场竞争中，海信员工只有团结协作、荣辱与共、众志成城，心往一处想，劲往一处使，才能增强企业的战斗力，使企业立于不败之地。

7.5.3　国际化目标

海信的国际化目标是：

将海信品牌发展成为世界市场上的知名品牌，让大多数的海外消费者认识海信品牌，接受海信文化，使用海信产品，享受海信的优质技术和完善的售后服务，支持海信的发展。

形成全球化营销和服务网络。

实现资本、技术和管理的国际化。

完成海信集团的全球化发展战略布局，实现海信集团的国际化管理，向跨国经营迈进。

7.6　管理之路

2003 年，海信实施 ERP（enterprise resource planning，企业资源计划）项目的时候，与之合作的是 HP（惠普）咨询。HP 咨询项目顾问在对海信实际考察后，对其基础管理工作赞不绝口。他们说：找我们咨询的企业很多，包括海信的竞争对手。我在未接触海信之前，对海信的基础管理并不熟悉，尤其是仓库。到你们这里后，你们的仓库我有一个想不到——只有竞争对手的"四分之一"大，换句话说，你们的竞争对手有你们仓库的四倍大。

1999 年，海信的"零库存管理模式"在汤业国执掌海信电器帅印的时候就享誉中国的彩电业，但当时仅仅是一种管理模式的探索，虽然取得了一些成绩，更多的经营管理研究者和同行也只能在报纸或者网站上阅读到海信关于"零库存管理模式"的只言片语。经过几年的锤炼，2006 年年初，海信集团董事长周厚健在海信集团经济工作会议上明确表示"海信的资金周转和占用管理已成为海信的核心竞争力之一"。

从 1999 年到 2005 年，短短的六年，是海信历史上发展最快的几年。在这几年里，黑色家电——海信彩电荣登销售额占有率榜首数月，海信冰箱、海信空调快速发展，白色家电的龙头老大——科龙也终于融入海信的怀抱。也就是在这几年，海信进一步发展了"零库存管理模式"，丰富了其内涵和外延，跳出传统"零库存"的概念，形成了自己独特的资金占用和周转管理体系，并且锤炼成自己的"核心竞争力"，为海信的成功立下了汗马功劳。

7.6.1　资金管理体系

海信集团资金管理的第一负责人是集团 CFO。在肖建林没有出现之前，周厚健一直担当这个角色——集团财务中心主任。周厚健是技术干部出身，登上海信的帅位后，出于经营的需要，在 1991 年开始自学财务。"刚开始是他请教财务人员，学到后来是财务人员向他请教。"海信的很多员工对此形容得惟妙惟肖！比周厚健更为保守的肖建林出现后，周厚健把这个重担逐步移到肖建林的双肩上。肖建林逐步在海信建立了一系列的财务管理制度，这些制度大都是针对集团公司对其子公司的管理，其中最重要的部分之一就是资金周转和占用管理。

在海信的资金管理体系中，各子公司的总会计师对本公司的资金管理全权负责。各子公司资金占用的三大类（储备资金占用、生产资金占用和成品资金占用）分别由采购副总经理、生产副总经理和销售副总经理担当，他们的薪资直接和指标的完成情况对应。在实际的管理过程中，采购部门、生产计划部门、销售部门是这些指标的中央管理部门，行使着副总经理赋予的权力。副总经理依托这些部门主持召开相关的会议，部署协调，保证指标的完成。

海信在 2001 年年底开始推行的 TPI（total productive innovation，生产革新），并逐步为海信建立了详细的目标管理体系，这些总指标又被层层分解至末端，直至不能再被分解。在分解指标的每一个层级，都有一系列管理人员与之相对应。孙指标的全部达成即促成子指标自然达成，而子指标的全部达成即促成父指标的自然达成。

为了目标评价的公开公平，海信的 TPI 管理人员将这些指标全部做成管理看板，这些看板被悬挂在海信的 TPI 指标室里，每一个指标的变动趋势均在看板上呈现，每个指标担当者的姓名也被粘贴在管理看板的相应位置上。为了完成这些指标，担当者必须明确自己的管理措施，制成对策表，张贴在指标变动趋势图上。特别是没有完成的指标，TPI 管理人员对这些指标重点"关注"，特别"光顾"到指标担当的现场，检查和指标相对应的对策是否实施到位。

在每个月的中层干部讲评会前，由 TPI 主管提前制作指标完成情况点评课件。在会议上由总会计师对资金管理的情况进行点评评价，对于完成好的进行奖励，对于没有完成的进行处罚，并带领他们到 TPI 指标室亲自查看各自指标完成情况，感受经营压力。

依托从三星学习来的 TPI，海信逐步完成了目标管理运作模式的建立，将资金管理的责任层层捆绑到每一个担当者身上，保证了资金管理的有效性，使海信的经营方向更明确，资金管理指标更易达成。

责任捆绑之后，海信并不单纯依靠管理干部的基本技能去完成。而是结合海信实际，在适当的时机选择和外部咨询机构合作、利用专业人员的力量，帮助海信完成资金管理指标。

7.6.2 海信的储备资金管理——VWI 与精益结合

海信电器是海信集团旗下最大的子公司，其主要经营产品包括大屏幕背投彩电、液晶彩电、PDP 彩电和机顶盒等，2015 年营业收入突破人民币 300 亿元。海信电器也是海信集团历史最悠久的子公司，是海信集团的前身。经过数年发展，海信电器利用多年在彩电行业积累的经验，已经形成自己独具特色的管理体系，同时成为海信集团旗下技术力量最雄厚、管理最严谨的公司。在海信历史上，海信进行每个产业扩张时，都从海信电器调用大批管理人才，完成产业结构调整和建立，如海信空调、海信冰箱、海信通信，等等。这些人才对于海信管理体系的复制起到了最大的作用，在某些领域的管理思想几乎是海信电器的翻版。

海信电器产品线较长，除了为海信黄岛信息产业园的海信电器的生产采购大量物资，还负责临沂海信、淄博海信绝大部分物资的采购，贵阳海信和辽宁海信关键物资的采购，南非海信和匈牙利海信散件产品的采购。采购物资有成千上万种，这些都要求海信电器每年每月巨大的物资周转。在周转的过程中，某些环节稍有不慎，极可能形成储备资金的大量积压和物资的积淀。

海信电器搬迁到黄岛信息产业园后，集团领导多次光临仓库现场，督导物资的管理。结合 TPI 的推行，采购中心明确了各种物资的每月资金占用额度，并由相应的采购经理担当。采购中心将这些指标制作管理看板上墙，公开储备资金的管理，并且在每月月底进行讲评，使储备资金占用问题始终作为每个采购经理的管理主线。

针对下马物资的管理问题，海信在 2001 年就制定了《下马物资管理办法》，明确了下马物资的管理。某些产品一旦市场表现不好，经公司领导审议后决定下马，生产计划部将成为下马物资的主要控制部门。通常，生产计划部及时统计仓库中的剩余物资和已经生产的半成品，安排其他生产计划将下马物资及时消耗掉，避免形成物资积淀。海信彩电由于生产彩电多年，每年有大量的服务类物料需求，海信认为如果在仓库中准备大量的物料以备服务的不时之需，将占用大量的资金。为了保证满足服务类物料，海信成立服务备件管理小组，小组成员由开发人员、采购人员、生产计划人员等组成。服务需求到达后，经落实仓库中无此物料时，由开发人员论证是否可以由其他物料替代使用，甚至由采购人员去二手市场上采购物料。对于服务需要的部件，一般由生产计划部安排生产，保证满足客户要求。

2004 年，是海信电器储备资金管理取得重大突破的一年。海信借鉴其他公司的管理经验，推行了 VMI（vendor management inventory，供应商管理库存），此举为海信的储备资金管理带来新的曙光。

所谓 VMI，就是海信供应商拥有和管理位于海信制造工厂内的仓库，从而能迅速地补充元器件，保证及时交货。实施 VMI，对供应商意味着可以随时掌握海信的需求信息，合理安排生产和供货；减少库存量，降低存货风险和存货管理费用，加快了资金周转。另外，在规定的条件下，自主安排供货批次和批量，降低了运营成本，特别是运输成本等。

海信电器将所有的物料分为三类。第一类是寄售类物料，这类物料存放在寄售库里，物料所有权归供应商所有，但必须按和海信签订的协议进行调配。这些物料必须是经过检验合格的物料，否则不准进入寄售库。供应商自备 VMI 仓库管理员，必须经过海信培训并经考评后方能上岗工作。供应商将货物从寄售库（根据海信的要求）送至物料齐套区并经签收后，货物所有权由供应商转归海信。此类物料中部分物料采用倒冲法核算实际耗用。第二类物料是自有物料。这类物料存放在自有库中，和我们传统理解的库存管理是相同的。第三类物料是由客户直接送往生产线的物料，海信将其定义为"JIT 物料"。这类物料普遍体积较大，如纸箱、泡沫等，由客户直接送往生产线，而不进入仓库。通常海信在每月生产作业计划确定后，将此大计划由采购经理以电子邮件的形式发往供应商，供应商据此决定备料计划。在每日的生产计划会上确定近几日的详细作业计划，采购经理将此采购信息发往供应商，供应商及时安排生产，连夜运输到海信的生产线保证生产。

通过 VMI 的推行，海信将大部分物料转化为寄售类物料，由此减少巨量的流动资金，海信和竞争对手比起来，手中的流动资金使用起来更加游刃有余。

7.6.3 海信的生产资金管理——消除浪费，缩短生产周期

海信电器新搬至黄岛信息产业园，很多管理运作方式沿用江西路十一号的做法。但是搬迁后，如果继续沿用，海信将无法从巨量生产资金占用的泥沼中走出来。海信的生产计划部门一般只制订整机生产计划，不制订前工序的生产计划，基板生产厂的生产运作并不出现在整体的计划体系里。海信生产计划部对基板厂的要求是基板必须在整机计划之前生产完毕，于是基板厂建立了自己的生产计划管理体系，他们在获得整机生产计划后安排基板的生产。由于基板生产线和整体生产线并不连贯，所以机插线的后面节余了一个批次的基板，手插线的后面节余了一个批次基板，这个批次具体是多少依靠于整机的计划。基板厂有时为了基板生产不间断，偶尔也会出现提前一两天生产完毕的情况。基板厂机插车间的每个机器前都有大量已经生产完毕的基板。

连接基板厂和整机厂的是大型吊挂线，所有生产完毕的基板都通过吊挂线吊挂至整机生产车间的生产线旁。吊挂线运输的过程相当漫长，实际上，从基板厂吊挂至整机厂的时间还不如直接采用人工周转车运输的时间短。这些无形间都延长了产品的生产周期，增加了资金占用，不利于生产资金的周转。

2003 年，爱波瑞管理咨询有限公司（以下简称爱波瑞）和海信开始合作帮助海信推行"精益生产"，爱波瑞的咨询顾问老师很快发现了海信计划体系存在的致命缺陷和吊挂线运输的巨大浪费。在爱波瑞咨询顾问的建议下，海信重新进行生产力布局，将机插车间的铆钉机、跨线机等生产工艺流程布局，机器间只留下很少的空间，以便控制好"库存"。事实上，海信在推行精益生产的过程中已经明确规定了"标准库存"。海信亦利用整机装配线之间的空隙，将手插线移至整机生产线。这样，手插线生产完毕后的基板就可以直接送入整机装配线，彻底消灭了原来手插线之后的库存，降低了大量生产资金的占用。

在开展精益生产的过程中，爱波瑞亦为海信建立了拉体系生产运作系统。看板是拉体系的载体，其记录着整机生产产品的品种、时间、物料名称、数

量，等等。整机装配生产线在产品生产前将需要的部件写入生产看板，并且将生产看板送至上工序，上工序按照看板的要求生产"恰当数量的恰当产品，并且按照恰当的时间交付产品"。对从仓库直接送整机装配生产线的物料，整机装配生产线将本工序需要的元器件写入引取看板，并将引取看板送至采购中心仓库，采购中心仓库据此配货，并在齐套区齐套，和整机装配线完成交接。通过拉体系，海信大幅降低了工序间的库存，降低了生产资金占用，生产资金周转速度加快。

海信彩电在生产的过程中，经常由于技术、物料等问题导致部分机器存在故障，不能及时入库，所以在生产车间的地面存放，这些故障产品可能由于时隔数日才能被修复。除了使生产车间现场显得十分凌乱之外，另外也容易因为标识不明造成质量事故，更重要的是占用一定的生产资金。针对这种情况，海信在生产车间入口设立了"生产异常看板"，这些异常出现时，生产线班长将具体情况写入看板，责任部门立即协调解决，保证了这些机器在很短的时间内被修复，并检验合格入库。

利用各种手段，海信的生产资金周转取得了前所未有的成绩，海信生产过程逐渐成为海信经营管理中最具特色的重要环节。

7.6.4　海信的成品资金管理——避免积淀，形成合理库存

为了有效控制成品资金，早在 1995 年，海信就建立了日销量统计体系。通过这个体系，海信对于每个仓库有多少种型号的机器、每个型号的机器数量是多少、分公司仓库里有多少台以及分公司下设的网点有多少台机器，都有准确的统计数据。各地的分公司每天必须上报销售数据，根据这些销售数据就可以准确的得出库存是多少。每天不管多晚，海信市场部门的信息统计员都会将这些数据统计出来，上报销售公司总经理，便于总经理决策，这就是海信早期的"零库存管理"。零库存管理的核心在于必须尽快地制造更好的产品，并有反应迅速的营销体系，以更迅速地交到消费者手中，周期尽可能地缩短，有效库存降到最低。这样可以大大提高资金周转，避免成品的积淀，形成合理库存，很好地降低了经营风险，并能及时提供给消费者高质量的

"保鲜"产品。

在海信的内部刊物——《海信时代》上，周厚健曾经针对某个分公司仓库的抽查，十分严肃地强调了成品资金周转问题，指出此分公司由于不重视资金周转问题，将上年的产品积压到今年销售，给企业造成了巨大跌价损失。为了加强销售环节的各项工作的落实，海信对分公司总经理设置了极为苛刻的考核指标，这些指标不仅包括销售量、销售收入等常规指标，还包括资金周转率、回款率、存货量等。前面的指标被称为"常规指标"，而后面的指标被称为"健康指标"，资金周转率便列在健康指标的首要位置上。海信始终是一个"稳健"的企业，资金周转率是海信给各分公司总经理第一个健康砝码。

7.7 科技创新和资本运营战略

7.7.1 科技创新

几十年来，海信的发展就是一部科技创新发展史。

1976 年 9 月，海信开发的国内第一台 9 英寸全塑晶体管黑白电视机问世。1983 年，中国第一台 22 寸彩电在海信诞生。1995 年，海信技术中心被国家经贸委、国家税务总局和海关总署联合认定为"国家级企业技术中心"。1995 年 8 月，海信研制的 TC-2929DSP 大屏幕彩电被国务院经济研究中心评为"中华之最"（当时中国最先进的大屏幕彩色电视机）。1996 年，海信电脑获 ZD 中国实验室全部奔腾 II 产品测试综合测评第一名。1998 年，海信攻克纯平电视的关键技术，研制出国内第一台纯平彩电。2000 年，海信成为国家"863 计划"成果产业化基地，并被评为国家级"示范生产力促进中心"。2001 年 8 月，海信推出中国第一台彩屏 CDMA 手机。2004 年 11 月，在上海举行的世界工程师大会上，海信集团获得"中国企业技术进步与创新成就奖"，海信集团董事长周厚健荣获"中国企业技术进步与创新杰出贡献奖"。2005 年 6 月，海信集团研制的数字视频芯片正式通过信息产业部鉴定，这是我国第一款具有自主知识产权的数字电视芯片。海信"信芯"的诞生，不仅为海信自身发展赢得主动权，也将为中国彩电摆脱依赖国外芯片过日子的局面赢得主动权。能够取得这样令中国人扬眉吐气的成绩，绝对不是偶然的，而是海信创新机制良性发展的必然。

1. 海信集团研究发展中心：海信创新机体的心脏

海信技术中心的源头可以追溯到 30 年前，海信一直坚信技术是推动企业发展的动力的观点，可以说坚持技术导向是海信文化的一个主要特点，历届领导都十分重视技术创新能力的培养，海信技术中心走过了一个技术人员—技术组—技术处—技术中心的过程。

海信技术创新的核心基地就是技术中心。海信集团研究发展中心成立于 1993 年，1995 年经国家经贸委、国家税务总局、海关总署联合认定为国家级技术中心。经过多年的建设，海信技术中心无论是硬件设施还是软件环境都取得了较大的发展和完善。技术中心设立技术委员会与专家委员会作为决策评估层，下设电视、计算机、通信、网络、工艺、结构、智能、空调等 10 个研究院与 2 个开发部，负责整个中心的研发工作。目前，拥有北京分中心、上海 ASCI 设计中心、美国分中心三个开发中心，从事以数字信息技术、芯片开发技术和综合信息终端产品为主要方向的高新技术产品的研究开发。

为了加强中心自身建设形成合理研究开发体系，在技术中心建设方面，海信做了一些有益的尝试：

（1）每年根据企业发展需要确定课题项目和管理方式，并根据持续课题和新开课题研究投入的费用，由各子公司和集团公司拨付款项，保证开发费用的支出。

（2）将技术中心变成独立的法人，赋予其技术经营权，形成与子公司的利益机制。

（3）有意识地让技术中心成为集团产业与产品的孵化器。即涉足一个新产业，均先在技术中心成立研究所，待技术、人才成熟后，再裂变出公司。如海信的计算机公司、软件公司、空调公司均是如此。这种"种树不栽树"的产业拓展思路，保证了海信新兴产业深厚的技术底蕴与发展前景。

（4）使技术中心成为集团的"特区"，努力培植有利于技术创新和技术人才成长的小环境。在海信，人才是第一资本已成为一种默契与共识。技术中心平均收入约为集团平均收入的 3 倍，且技术中心博士可享受三室一厅的住房，配备齐全的生活设施、10 万元的入门年薪以及提供充分的国际技术交流与访问机会等优惠政策。

另外，对外开放、广开产学研合作渠道，也在很大程度上促进了技术中心的建设。几年来，海信先后与国内十几所高等院校和科研机构建立了密切的合作关系，建立了多个合作研究中心。使技术中心成为集团参与产学研合作的中心，在利用社会科技资源、促进企业科技进步方面，发挥着越来越大的作用。

以上举措的实施，使海信技术中心的人员素质、开发能力不断提高，开发费用得到有力的保障，开发成果迅速得到转换，形成了良性循环。海信产品的研发及商品转化短期内取得较快的进展，在很大程度上得益于这个系统密切快速的反应。

2. 海信对创新体系与创新机制的探索

"信芯"的成功是海信持续执行创新体系而获得自主知识产权的典型范例，海信的技术创新成果是由技术创新体系来保证的。海信集团创设了自己的技术创新体系，包括海信集团研发工作纲要和一整套研发流程管理文件。具体讲来，海信集团的创新体系探索主要包括以下几个部分：

（1）建立技术创新决策与管理系统。管理创新是技术创新的重要组成部分，是技术创新体系的灵魂。为保证技术创新决策的科学性与权威性，海信建立了一个由决策层、决策咨询层和管理执行层构成的技术创新决策与管理系统。

决策层是由集团经理班子成员及相关职能部门的负责人组成的技术委员会，负责重大技术创新问题的决策、指导与检查监督，如集团的技术创新规划、研发计划、重点技术创新工程项目和重大研究开发课题和有关经费预算等。

决策咨询层是从山东大学、青岛大学、西安交通大学等高校和有关研究开发机构聘请部分专家组成的专家咨询委员会，负责技术创新的决策咨询及重大项目的评估等。

管理执行层由集团技术质量推进部、技术中心及各子公司的总工程师、技术管理职能部门组成，负责技术创新的日常管理工作。这个系统从组织与管理体制上保证了技术创新的高效有序运行。

（2）构建面向市场的研究开发系统。海信技术中心是集团公司科技进步与技术创新的辐射源与技术供给中心，是集团公司生存、发展与市场开拓的主力军，强化技术中心创新主体的作用及其建设是提高企业技术创新能力的关键。海信以技术中心为核心，逐步建成了技术中心、子公司研究所、子公司生产工艺研究组组成的三级开发体系。

集团技术中心定位于发展集团的核心技术竞争能力、提高国内国际市场竞争能力及新产业的孵化上。其主要工作包括：集团超前产品、技术的预言，重点承担两年以上产品、技术的开发研究，以确保集团在传统产业的研发上拥有未来市场的主动权。进行专项技术的研发，通过组织专项技术攻关，解决关键技术瓶颈，对影响质量、成本、制造工艺的难点提供解决方案。对产品的外形进行创新设计，提升产品的整体外观形象。

子公司研究所主要是应市产品的开发与技术研究，重在根据市场部门提供的设计输入，快速开发出满足市场需求的产品，它以集团技术中心的技术研究为基础，不断实现技术的转化和产品的产业化，形成一种快速反应的市场机制。

现场工艺组重在解决产品的现场工艺技术，不断完善产品的性能，并将意见反馈，改进设计。

这三层研发体系的建设使海信的技术创新始终充满活力，并形成了良性循环。配合三级研发层次，海信设立了各级技术专家委员会，负责对项目的技术论证，为决策提供参考。从产品与技术的市场调研、项目的立项论证、过程管理与结果考核都有相应的管理办法，从而保证了技术创新体系的有效运行，并使技术开发、立项规范化，有效避免了风险。

（3）建立爱国敬业、积极参与、争做贡献的群众性技术创新体系。群众性技术创新作为企业技术创新体系的有机组成部分，不仅在于有效推动企业的技术进步，而且有利于发现人才，培养人才。海信技术中心不仅有高学历的博士、硕士，而且有自学成才的技术人员。

上述三个子系统，依据技术创新管理规范与标准系统，共同构成了海信集团技术创新体系，为海信实施高科技铸就名牌战略奠定了基础。

3. 建立行之有效的技术创新体制

技术创新系统运行的质量与效能，主要取决于系统的构成和运行机制。企业集团的技术创新体系能否真正成为面向市场、富有活力与效率的技术创新体系，关键在于能否建立起相应的技术创新机制。为此，海信始终将建立相应的技术创新机制贯穿于技术创新体系建设的全过程，形成了以下几个方面的技术创新机制：

（1）有序运行的决策与管理机制。海信集团将技术创新工作列为集团决策层重要议事日程，并建章立制，建立科学的项目论证评估机制，保证技术创新的严肃性、科学性和有效性。

（2）市场拉动与目标拉动机制。这一机制就是将技术创新定位于集团的事业发展和市场开拓，使每一个技术创新项目都有一个明确的目标定位。以目标拉动发展高新技术产业，并带动产业结构的调整和升级。如早在 1992 年年底，海信就在技术中心设立了计算机研究所，1995 年海信又设立了网络软件所。如信今业已成立的计算机公司、软件公司、涉足信息产业就是当初海信设定的目标。

为强化技术创新市场效益标准，缩短与市场的距离，海信还在技术中心内部成立了市场部，以提高市场占有率及获取商业利润为目标，不断寻找市场空间、创造新的市场卖点。

（3）有效的利益驱动与激励机制。

①海信根据当今国际先进的人、岗位和业绩三位一体的激励原则，建立了全方位的综合评估体系。这一体系分为入门评估、绩效评估、晋升调岗评估和培训评估四个方面，包含沟通能力、首创精神、系统思考能力等"八大

素质"和团队建设、资源利用、风险预测、质量管理等"十大知识与技能"共 160 余项评估内容。各种评估结果信息都要记入个人的业绩档案，并进入人力资源评估信息系统。

②建立"人才分配特区"。海信建立了以绩效、贡献度为依据的分配特区，充分体现各类人才的个人价值。其收入包括三部分：岗位工资、课题完成奖、销售收入提成。另外，对专家、技术骨干还给予公司股份，在住房等其他福利方面享有特殊待遇，并保证提供充分的国际技术交流机会。拥有主任设计师职务的专业技术人才，年度基薪都在 10 万元以上，加上课题完成奖、效益提成和股票收益则更高。博士、硕士分配给三室一厅、两室一厅的住房；经营型人才，最高年薪为 50 万元；营销人才，年收入最高的达 35 万元。

③建立"能者上、庸者下"的管理岗位竞争机制。多年来，海信实施全员竞争上岗，使一大批有创新思路的年轻人走上了重要管理岗位。目前，集团公司中层管理干部平均年龄为 37 岁，本科以上学历的占到 82％以上；子公司中层干部平均年龄 27 岁，本科以上学历的占 90％，基本实现管理干部队伍年轻化、知识化、专业化，形成了"专家治企"的局面。

④积极合理的人才流动机制。海信每年都要从技术中心流出 10％的技术人员，支持生产经营第一线。同时，在生产第一线选拔部分懂工艺、有思路及创新精神的技术人员充实到技术中心，在技术中心内改变人才岗位固化，为合理流动保持了技术中心应有的创造性活力，并加强了生产第一线的技术力量，增强了技术中心与有关子公司技术转移的环节，使技术进步系统中最活跃的人才资源，按市场机制有效配置。

⑤动态管理与风险约束机制。在研究开发与项目管理上，注重项目实施的过程管理。一方面，对于项目实施过程中出现的需要协调处理的问题，技术质量推进部协同有关部门及时做出处理。另一方面，密切关注有关技术领域的相关工作的成果及其法律状态，对于他们已经取得的成果并申请专利的，及时进行研究计划的调整，以免导致更大的风险。项目实施过程中，由技术质量推进部定期对项目进展情况进行评估与检查，以便于采取有效的调控措施，校正存在的问题，提高研发的效益。实际工作中允许有一定比例的项目下马或失败，以鼓励创新。

⑥引进、联合与自主创新相结合的机制。和大多数国内同行一样，海信在草创初期，也是靠走出去实施技术"拿来主义"，即靠引进技术起家。但在引进世界一流技术的同时，海信注重联合创新。先后战略性地选择了英特尔、东芝、飞利浦等外国著名跨国公司和国内十多所大学、研究开发机构建立了密切的技术合作关系。例如，分别在山东大学、西安交通大学、美国硅谷等地设立了技术分中心；与中国科学院、清华大学、北京航空航天大学等建立了长期技术合作关系。几年来，海信的技术引进与创新费用之比达到了 1：5，部分项目达到了 1：15，大大增强了自身技术的"造血机能"。

当然，海信创新机制中的一个非常重要的内容，就是海信成功的人才战略机制。对此，下文将进行专门的探讨。

此外，海信创新之路的启示还有：

一是海信创新与政府创新系统的关系。海信创新的成效虽然与其自身因素有很大关联，但海信所具有的创新大环境，对它的创新同样起到了非常重要的作用。这里所说的"大环境"，就是国家创新系统所营造的创新环境。虽然企业是技术创新的主体，但企业担负不起技术创新的全部过程，企业创新必须要有系统性的支持，即国家创新系统的支持。我国对有关企业技术发展的各项计划都给予重视和支持，例如，国家科技攻关计划、"国家 863 计划"、国家火炬计划、国家中小企业创新基金、"国家 973 重大基础研究计划"、国家自然科学基金等。

海信的创新还告诉我们，企业创新必须要符合国家总体战略布局的安排，符合国家经济结构与产业结构调整的政策安排，符合现代经济规律和有关惯例与准则。企业创新不是被动地等待外部系统的改变，企业本身也必须要进行必要的改革，以适应国家总体创新发展战略的需要，这样才能适应不断发展变化的科技与市场的需要。

二是海信创新与青岛家电产业集群以及区域创新系统的关系。海信所在地青岛是我国著名的家电产业集群化区域，产业集群化作为一种高效的组织形式，以区域网络为基础，通过强化专业细分，可以促使每个企业把产品做精，最大限度地发挥产业关联和协作效应，形成产业之间的协同发展。

青岛家电产业集群所形成的大规模强实力、自主知识产权的知名品牌的聚集、家电产业核心优势，所有这些不但有利于海信降低产业的发展成本，提高生产经营效率和竞争优势，而且还可以通过优化产业布局，加速海信技术、人才等资源的合理流动与配置，有效地破解土地、资源和环境等制约因素，实现海信更快更好的发展。

三是海信创新与企业规模的关系。企业任何层次、任何规模的技术创新都需要一定的人、财、物投入，技术创新的过程比较复杂，并有一定的周期性，技术创新的结果具有不可预测性。企业自主创新受到创新资金、人才资源、创新风险、知识产权保护能力等因素的影响。海信集团的规模使得它可以建立技术中心性质的技术研究、开发机构，利用相对充足的资金，结合其雄厚的科研力量，进行一些中小型企业无法承担的、前瞻性技术开发研究，从而取得技术优势和更强大的竞争实力。在进一步的发展中，海信逐渐形成了坚实的技术研究和开发工作基础，在技术人才、研究开发手段和科技成果等方面在国内同行业中具有独特优势。

四是海信创新模式的突出特点。

①行之有效的技术创新体系。海信的技术创新体系主要保证了三点：第一，保证技术开发选题来自市场和技术发展前沿，以此来确保不仅能把钱换成技术，更能把技术换成钱。第二，保证开发产品的质量。从设计方案就明确了产品质量指标，并在此后的每个设计阶段都必须保证质量指标的实现，这样就确保了产品先天的优质。第三，用体系来保证开发人员的激励与约束机制。从确定方案时就确定了课题的难度系数，从而确定了报酬的基数，再用进度确定报酬的系数，实现了公平与效率的统一。

②灵活实效的创新项目管理机制。在海信的创新中，要实现创新活动的预期目标：第一，建立有效的管理机制，使项目的参与方能够共同讨论创新战略，让各方有充分的自主性和灵活性，使他们能够随着条件、环境的变化而不断地调整工作计划，使之与变化的环境适应。第二，选定创新项目的负责人。项目负责人不仅要负责研究开发工作的管理和协调工作，还要负责项目的市场开发工作。第三，建立信息和人员有效的交流机制。

③健全高效的创新激励机制。为了强化创新机制，海信做到了加强管理，严格内部管理，建章立制，扎实有效地推进管理制度化、规范化和现代化，

从制度和管理方面保障自主创新顺利进行，从而取得了拥有自主知识产权的核心技术和产品，形成了自己的竞争优势。为了调动科技人员的积极性，海信建立健全了高效的创新激励机制。在物质激励方面，从改革分配制度入手，按创新贡献的质和量，给予科技人员公正的回报，提高他们的工资、福利待遇，对他们进行股权、期权奖励，给他们提供学习深造的机会等，激励科技人员为实现海信的企业价值和自身价值，充分发挥出自己的创新主动性和积极性，快出研发成果，出好成果并迅速转化为现实生产力。

④确定有效的风险规避系统。海信规划进入一个新的领域之前，总是未雨绸缪，遵循着"人才引进—建立课题组—建立研究所—新的公司"的程序。先在技术中心设立研究所，待技术、人才和组织基础逐步完善后孵化为新的公司。这种技术孵化产业的模式有效地克服了扩张过程中的"泡沫现象"和"气球现象"，保证了海信旗下衍生的企业都具有扎实的"根"。既可以做到产品和人才同步培养，使企业走向市场后能很快进入角色，又可以避免由于决策失误带来的损失。

⑤自主、开放、创新的企业文化。企业文化创新是企业自主创新的动力。海信的企业文化，既能增强员工的创新激情，齐心协力地创造出自主的、人性化的、和谐的、宽松的创新环境，又能将广大科技人员团结在企业自主创新目标之下，拧成强大的创新力量，取得完全属于自己企业的知识产权的核心技术和知名品牌。"创新就是生活"是海信文化理念的最好诠释。

技术创新机制的成熟、技术创新氛围的营造、技术创新园地的整合、技术创新使命的坚持是海信取得自主创新成果的重要前提。技术创新最根本的收获是企业本身的发展，而且是在坚持自主开发这一战略方针的实施中得到的回报。这对我国的企业发展和自主创新有深刻的启迪。

7.7.2 资本运营[1]

资本的集约化运营，是海信名牌经营战略实现规模跨越的手段。

---

[1] 王瑞吉. 出位海信营销［M］. 北京：企业管理出版社，2015.

资本是企业经济的基础，也是发展社会主义市场经济的根本保证。自 20 世纪 90 年代中期以来，海信在实践中，运用"木桶原理"指导资本运营，实现了海信集团超常规发展，满足了海信名牌的规模扩张要求。扬长之道，莫过于补短。一只由长短不齐的木板围成的木桶到底能盛多少水呢？排除渗漏的可能，在直径既定的情况下，木桶的盛水量，不是取决于木板的总长度，而是取决于最短的木板。要有效地提高木桶的容积，最经济的办法，就是把那块短板补长。这就是"木桶理论"。同样的道理，海信把企业比作一只木桶，把与经营管理相关的各个要素（如生产能力、营销能力、资金保证、技术能力、获利能力等）比作木板，经济效益比作木桶中的水。于是得出这样的结论：制约企业发展的关键因素，不是强项，而是弱项。强项十分功夫，往往不及弱项一分努力。实现集团公司这只木桶滚动发展，更需要掌握木桶原理，以免一短制约而众长皆废，倾囊之搏而成效甚微。

众所周知，资本运营是市场经济所有商品交易中最复杂的一种特殊交易。和产品经营相比，也是一种更高层次的交易。海信为了整合外部资源而采取了包括兼并、收购、分拆、重组、破产、股份制改制与公司上市等战略举措，期间借鉴木桶原理，指导资本运营，把握住了如下三点：

一是转变思想观念。纠正"长项是关键，短项非要害"的偏见。二是掌握技巧，迅速、准确地找准"短边"，以补短边项目。1994 年以后，彩电竞争日趋国际化，国外大公司、大财团纷至沓来抢市场。迅速提高生产能力、降低生产成本、集约化经营、增强竞争能力，是海信的最短边。这期间，要求与海信联合的企业，从南到北有四五家。尽管它们各有长处，但兼并哪家在先，哪家在后，采用什么样的模式，都要事先通过因素排列、要素确认、对比分析、局部放大四个环节，迅速确定短边。三是要动态地看问题。一个短边的解决，不是整个问题的解决。短边解决之后，原来的长边，就必然成为新的短边，返回头来再去补新的短边。如此往复不断地补短边，使企业"木桶"越做越大。

海信在资本运营，兼并其他企业，补己之短边时，根据不同企业、不同地区、不同行业、不同文化采取了不同形式。

1. 投资控股，补生产能力之短边

这种方式用于扩大市场的兼并，提高企业生产能力，节约费用，提高企业经营的规模效益。海信分别与淄博电视机厂、贵阳华日电器公司、辽宁金凤集团公司组建了有限责任公司。淄博电视机厂是原机械电子部彩电生产定点企业，由于种种原因，企业连年亏损，濒临破产。为挽救企业，淄博电视机厂主动向海信提出兼并的要求。经过调查分析，海信认为其厂房、设备等存量资产是可以盘活利用的。经过双方协商及政府有关方面的同意，双方于1994年2月正式签署合同，海信集团公司投入资金1 500万元，同时以产品技术与制造工艺作为无形资产折价入股，共占51%的股份。淄博电视机厂则以厂房设备等实物资产投资，占49%的股份，共同组建淄博海信电子有限公司（以下简称淄博海信）。这次资产重组，使海信以少量的投资，获得了较大的生产能力，产品结构也得到了调整，获得了可观的企业效益和社会效益。淄博海信的成立，为海信积累了一定的异地投资经验。1996年底到1997年下半年，海信又以同样的方式成功地组建了贵阳海信电子有限公司和辽宁海信电子有限公司，分别增加了20万台和30万台的彩电生产能力，并实现了在销地生产。

2. 资产异地划拨，补配套能力之短边

这种途径主要用于纵向兼并，使同一产品的不同阶段集中于一家企业中，保证各阶段之间更好地衔接，保证供应，提高经济效益。通过各地方政府及有关主管部门相互协调，把异地企业国有资产划拨至海信集团公司，再由海信集团公司反投回该企业，该企业即变成海信集团公司的全资子公司。如青州无线电变压器厂（以下简称青州厂）原是地方国有企业，生产电视机用的各种变压器，与海信集团公司有长期协作关系。1993年年底，该厂提出加入海信集团公司的请求。海信认为，单纯的协作关系形成的是松散型的联合，缺乏稳定性和可靠性。青州厂的加盟，必须以资产为纽带，搞实质性的融合。

根据海信的建议：青州市国资局将青州厂 676 万元净资产无偿划拨至青岛国资局，青岛国资局则将这笔资产划入海信集团公司账户，海信集团公司再以投资者的身份，将其全额投资青州厂，以国有法人股的形式建立全资子公司，并更名为青州海信电子有限公司（以下简称青州海信）。海信集团公司依据资产权限对青州海信进行了全面的控制与管理，加大投入，积极开发高技术含量产品。1995 年以来，该公司除了满足集团公司供货以外，还成功地开拓了国内外两个市场，效益大增，成为海信集团重要的元器件生产基地和出口基地。

3. 债权转股权，补资本不足之短边

这种方式用于扩大产品辐射能力的兼并，旨在加快投资见效速度，弥补资本不足。即把一些企业的债权作为海信对这些企业的投资，转换成股权，并适当地追加启动资金后进行控股，使这些企业活起来，为国家创造财富。如海信用这种方式分别成功地与山东电讯四厂和肥城电视机厂组建了临沂爱心电子有限公司和肥城海信电子有限公司，使它们的生产经营全面纳入海信集团公司的总盘子之中，转化为海信集团公司黑白电视机的出口生产基地，拓宽了生产领域和能力，使对方原来闲置的资产得到充分的利用，国有资产流失被有效控制。同时，也将不良债务转化成资本，补上资本短缺之边。

4. 内部相互持股，补资本增长方式单一之短边

这种方式用于扩大产品门类，增加新的增长点，提高企业综合能力，补资本增长方式单一之短边。即集团内部各独立法人之间联合投资组建新的法人企业，相互持股。海信集团公司的主导产品是广播电视，产品单一，资本增长方式少，其下属的海信技术中心与海信实业公司本是"一母所生"，其投资者都是海信集团公司，然而在法律上这两家公司却具有独立的法人资格。它们独立经营，并对资产承担保值增值的责任。这两家公司与它们的"母体"——海信集团公司，都看好计算机行业。于是，共同投资组建海信计算

机有限公司。该公司实行现代企业制度的法人治理机制，它生产、经营多媒体计算机、商用收款机，提供商用 POS 软件系统，承揽计算机网络工程。计算机公司现已成为海信集团公司的一个新的生长点，这样，不仅拓宽了产业门类，也使资本增长方式延宽。

5. 中外合资，补运用外资之短边

这是一种开拓市场的运作。借外国资金，开拓广泛市场的一种方式，从而达到发展企业、走向世界的目的。早在 1993 年，海信就与美国的 AT&T 公司合资组建了总投资为 1 亿美元的青岛 AT&T 通讯服务公司。该公司生产世界高水准的 5ESS-2000 系列局用程控电话交换机，取得了很好的经济效益。

1996 年 3 月，海信集团公司利用国际资本市场，拓展海外融资渠道，合资成立海信空调有限公司。该公司不建在市区而在平度市南村镇，这充分利用了当地的土地、资金、人力资源，符合低成本扩张原则。短短的一年时间，空调公司生产出国际先进水平的变频空调等高档产品，推行市场后，反响很大，一炮打响，深受顾客青睐。1997 年 12 月，海信空调被青岛市认定为"青岛市名牌产品。"

海信的资本运营坚持以产品经营为本的原则，有了"资本"再去扩充，有高质量、系列化的产品和较大的市场份额，有自己的品牌，有先进的技术和开发能力、有高素质的职工队伍和较先进的管理经验等，这些就是海信的"资本"。许多企业主动要求与海信合作，如果没有这些资本是不可能的。因此，首先把产品经营搞上去，把"面包"做大，才会引来"食客"。同时，海信坚持了"自愿、平等、互利"的市场经济原则，充分利用一切有利条件，并将资本运营与企业文化重塑结合起来，同时引入健康向上的主体企业文化，进行企业文化重塑，取得了事半功倍的效果。

6. 旁系企业资产重组，补多元经营之短边

这种方式用于拓宽经营渠道，减少经营风险的纯复合型兼并。即海信集

团公司与其主管部门所属的下属企业之间资产重组，建立新企业。海信集团公司是青岛市电子仪表工业总公司所属的核心和龙头企业，总公司下属的许多独立法人企业的资产能否得到重组组合和高效运转，"海信"是关键。因此，海信从自身发展及总公司国有资产的良性运作出发，主动地承担主角，主导总公司的资产重组。海信与总公司所属企业之间的资产重组是不同的。具体说，主要采取了以下形式：

第一，以海信为主体，不同的企业作为法人股东，以企业资产投资入股，组建新的有限责任公司。如1995年海信集团和总公司按照发展规模经济、实现规模效益的经营思路，将总公司内部的六家已具有独立法人资格的企业作为股东，把各自原有的三产集中起来，成立了青岛海信实业有限公司（以下简称海信实业公司）。该公司以发展商业、服务业和经贸为经营方向，重构三产体系。在将近一年的时间内，海信实业公司就发展成年销售收入数亿元的大公司，并成为岛城商界新的"巨人"。1997年，该公司又投资建立了海信广场。海信实业公司的组建，其意义不仅在于发展大三产、发展商业，更有意义的是借此可以吸收消化青岛市电子仪表行业的下岗职工，产生巨大的社会效益。1996年，实现销售收入3.4亿元、利润500万元，1997年实现销售收入4.13亿元、利润近722万元，成为当时青岛市商业街销售额超过亿元的六家大商业公司之一。

第二，海信集团公司子公司对其他独立法人企业进行控股。1995年6月，海信集团公司利用青岛市政府下达的困难企业"退二进三"的优惠政策，组建海信房地产有限公司，进而又以控股形式吸纳了市电子仪表系统的电子建筑设计院、机械化施工等建筑专业企业，形成总资产8 000万元的建筑房地产开发专业公司，成为青岛房地产界的大亨。

第三，海信集团公司经青岛电子仪表总公司授权，将负债达8 000万元的青岛照相总厂，按资产债务等比例分离组建海信光学有限公司，盘活了近2亿元资产。这也使海信集团公司拥有了生产销售光学仪器、照相机、电话机的企业，并使这一连续8年亏损的企业扭亏为盈。

海信集团的资本运营战略与成功实施，是成就"海信"这一品牌的重大举措。就当时来说，这一战略举措实现了三个突破，达到了三个促进。这三个突破分别为：一是产值、收入有突破。1997 年，在外部大环境并未有多大改善，市场竞争更加激烈的情况下，实现产值 73.59 亿元，销售收入 54.11 亿元，同比增长 118％和 115％，不仅实现当年翻一番，而且三年累计分别增长 6 倍和 5 倍。二是企业效益、资产有突破。1997 年在产品价格一降再降的情况下，实现利税 3.55 亿元，净资产达到 20.55 亿元，同比增长 73％和 141％，三年累计增长 3.3 倍和 9.8 倍。三是产品、产业门类有突破。1997 年全集团公司有产品 269 种型号，横跨广播电视、民用家电、计算机、电子通信、光学仪器、电子元器件、商贸服务、房产土建等八大产业，实现了产品由单打一向多元化的突破。三个促进分别为：一是促进了集团的超常规发展，把一个大型二类企业迅速膨胀成特大型电子产业集团。二是促进了产品经营的进一步发展，把一个由单一主导产品的企业迅速变成多种产品、多元化经营的大公司。三是促进了企业经营思想认识上的第二次飞跃，使名牌战略得以深化。

7.8　海信文化特色[1]

如果用一句话来概括海信文化特色，就是"敬人为先，创新为魂，质量是根，情感管理"。海信文化有着深厚的内涵，一方面，它连接着中华民族优秀传统，把社会的进步、民族的振兴、科技的发展、企业的信誉等社会伦理作为海信文化的合理内核，进行了最大限度的宣传。另一方面，为适应市场经济发展的需要，海信又创造性地树立起全新的人才观念、市场意识、科技理念、竞争意识。

7.8.1　特色一：敬人为先

在经营管理实践中，海信始终坚持"以人为本"的管理思想，以人的管

---

[1]　周厚健．海信如何做百年［M］．长春：黑龙江人民出版社，2011．

理为中心。董事长周厚健时刻告诫管理干部："人力资源是企业发展的第一资源，如何积累、开发、使用，关系着企业的兴衰。谁不关心这个问题，谁就会吃亏。企业办得好，是因为人力资源开发得好、管理得好，企业破产了也是人的作用发挥得不好，人的工作没做好。"因此在海信的企业精神"敬人、敬业、创新、高效"中，"敬人"被放在第一位，成为海信文化的核心诉求。海信自始至终非常重视人的问题，重视人的工作，关心人、尊重人、理解人、爱护人，成为海信文化最主要的特色。海信人才至上的文化特色已在国内产生广泛影响，近年来，每年都有五六百名来自全国各地的大学本科学历以上人才加盟海信。

海信讲"敬人"主要体现在以下三个方面：以学习型组织培育人、以项目为载体锻造人，以机制优化激励人。

（1）以学习型组织培育人。建设学习型团队，是海信文化创新的目标。1998年组建的海信学院，每年教育培训经费就达1 000万元以上，培训人数达5 000人次以上。海信学院一是与高校、科研院所合作，培养高层次人才。与山东大学合作组织了9届为期半年的全脱产干部培训班，为海信的发展储备了300多名中层经理人才。依托集团的博士后科研工作站，与中国科学院、西安交通大学、天津大学等6家高校博士后流动站建立合作关系。与北京大学合作开办工商管理硕士班，与北京航空航天大学合作开办工程硕士班。到目前为止，有11位博士在海信研修博士后，60多位研发人才攻读工程硕士，40多位攻读MBA硕士。二是利用与跨国公司的技术合作，选派优秀专业技术人员出国考察学习。海信每年都要选派100多名优秀人才，到国外接受技术和管理培训，并参与项目的合作开发。

（2）以项目为载体锻造人。

①实行"课题招标制"和"项目承包制"。这些措施将科技人员与研发项目紧紧捆在一起，大大强化了研发人员的责任感。与此同时，为了倡导、支持、鼓励创新，我们允许每年有30%左右的科研项目"失败"，这极大地激发了创新型人才的创造热情。

②对年轻人才大胆压项目。海信在人才培养上达成了这样一个共识："放手使用是最重要的培养。"海信集团现有1 000多名技术研发人才，平均年龄

28 岁，经过几年的锻炼，已经担负起了企业核心技术、产品的研发任务。

（3）以机制优化激励人。

①海信根据当今国际先进的人、岗位和业绩三位一体的激励原则，建立了全方位的综合评估体系。这一体系分为入门评估、绩效评估、晋升调岗评估和培训评估四个方面，包含沟通能力、首创精神、系统思考能力等"八大素质"和团队建设、资源利用、风险预测、质量管理等"十大知识与技能"共 160 余项评估内容。各种评估结果信息都要记入个人的业绩档案，并进入人力资源评估信息系统。

②建立"人才分配特区"。海信建立了以绩效、贡献度为依据的分配特区，充分体现各类人才的个人价值。其收入包括三部分：岗位工资、课题完成奖、销售收入提成。另外，对专家、技术骨干还给予公司股份，在住房等其他福利方面享有特殊待遇，并保证提供充分的国际技术交流机会。拥有主任设计师职务的专业技术人才，年度基薪都在 10 万元以上，加上课题完成奖、效益提成和股票收益则更高。博士、硕士分配给三室一厅、两室一厅的住房，经营型人才，最高年薪为 50 万元；营销人才，年收入最高的达 35 万元。

③建立"能者上、庸者下"的管理岗位竞争机制。多年来，海信实施全员竞争上岗，使一大批有创新思路的年轻人走上了重要管理岗位。目前，集团公司中层管理干部平均年龄为 37 岁，本科以上学历的占到 82％以上；子公司中层平均年龄 27 岁，本科以上学历的占 90％，基本实现管理干部队伍年轻化、知识化、专业化，形成了"专家制企"的局面。这一系列的"敬人"之举，营造出的是一种宝贵的文化氛围，使每一个海信员工，在工作中感受到的不是耗尽般的"榨干的焦虑"，而是可持续"成长的喜悦"。在这片文化的土壤上，一批优秀的人才同海信一起"共同成长"，使得海信在未来的征途上信心十足。

7.8.2　特色二：创新是魂

创新，是海信企业文化中一面耀眼的旗帜。文化上对创新的执着，直接塑造了海信的市场形象——一个走出了国内家电业"疏于内功，酣战价格"的怪圈，追求技术创新的"技术流"企业。而这种对创新的鼓励，也使海信在应对市场的变化时显得从容而自信。在许多家电业因循守旧，徘徊在歧路之时，崇尚创新的海信，早已凭借内部积蓄的充沛的创新之力，完成了漂亮的转身，在互动电视、智能变频、CDMA 手机等领域拓展出了一方崭新的天地。

（1）技术创新机制。在科技发展方面，海信人秉承"博采众长，勇创新高"的科技宗旨，坚持"非国际先进技术不引进，非国内先进产品不生产"的科技发展战略，走出了"引进—落后—再引进—再落后"的圈子，走上了"引进—消化—吸收—创新"的发展之路，成为国内企业技术创新的先行者。1996 年，国内变频技术尚属空白，空调竞争严重同质化，海信不失时机地引进日本三洋新一代变频空调技术，并进行自主创新。1997 年，海信变频空调成功地推向市场，备受关注，被媒体称为"领跑中国的空调技术"。2002 年，空调公司又开发出具有自主知识产权技术的"IDF"智能变频中央空调。此空调的研发成功，填补了我国空调业在高端技术领域内的多项技术空白，堪称我国空调业发展史上里程碑式的革命。

（2）技术孵化产业。海信技术创新的一大着力点是以技术孵化产业。孵化模式是：每涉足一个新的领域，首要考虑的就是在这个行业占据技术的优势，然后在技术中心成立研究所，进行该领域的技术研发与人才储备，在技术、人才充分成熟之后，研究所裂变成公司。技术中心不仅是海信集团新产品、新技术的"摇篮"，还担当起了产业扩张的"孵化器"。1995 年海信建立通讯研究所，研制数字无绳电话。1999 年转变为移动通信研究所，其中荟萃博士 8 人，硕士 28 人，学士 80 余人，主攻 CDMA 手机技术。2000 年与美国高通签订技术转让协议，同时与日本日立签订了工艺制造合作协议，在黄岛投资 4 个亿建立年产 300 万部手机生产线。2001 年 8 月份，海信推出的中国第一款 CDMA 彩屏手机标志着海信成功跻身通信产业。海信的其他产业如空调、计算机、网络科技等都是从技术中心孵化出来的。

（3）市场导向。科技创新必须以市场需求为导向，要"创造市场，引导市场"。海信图文电视、海信工薪变频空调、海信掌上电脑等的研制、开发，就突出地体现了海信集团的市场原则。

20 世纪 90 年代中后期，空调市场已经成为家电业中成长最快的市场之一。但是，我国空调产品尤其是变频空调一直以价格昂贵的"贵族"形象展现在人们面前，工薪阶层难以问津，更多的消费者持观望态度。有"变频专家"美誉的海信及时抓住了消费者的心理，集中技术力量对变频空调的关键技术进行攻关，依靠自己的技术积累，一举打破了关键技术依赖进口的局面，自主开发出了低成本的 28 变频空调，并将其命名为"工薪变频"。2000 年 2 月 29 日，两款接近工薪阶层心理价格预期的空调首先出现在北京市场，由于价格低于同类产品近 2 000 元，在首都市场引起了巨大反响，出现了消费者排队购买的热销局面，销售量直线上升。海信空调的市场占有率由原来的六位以后，迅速上升到前三的位置。当炎热的夏季到来的时候，海信空调在全国已实现 40 万套的销量，其中仅工薪变频空调就实现 20 万套的销量，是 1999 年全年空调总销量的 1/2。

7.8.3　特色三：质量是根

质量，是海信文化不容突破的底线。集团董事长周厚健在总结多年企业管理经验的基础上，提出了海信质量管理的七条名言：

- 质量不能使企业一荣俱荣，却可以使企业一损俱损；
- 用户是质量的唯一裁判；
- 技术创新是产品质量的根本；
- 善待供应商就是善待自己；
- 要有好的产品质量，先得保证人的质量；
- 创新是重要的，但绝对不能以创新为由改变质量标准和传统适用的方法；
- 质量是财务指标的红绿灯。

《经济日报》就此专门在 2001 年 7 月 3 日发表周厚健董事长《海信质量名言》一文，在经济学界、企业界及广大读者中反响热烈，并引发了社会各界对质量问题的广泛关注。

海信按照 ISO 9001 标准，辅以全面质量管理手段，确立了"零缺陷"的质量目标。1996 年 7 月 8 日早晨，海信集团电视二厂的职工像往常一样走进厂大门，在门厅最醒目的位置，职工们发现比往日多摆放了一台海信TC2518KB机。该机显示屏上贴着一个引人注意的红色示意箭头，箭头所指显示屏与机壳镶嵌之处，牢固地夹着一棵小的螺丝钉。机旁还有一张画着一个大问号的、盖满了"合格"字样的工艺流程卡。面对此景，职工们震惊了：就这样一台机器，居然逃过了KB、总装、完检等众人的眼睛和检查，直流向包装房，险些流向市场！

短短的时间内，各班职工写的感想与处理意见纷纷送到厂长办公室，大家从电视旁大问号里感到了疼痛："我们天天喊质量是企业的生命，而实际上'质量'二字并没有在我们心中真正扎根，这颗小小的螺丝钉就是一个很好的例证。"3天后，对有关责任人分别处以100元到500元不等的罚款。有职工向厂领导建议说："咱们厂经常有来参观的，这台机器总摆在这儿，有碍咱们的声誉，还是把它搬走吧。"可工厂的领导说："这台机器要一直摆在大厅里，要让它时时刻刻给大家提个醒，要让这颗小小的螺丝钉牢牢地钉在每个职工的心中。我们的质量意识丝毫不能松懈，我们手中的质量丝毫不能马虎。"

7.8.4　特色四：情感管理

和工业化时代特有的"冰冷感"不同，海信在企业文化中倡导人和人之间的情感关怀。"在海信就像生活在一个大家庭一样，让人感觉温暖。"正是企业文化中这种浓厚的人情味，让很多人对海信不忍割舍，大批的高层次人才纷至沓来加盟海信。"海信是一个企业，更是一项事业"已经成为每一个海信人的价值观。

接触过海信员工的人，或许都会为他们脸上洋溢的自豪、自信的精神风貌所感染，为他们自强自立、爱岗敬业的拼搏精神所感动。一位员工说得好："集团领导和公司领导时刻想着我们大家，关心我们的工作，关心我们的生活，海信就是我们大家共同的家。有这样贴心的领导，有这样温暖的家，我们有什么理由不好好干呢？"1997年9月20日，《青岛日报》登载了一篇题为《大海无情，海信有义》的文章，大意是这样的：8月24日，来自于辽宁农村的大学生、海信技术中心员工杨天楚在石老人游泳晚上没有回来，当集团总裁周厚健得知这一消息时，立即组织各级人员到浴场搜寻。那时，正是晚上 9 点多钟，海上漆黑一片，波涛汹涌，随时都会有危险，但周厚健带领大家排成一排，在齐腰深的海水里寻找。一直到凌晨 3 点，仍是毫无结果，而这时水温降到了最低点，由于涨潮的原因，打捞工作十分困难，所有的干部和职工此时已经筋疲力尽，被海风吹得瑟瑟发抖。不能再有任何闪失了，周厚健不得不宣布：全部撤回。8 月 25 日，海信的行动感动了沿海的渔民和部队，他们出动了救护队和渔民船帮助搜索。8 月 26 日，终于在浴场水面上找到了杨天楚的遗体。面对杨天楚的家人，周厚健说："你们失去了一个好儿子是家庭的损失，海信失去了一个优秀人才也是企业的巨大损失。我们的心情与你们一样痛楚和惋惜。天楚是奔着海信来的，你们有什么要求一定提出来，我们一定想办法帮你们解决。"杨天楚的家属当即表示："天楚是业余时间游泳致死的，是他自己的责任，公司不该承担什么责任，我们没有什么要求。"但在海信的办公会上，却一致通过了给予杨天楚家属一次性经济补助 8 万元的决定，并号召职工捐款。杨天楚的父亲接到这 10 万元钱时，泪流满面，他握着周厚健的手激动地说："真是大海无情，海信人有情啊。你们对我一家的关怀，使我明白了海信为什么会这么出名，为什么会发展得这么快。"

每一位到过青岛、到过海信集团的人都能深切地体会到在寸土寸金的青岛，海信员工住房条件的优越程度，在全市企业中是首屈一指的，他们良好的生活、工作环境也令许多人羡慕不已。1998 年 9 月，海信集团针对销售人员抛家舍口、长期在外难以顾家的特殊情况，特别设立了"内部服务 110 电话"，由专人负责为销售人员家属排忧解难，以消除销售人员的后顾之忧。

周厚健董事长一贯强调："企业是职工的。"为强化职工的主人翁意识，提高员工参与企业经营、管理的热情，海信特别设立了董事长热线、总经理接待日、职工合理化建议信箱。在关心员工物质生活的同时，更注重精神生活的关爱，借助各级政府和企业内部各类称号的评选，对骨干人才进行精神鼓励。制定了《海信集团有限公司员工队伍建设工程工作条例》，党政工团组织各司其职，齐抓共管，进一步提升了企业员工的亲和力和凝聚力，使海信真正成为海信人的家园。

通过情感管理，不仅从精神上激发了员工努力克服工作中碰到的曲折和困难，更激起了他们自觉干好工作的热情。

"树百年海信，创国际名牌"，这是海信人的共同愿景。海信一贯坚持"利益留人、事业留人、感情留人"，努力营造一种能够满足各类人才心理期望的良好文化氛围，用感情和文化来留住优秀人才。周厚健说："做企业不是比谁做得火，而是比谁做得更长久。海信不在乎三五年内是否出现高速增长，而在乎十年、二十年甚至百年能否保持健康增长。"海信将始终不渝地坚持"高科技、高质量、高水平服务，创国际名牌"的经营战略，发扬"敬人、敬业、创新、高效"的企业精神，依靠技术创新和高质量经营保持市场竞争优势，以卓越的产品和服务满足顾客的需求，为人类社会生活品质的提升做出贡献。

7.9　企业荣誉

质量荣誉

同行业中唯一连续四次荣获国家质量奖称号；

同行业中率先通过中国电子认证中心委员会及欧共体 TUV、ISO 9001 双认证；

荣获全国质量管理奖；

海信电视、空调成为家电业首批免检产品，经过国家质量技术监督局审定；

被评为全国质量管理小组活动优秀企业；

通过中国计算机质量检验中心 2000 年问题认证（1999 年）；

全国彩电质量综合评价（含国外品牌）第一名（1999 年）；

1999—2000 年空调行业质量满意度第一名；

电子信息行业质量管理最高荣誉奖排名第一（2005）；

海信电视首批获得国家出口免检资格（2005 年）；

海信电视、海信空调、科龙空调、海信冰箱、容声冰箱均获国家免检产品（2007 年）；

海信电视、海信空调、科龙空调、容声冰箱、海信冰箱、海信手机获中国名牌称号（2007 年）。

科技荣誉

海信在青岛、北京、深圳、顺德、南非、美国、荷兰等建有研发中心，初步确立全球研发体系。

海信拥有国家级的企业技术中心，聚集研发人员 2 000 多人。

海信是国家首批创新型试点企业，国家创新体系企业研发中心试点单位，拥有国家级博士后科研工作站、国家 863 成果产业化基地、国家火炬计划软件产业基地、国家级数字多媒体技术重点实验室。

数字视频处理芯片

2005 年 6 月，中国音视频领域第一款具有自主知识产权、产业化的数字视频处理芯片——"信芯"在海信诞生。标志着中国年产 7 000 万台彩电"无中国芯"的历史宣告结束。

矢量变频技术

海信成功开发出世界最先进的 180 度矢量变频冰箱产品，中国冰箱第一次站在世界技术前沿。

智能交通系统

海信自主研发的 HiCon 自适应交通信号控制系统、海信智能公交调度系统处于国内领先地位。在数字奥运智能交通项目竞标中，海信智能交通战胜国外大公司，以最高分中标。

移动通信技术

海信已经搭建起了拥有自主知识产权的 CDMA 终端设计平台。2004 年，率先推出了符合 3G 标准的 WCDMA 手机并在中国企业中唯一通过国家权威测试，TD-SCDMA 的手机研发也已取得领先地位。

数字多媒体技术新标准

海信参与 IGRS 标准的制定工作，是标准组五家发起企业之一，承担着协议标准的关键技术研究，并且是应用模式工作小组的牵头人。与其同时，海信还是 AVS 产业联盟的发起者之一，在联盟内部是移动多媒体终端组的组长单位，并加入 AVS 在 IPTV 上应用推进联盟。海信数字多媒体技术岗位以最高分列入山东省"泰山学者"岗位。

Dnet—home 数字家庭系统

2007 年 7 月 7 日，海信正式推出 DNet-home 数字家庭系统。作为海信数字多媒体网络技术研发取得的重大集成创新成果，DNet-home 数字家庭系统产品的推出，标志着中国数字家庭系统产品开始从概念转向实战。

2010 年，海信集团有限公司被中国工业经济研究院评为 2010 年中国制造业 500 强，排行第 50 位。

2012 年 1 月 10 日，全球最大的消费电子展 CES 展在拉斯维加斯召开，海信 I'TV 荣获"价值创新大奖"。

2014 年 1 月，海信 VIDAA 在 2014CES 期间获评"全球最佳互联网电视"。

其他荣誉

全国电子企业百强前十；

中国电子政务十强；

中国企业 500 强；

中国驰名商标（1999 年）；

国家经贸委、中宣部共同认定为五家国企改革典范之一；

2006 年荣获袁宝华管理金奖；

2005 年、2006 年中国最受尊敬企业；

2005 "中国创造奖"以及"最佳企业公众形象奖"；

连续九年荣获"中国 500 家经营规模最大、经济效益最佳企业"称号；

海信地产荣获房地产开发企业一级资质；海信物业获得国家一级物业管理企业资质；

2006 年、2007 年蝉联中国大企业集团竞争力 500 强排名第一；

2010 年海信集团以 5 598 526 万元营业收入位列 2010 中国企业 500 强第 102 位。

7.10 公益事业

作为优秀的企业公民，海信不仅在推进产业技术进步与发展上承担着中国企业的主体责任，而且始终重视企业社会责任的承担，把自己的发展与社会的进步牢牢连在一起。据不完全统计，海信累计向社会捐赠总额近亿元。

2009 年 9 月，海信继长达 9 年设 500 万元青岛专项教育基金后又把额度追加到 1 380 万元，用于奖励和资助辛勤耕耘的优秀中小学教师。

2009 年 8 月，由海信定向捐助援建的北川县海信陈家狈小学落成并投入使用，海信集团副总裁郭庆存参加揭牌仪式并给孩子们带去书包、文具等学习用品。

2009 年 5 月，海信出资 1 亿元设立"银屏惠老"基金，解决山东省 17 地市特困低保老人没有电视看的老大难问题。

截至 2009 年，海信集团每年一次的"慈善一日捐"活动累计捐款近 400 万元。

2008 年，捐助湖北麻城市黄金桥中心学校。

2008 年 5 月，海信集团通过青岛市残联，向残奥会运动员捐款 150 万元。

2008 年 5 月 18 日，海信向北川 48 所中小学捐助 50 台最新开发具有无线接收功能的地面波数字电视，作为节日礼物，让身处灾区的孩子们也能清晰地看到外面的世界。

2008 年 5 月 13 日上午，海信定向捐赠地震灾区教育事业 600 万元人民币，并组织全球员工募款，累计捐赠达 838 万元。

2008 年，海信又提出"海信科技 奉献 2008"的口号，正式签约成为"微笑北京"2008 志愿者的家电行业唯一合作伙伴，以实际行动实现对社会责任的承诺。

2008 年 2 月，海信集团向南方受雪灾地区捐款 113 万元。

2006 年，捐助南非红十字儿童医院近 50 万元。

2006 年，支持青岛艺术发展，赞助青岛市歌舞剧院 400 万元。

2005 年，向分布在西部地区的 30 所海信希望小学捐赠海信首批信芯彩电。

2003 年，抗击非典期间向红十字会捐款 53 万元。

2000 年，海信在兰州正式启动"环保教育工程"，支持西部儿童基础教育，特别是儿童的环保教育。与西部 9 省区具有代表意义的 400 多所小学签署了为期 3 年的资助协议，耗资额达千万元，西部地区的 20 多万名学生直接受益。之后，分布在全国各地的 2 000 多所小学也随之参与到这一宏大工程。

1999 年，出资 500 万元为青岛设立了"海信教育专项基金"，青岛市每年教师节优秀教师的表彰奖励均来自海信专项教育基金。

1998 年 12 月，向山东省希望工程捐资援建 5 所希望小学。

1998 年，向遭受洪涝灾害的湖北、湖南、河南等地捐建希望小学 15 所，让万名失学儿童重返课堂。

1998 年，在新疆捐建希望小学 3 所。

同时，开放式科普教育成为海信支持小学教育的一个路径。海信数字家庭体验馆接待了来自近百所学校学生的参观，对培养孩子们学科学、爱科学、开放智力起到了重要的实践作用。

作为一家国际化的企业，海信也参与到国外的慈善与公益事业，如捐助南非红十字儿童医院等项目，帮助解决南非、北非、中东、澳洲等国家和地区的教育和就业问题。

多年来，海信屡获"中国最受尊敬企业""最佳企业公众形象奖""尊师重教特别贡献奖""最具爱心捐赠企业""中华慈善突出贡献奖"等荣誉与称号。

第8章
青岛港集团

青岛港位于山东半岛南岸的胶州湾内，港内水域宽深，四季通航，港湾口小腹大，是我国著名的优良港口。它主要由大港、中港和黄岛港组成，各港码头均有铁路相连，环胶州湾高等级公路与济青高速公路相接，腹地除吸引山东外，还承担着华北对外运输任务。青岛港是晋中煤炭和胜利油田原油的主要输出港，也是我国仅次于上海、深圳、宁波-舟山的第四大集装箱运输港口。

8.1 企业简介

青岛港由青岛老港区、黄岛油港区、前湾新港区和董家口港区等四大港区组成。青岛港主要从事集装箱、煤炭、原油、铁矿、粮食等进出口货物的装卸服务和国际国内客运服务，与世界上130多个国家和地区的450多个港口有贸易往来，被国务院明确定位为现代化的综合性大港和东北亚国际航运枢纽港。

8.2　建设历程

青岛港始建于 1892 年，是具有 124 年历史的国家特大型港口，包括青岛老港区、黄岛油港区、前湾新港区三大港区。青岛港主要从事集装箱、原油、铁矿石、煤炭、粮食等各类进出口货物的装卸、储存、中转、分拨等物流服务和国际国内客运服务，与世界上 130 多个国家和地区的 450 多个港口有贸易往来。

改革开放三十多年来，青岛港遵循"坚持党的基本路线，坚持'三个代表'重要思想，坚持科学发展观，坚持一切从实际出发，把青岛港自己的事情办得更好"的发展思路，以"建设东北亚国际航运中心，营造平安和谐幸福家园"为共同愿景，牢记并肩负好"精忠报国，服务社会，造福职工"的三大使命，大力弘扬"一代人要有一代人的作为，一代人要有一代人的贡献，一代人要有一代人的牺牲"的青岛港精神，时刻坚持好"对国家的贡献要越来越大，港口发展后劲要越来越强，青岛港职工生活质量要越来越高，精神文明建设要越搞越好"的核心价值观。全力打造"平安福港、效率快港、实力强港"，走出了一条自主创新型、资源节约型、环境友好型、质量效益型、管理精细型、亲情和谐型发展之路。

多年来的艰苦创业，改造了一个百年老港，建设了两个现代化新港，在全国沿海港口中率先建成了世界级的集装箱、铁矿石、原油等大码头，港口资产由 1.8 亿元增值裂变到 217 亿元。2008 年完成港口吞吐量 3 亿多吨，居世界第七位；完成集装箱 1 002 万标准箱，居世界第十位；进口铁矿石吞吐量居世界港口第一位，进口原油吞吐量居全国港口第一位，外贸吞吐量居全国港口第二位。集装箱作业效率、铁矿石卸船效率世界港口第一。

8.3　发展历程

20 年来，青岛港的工作得到了各级领导的充分肯定。自 1995 年以来，青岛港一直是全国交通系统学习的典型，并先后荣获全国文明单位、首届全国质量管理奖、首批全国学习型组织标兵单位等 100 多项国家级荣誉称号。青岛港科学发展模式成为"中国特色社会主义企业管理模式"。集装箱吞吐量从 20 世纪 80 年代末的 2 万多标准箱，一路攀升，超过了日本、美国所有港口，2007 年达到 946 万标准箱，居世界第十位；完成外贸吞吐量 1.9 亿吨，继续保持全国沿海港口第二位；完成铁矿石吞吐量 8 151 万吨，其中完成进口铁矿石 6 086 万吨，继续保持世界港口第一位；完成石油吞吐量 4 470 万吨，其中完成进口原油 2 773 万吨，继续保持全国沿海港口第一位。

2005 年 7 月 5 日，吴邦国委员长来港视察时鼓励青岛港说："青岛港是中国特色的现代化管理。"集团多次被国务院确定为国有企业重大典型，多次被中宣部、中组部等六部委选为振兴国有企业报告团成员，在全国巡回报告。

8.4 基本状况

8.4.1 地理位置

青岛港位于山东半岛的胶州湾畔，老港区（即大港港区）位于胶州湾东岸，新港区（油港、前湾港）地处胶州湾西南部的黄岛。胶州湾水域面积 420 平方千米，终年不冻不淤、掩护条件好，拥有天然的深水航道，水深都在 −12 米以上，最深航道水深达 −21 米，岸线基岩埋深 15～20 米，可规划建设 100 个以上大型深水泊位，是我国少有的天然良港。青岛港拥有目前中国大陆港口最大的集装箱专业泊位、30 万吨级矿石码头、20 万吨级原油码头和国际一流的现代化煤炭码头。青岛港的前湾码头有 7 个泊位，形成长达 2 400 米的顺岸泊位，可同时靠泊 7 艘 280 米长的大船。2005 年建成的 3 个集装箱船舶专用泊位岸线总长 1 000 米，水深 17.5 米，完全能够靠泊载箱量 1 万标准箱以上的世界最大的集装箱船舶。

8.4.2　交通条件

改革开放以来，青岛港加快了走向世界的步伐，目前已与世界上 130 多个国家和地区的 450 多个港口有贸易往来，建立了四通八达的交通网络，便利的运输条件将港口与广阔的经济腹地紧密地联结起来，使青岛港成为我国沿黄流域和太平洋西海岸重要的国际贸易口岸和海上运输枢纽港。

"十五"期间，从市场需求出发，着力于提高船舶技术等级、优化运力结构、确保安全、改善服务，促进了水路运输的发展，水路可与全国沿海各港及世界各大洲通航。水路距连云港 107 海里，距烟台港 238 海里，距上海港 404 海里，距天津港 460 海里，距宁波港 516 海里，距黄浦港 1 169 海里。客运有至上海、大连及广州的三条定期客班轮航线。另外，青岛港通向世界各大洲的航线有 70 余条，其中美洲方向的航线每周近 30 个班次，主要挂靠中国温哥华、西雅图、长滩、洛杉矶、奥克兰、诺福克、巴拿马、新奥尔等港口；欧洲方向航线每周 20 多个班次，主要挂靠中国香港、新加坡、鹿特丹、汉堡、南安普敦、苏伊士、瓦伦西亚、费力克斯托等港口；日、韩、东南亚方向航线 40 余条，每周班次可达 50 多个。

同时，青岛港拥有矿石通用泊位 5 个，可满足 5 万～25 万吨级大型散货船舶的作业能力需要，进口铁矿石经青岛港向秦皇岛、烟台、营口、京唐、连云港等港口中转，以满足周边钢铁厂对铁矿石的需求。大量进口原油经青岛港通过水路向天津、秦皇岛、上海、锦州、南京等港口中转，或经青岛港管道可直接输运到山东、华北、中原及长江沿岸部分炼厂，港口还开辟了原油及成品油装卸铁路专用线。

公路有国家干线 204（烟台—上海）、308（青岛—石家庄）、309（荣成—兰州）公路通过青岛市境内，并有多条省干线公路向周围辐射，国道 308 青岛至济南段于 1993 年 12 月建成高速公路。公路距烟台市 107.9 千米、威海市 189 千米、潍坊市 161.1 千米、淄博市 268.4 千米、济南市 318 千米、日照市 178.9 千米。

青岛港有铁路专用线与胶济铁路相接，通过胶济铁路可与全国铁路网衔接。

8.4.3　基础及配套设施

青岛港拥有码头岸线 14.23 千米，仓储面积 304 万平方米，摊场面积 296 万平方米。拥有码头 15 座，泊位 73 个，其中，营运码头 13 座，营运泊位 49 个。万吨级以上泊位 32 个，可停靠 5 万吨级船舶的泊位 6 个，可停靠 10 万吨级船舶的泊位 6 个，可停靠 30 万吨级船舶的泊位 2 个。其中包括中国大陆最大的集装箱码头，中国最大、可停靠 30 万吨级超大型油轮的原油码头，20 万吨兼顾 30 万吨级矿石码头和国际一流的 10 万吨级煤炭专用码头，沿黄流域最大的散粮接卸基地，是全国港口唯一拥有集装箱、煤炭、原油、矿石、粮食五大优势的综合性国际亿吨大港。

8.5　企业文化建设[1]

8.5.1　企业文化的核心理念

核心理念是青岛港企业文化的灵魂，包括港口精神、发展使命、核心价值观三大理念。

1. "三个一代人" 的港口精神

一代人要有一代人的作为。青岛港要求每位员工都要牢记"三大使命"，积极进取，坚持创业本色，以港口可持续发展为战略目标，做到"在岗一天，尽职一天"，与时俱进，以创新的精神深化改革，永不满足，永远前进。

一代人要有一代人的贡献。港口是我家，青岛港的建设离不开每位员工

---

[1]　刘光明. 常德传与青岛港［M］. 北京：中国海洋出版社，2013.

的奉献。全港职工要共同努力，以更加饱满的精神投入到工作中，把青岛港建成世界一流的大港，为国家做出更大的贡献，使职工生活越来越好，物质文明和精神文明同步提高，打造更强、更富、更大的青岛港。

一代人要有一代人的牺牲。港口的发展是全体职工勇于牺牲、甘于奉献的成果。青岛港每位员工要淡泊名利，一身正气，怀着强烈的事业心和责任感，为港口建设努力奋斗，在奉献中实现人生价值。

2. "信念、感情、珍惜、奉献"的核心价值观

信念：当今世界，经济全球化趋势加快，面对资本主义体系的挑战，青岛港要坚定社会主义方向的信念；坚定依靠党的领导和共产主义必胜的信念；坚持走在社会主义市场经济道路的信念；坚定国有企业一定能够办好的信念。

感情：没有感情，就没有水平。全港职工要对港口有感情，对自己的工作岗位有感情，更要对党、对社会主义有感情。

珍惜：全港职工要特别珍惜青岛港今天的大好局面，珍惜自己来之不易的美好生活，并且把这种珍惜转化为动力，为了更美好的青岛港努力工作，居安思危，作风上卧薪尝胆，工作上爱岗敬业。

奉献：要坚持党的事业第一，坚持人民群众的利益第一，坚持港口发展的大局第一。为港口的发展，为党的事业，为祖国的未来，无怨无悔，做到生命不息，奋斗不止。

3. "精忠报国，服务社会，造福职工"的发展使命

精忠报国：坚持科学发展观，坚持技术创新、坚持节能减排，积极响应党和国家的号召，发扬讲责任、讲诚信、讲人格的良好风气，为中华民族的振兴做出青岛港人应有的贡献。

服务社会：青岛港人始终坚持追求卓越，严把关，以一流的质量和一流的效率服务客户，"为客户谋利益、为企业谋发展、为社会谋贡献"的理念深

入人心。

造福职工："一心为民、造福职工"是青岛港的重要使命。十几年来，青岛港一直致力于企业发展和职工生活的改善，使广大职工摆脱了贫困和愚昧，过上了安居乐业、幸福美满的生活。

8.5.2　企业文化特色

文化管理是最高层次的企业管理，是一种自觉、自律、自主的管理。青岛港的管理之所以成功，一个重要原因是始终坚持把中国优秀传统文化、革命文化、乡土文化和先进文化有机结合起来，营造了具有中国特色的企业文化。

继承传统文化。在青岛港的办公楼前屹立着一尊雕像——岳母刺字，就是为了提醒全港职工不能忘了港口的国企身份，不能忘了尊老爱幼、以和为贵、厚德载物的传统特色，要精忠报国。各级领导干部不仅把青岛港作为国企来经营，也作为一个大家庭来爱护，把照顾好大家庭的成员视为自己的责任。对待离退休职工就像自己的父母，悉心关照他们的物质生活、精神生活和身体健康，还经常组织各种活动，老工人都过上了充实快乐的退休生活。

弘扬革命文化。在社会上风行"减员增效"的时候，青岛港提出不让一个职工下岗，始终坚持"造福职工、共同富裕"的革命特色。青岛港把革命老区沂蒙山区 7 300 多名农民工招到青岛港工作，对待农民工如同自己的兄弟姐妹，其中很多人还担任了班长、队长，连他们的家属也给安排了工作。

培育乡土文化。青岛港的领导干部待人实实在在，质朴厚道，做事不怕艰苦，敢打硬仗，这是青岛港企业文化中一直传承的"质朴实在、吃苦耐劳"的乡土特色。十几年来，青岛港以赶超世界先进港口为目标，带领干部职工艰苦创业，奋发拼搏，使原本不算大的青岛港迅速跃升为超两亿吨的国际大港，累计上缴国家各种税费上百亿元，成为青岛市上缴地税最多的企业和全国效益最佳的企业之一。

创造先进文化。科学管理、竞争意识、创新精神、环保观念，这是时代特色。青岛港岸线不足，发展受到制约，干部职工依靠现代化、信息化，依靠提高效率来谋求港口发展，开展技术大比武，进行职业培训，鼓励职工练绝活、搞发明，还邀请海内外专家学者举办讲座。今天的青岛港，已成为一个学习型、创新型港口，学习氛围浓厚，发明创新不断。狠抓"蓝天、绿地、碧水"三大工程。今天的青岛港，三季有花，四季常青，洁净美丽，已成为一座花园式港口。

8.5.3 企业文化亮点

20多年来，青岛港始终坚持企业文化建设的正确方向，认真贯彻落实中央的指示精神。在激烈的市场竞争中，紧紧围绕文化建设开展企业管理，提炼经营理念，培育核心竞争力，塑造良好的企业形象，呈现出了高层次、高境界、强动力、强影响力的"十大亮点"，为青岛港的跨越发展奠定了坚实的思想基础，注入了强大的精神动力。

1. 卧薪尝胆、励精图治彰显企业家文化

企业家在企业文化的形成中发挥着决定作用，在管理过程中，企业家的价值观、世界观和行为标准会深深影响企业文化的建设，具有很强的引导作用。青岛港20多年的成功实践，也正是港口最高领导者以崇高的境界、非凡的毅力、卓越的才能、执着的追求，持之以恒地塑造一流的港口文化的过程。

2. "三大使命"彰显忠孝文化

青岛港一直坚持自己的"三大使命"，以精忠报国的决心时刻践行着祖国长子的定位；以服务社会的诚信，服务客户、服务社会，响应社会号召，解决社会困难；以造福职工的良心，顺民意，为职工谋幸福。道路虽然艰难，但发展胜局已定，这也是青岛港长盛不衰的根基。

3.　"三个一代人"精神彰显励志文化

青岛港在长期的发展中形成了自己独特的企业文化特色，"三个一代人"精神正是青岛港深厚底蕴的写照，是一种高境界、高层次的追求。在这种精神的激励下，一代代青岛港人励精图治，敢为人先，艰苦奋斗，攻克了一个个难关，克服了一个个困难，创造了一个个奇迹。

4.　"诚纳四海"彰显品牌文化

市场经济也是诚信经济。为了更好地塑造青岛港的企业形象，青岛港一直把用户满意作为最高的服务理念，努力打造"诚纳四海"的企业品牌。青岛港要求每位员工扎实掌握生产技能，提高服务水平，树立"客户的不满意就是自己失职"的意识，自觉行动，主动服务，以品牌推动港口全面发展。

5.　坚持"五学"彰显人才文化

知识是财富，人才是资源。21 世纪谁拥有人才、用好人才、留住人才，谁就是市场竞争的胜利者。企业文化是人力资源管理的基石，企业文化建设的目的就是培育一支认同企业价值观的高素质人才队伍。多年来，青岛港一直视人才为企业的核心竞争力，坚持用先进文化吸引人、培育人、留住人，打造了一批踏实、勤奋、创新、奉献的优秀人才，为港口发展奠定了坚实的人才基础。

6.　"三永精神"彰显创新文化

青岛港人一直保持谦虚进取的创业态度，时刻保持着奋斗的精神。多年来，青岛港不论遇到怎样的困难，无论市场形势如何严峻，都始终瞄准新的目标，不畏艰险，敢于创新，形成了"永不满足、永不灰心、永远前进"的青岛港精神，不但实现了业绩的不断增长和自我超越，而且为社会主义市场经济的发展做出了重要贡献。

7. "秒时代"彰显速度文化

时间就是金钱，时间就是效益，时间就是生命。在市场经济条件下，时间竞争变得越来越重要。当今时代，激烈的竞争给企业带来了严峻的考验，企业要生存，要发展，不仅要有正确的决策，更要有快速的决策，市场机遇稍纵即逝，只有正确、迅速决策才能抓住机遇，才能加快发展。多年来，青岛港坚持以速度取胜，以"秒"文化培育员工的时间观念，率领全港员工，开启了青岛港的"秒时代"。

8. "振超效率"彰显夺标文化

经过数十年的积累，青岛港在世界港口企业中树立了榜样，"振超效率"更是领军世界港航界。"干就干一流，争就争第一"的工作作风是青岛港多年来快速发展的精神法宝，激励着一代又一代的青岛港人义无反顾、勇往直前，严要求、高标准，以特有的"精气神"，坚定不移地走社会主义道路，跨过了一个又一个难关。

9. "向我看齐"彰显表率文化

青岛港企业文化建设的亮点在于通过树立榜样提高员工的积极性，依靠榜样的力量带硬队伍。青岛港坚持以思想建设、风气建设和道德建设为工作重点，要求领导干部起好带头作用，发展了一大批港口建设的中坚和骨干。

10. "一心为民"彰显造福文化

青岛港一直把"一心为民、造福职工"作为港口发展的重中之重，努力营造亲情浓浓的和谐大家庭，让每位员工都有归属感，真正把港口当作自己的家。职工的事再小也是大事，不管是百岁老人，还是幼儿园的娃娃，只要职工有需要，再难也要办好，要让全港职工实实在在感受到港口发展的实惠。

8.5.4　企业文化建设的影响与作用

青岛港在社会主义市场经济中不断发展，不断进步，形成了自己独特的企业文化，并且在实践中逐步完善，为全港职工所认同，作为最高的行为准则长期遵守。青岛港始终以"共和国长子"的地位自居，坚持秉承社会主义的价值体系，树立了正确的价值观、世界观、人生观，在市场竞争中形成了具有青岛港特色的企业文化。优秀的企业文化不仅是港口建设的灵魂和支柱，为企业的发展注入了无穷的力量，而且是凝聚全港职工共同奋斗的精神法宝。

青岛港在发展过程中始终以邓小平理论为指导，以"三个代表"为原则，以可持续发展为目标，坚持自主创新，在党和政府的关怀下，在港口领导的英明领导下，在社会各界的鼎力支持下，自强不息，艰苦创业，改革开放30多年来实现了港口竞争实力越来越强，对国家的贡献越来越大，全港职工的生活越来越好的大好局面，名副其实地担当起了"精忠报国、服务社会、造福职工"的神圣使命，闯出了一条强港富民的成功发展之路，忠诚践行了"三个一代人"的青岛港精神，成为振兴国企、弘扬正气、共创和谐的典范。30多年间，港口吞吐量实现了从2 000万吨到3亿吨的伟大跨越，昂首挺进世界集装箱吞吐量第七大港，在国际航运港口中享有盛誉，是当之无愧的"港口巨人"。

回顾20多年的发展历程，青岛港如何在艰难困苦的环境中、生死考验面前不畏惧、不退缩、不倒下，而是迎难而上，披荆斩棘，以顽强的意志，创造一个个令世界震撼的壮举？归根结底是优秀的企业文化赋予了青岛港人超前的胆识、大无畏的气概和绝地搏击的智慧。青岛港企业文化的形成不是一蹴而就的，而是经历了复杂艰辛的过程，通过苦练内功和自我约束，以转变观念为先导，强化管理，坚定信念，不断打造才有了今天的青岛港文化。由港口物质文化、港口制度文化、港口精神文化三种文化要素构成的青岛港企业文化，是改革开放 30 多年来，特别是近 20 年来，青岛港不断实践和总结的结晶，是企业发展中积累的宝贵财富，具有强大的生命力。正是在这一先进文化理念的影响下，青岛港取得了令国人骄傲的优异成绩，培育了一大批优秀的员工队伍，极大地丰富了社会主义精神文化的内容。

8.6　人力资源管理

8.6.1　招聘管理

企业人力资源管理的首要环节就是招聘，通过招聘企业获得需要的员工，同时在招聘过程中宣传企业的文化，招聘管理做得不好，企业就很难发展。招聘既要求选择的员工综合素质高、适应岗位需求，又要求员工和企业有相同的价值观，认同企业的文化。企业在招聘面试中首先考查就是应聘人员对企业文化的理解和认识程度，只有那些能力强、认同企业文化的人才能最终进入企业。

青岛港的招聘理念是"德为重、信得过、靠得住、能干事"，这是在青岛港践行多年的用人理念和标准。德为重，体现了中华民族的评人论事的根本标准；信得过，是群众路线在用人上的反映；靠得住，则是前两条的归宿和结果；能干事，这是出业绩、有成绩的基本条件。青岛港充分尊重市场机制，适应新形势下人才招聘，招聘形式主要有社会招聘、校园招聘和内部招聘，并通过网络向全社会发布，做到了招聘工作的公开、公平和公正。公司的招聘程序也充分体现了"以人为本"的理念，主要包括资料收集、背景调查、电话沟通、笔试、面试、体检、培训等环节，而且在面试中有公司高层领导亲自参加，体现了港口建设重视人才、爱惜人才的管理理念。青岛港在广泛招募社会人才的同时，更加注重企业内部的招聘，在某些岗位出现空缺时，鼓励员工竞争上岗，为员工提供了良好的上升平台，更重要的是，内部员工熟悉企业的文化，认同企业的价值标准，能够更快地适应新的岗位，而且有利于企业文化在新老员工之间的传承和发展。

　　但是，青岛港在招聘过程中也存在一些问题。实际上，招聘包括招募和聘用两个过程，很多企业在招聘过程中往往忽视了招募的作用，只把工作重点放在选拔聘用上。招募是宣传企业、扩大企业影响的有力途径。青岛港在招聘管理中存在着重聘用、轻招募的情况，即重视选拔聘用个人价值理念与企业文化相一致的人，忽视了整个招募过程中企业文化的宣传，容易出现新员工缺乏对企业文化的深刻了解，长期不能融入企业的文化体系中。并且人力资源部门和其他部门的沟通较少，容易出现企业招聘的员工并不是需求部门想要的。企业文化传播是企业文化建设中非常重要的工作，对企业的发展有着重要意义，不仅有利于内部员工了解企业的历史、发展目标和价值判断标准，将企业精神化为自己的价值观念，增强企业的凝聚力与竞争力，而且能够加强企业与外部的沟通，增加社会机构、群体、个人对企业的了解，是企业低成本的广告宣传，有利于企业社会形象的塑造和知名度的提高。

8.6.2　培训管理

　　人力资源管理在"识人"的基础上，涉及选人、用人、育人、留人，每个环节都与人力资源开发密切相关。特别是"育人"环节，越来越成为科技企业留人的基础，因此，培训在人力资源管理中的作用显得越来越重要，培训的时间、方式、投入都会因企业文化的不同而不同。企业进行员工培训的目的不仅是提高员工的生产技能，使员工掌握最新的技术和知识，更重要的是让员工了解企业，了解企业的文化，认同企业的文化，形成与企业价值标准相一致的价值观、人生观、事业观，增强企业的凝聚力，更好地实现组织的长远目标。

　　青岛港一直以来都非常重视对员工企业文化的培训，制定了专门的《青岛港企业文化培训大纲》，系统地对员工进行企业文化培训。具体包括企业理念识别系统、行为识别系统和形象识别系统，力求理论性、实践性有机结合，以改革开放 30 多年来港口的发展历史为培训重点，加强全港职工对企业文化的了解和感悟，激发万众一心、挑战危机、科学发展的强大力量。针对当前严峻的外部形势，青岛港要求全体员工切实做到变危机为机遇，变被动为主动，人人奋勇当先，不怕困难，争创一流。领导干部要对普通员工有感情，树立好榜样，建好班子，带硬队伍，以青岛港的可持续发展为使命，为港口建设贡献自己的力量。

青岛港制定了完善的企业文化培训大纲，并定期组织员工进行企业文化培训，将企业文化建设与培训管理有机结合，取得了很好的效果。但是，青岛港的企业文化培训存在着一些问题。例如，员工的企业文化认同度不够高，因为代表企业文化的管理理念、奋斗目标是员工在长期的创业发展过程中形成的，只有被全体员工认同企业文化才能具有其存在的价值和意义。那么，怎样增强员工的认同感呢？只有让员工真正参与到企业文化的建设中，伴随着企业的成长感受文化的积累，才能使员工从心里认同企业的文化。而青岛港的文化培训更多的是使员工被动地接受企业的文化，只是对企业的历史、发展现状和未来蓝图的了解，没有调动员工参与企业文化建设的主动性。没有员工参与的企业文化建设，便是没有生命力的文化，是无本之木，是无源之水。

8.6.3 绩效管理

绩效管理是指组织对成员在一定时期内的工作行为进行科学的分析，全面和系统的评价成员的工作结果，以此作为综合评价员工对组织贡献的依据，并将评价结果传递给组织、反馈给员工。绩效管理在本质上是企业对员工行为的监督，是组织对成员价值的判断，它是管理者与员工之间为提高员工能力与绩效，实现组织战略目的的一种管理沟通活动，是人力资源管理中一项重要的工作，不同的企业文化决定了绩效管理的侧重点和方法不同。

青岛港的绩效管理内容主要包括三个层面：第一，面向员工素质和能力的考核，是从主观方面评价员工的思想素质、个性特征、优缺点、沟通能力、组织技巧等，它着眼于"这个人怎么样"；第二，面向员工工资成果的考核，是对员工所做贡献的评价，考核的重点在于结果，只看重员工的工作成效，而不关心行为和过程，它着眼于"干出了什么"；第三，面向员工工作行为的考核，它考核的关注点在于员工的行为，考查的是过程，而非工作结果，它着眼于"干了什么""如何去干的"。这种绩效管理方法从员工行为的目的、过程到结果进行了全面的考核，能够全面对企业员工的工作业绩作出评价，引导员工的行为，增进员工满意度，实现组织战略。

当然，青岛港在推行绩效管理时也存在一定的问题。如评价员工工作的标准不明确，不利于绩效管理的深入落实；员工没有得到及时的反馈，不利于员工改进工作行为和态度；等等。因此，科学的绩效管理体系的构建是青岛港人力资源管理的当务之急。

8.6.4　激励管理

激励管理就是企业通过满足员工的某些需要，包括尊严、个人价值、薪酬、职位规划等，鼓励员工采取某种工作行为，最终实现员工的内在需求与企业的价值目标和谐统一。企业采用什么样的激励手段，取决于企业对员工基于什么样的人性假设，主要的人性假设理论有"经济人"假设、"社会人"假设和"复杂人"假设。"经济人"理论假设员工是理性的，员工关注更多的是个人利益，企业应采取经济手段激励员工；"社会人"假设员工是存在于某一群体的有归属感的"社会人"，企业仅仅靠收入等经济手段是不够的，还需要安全、友谊、尊重等情感激励行为；"复杂人"理论假设员工的需求是多种多样的，并且随着年龄、环境、知识等要素的改变而改变，因此企业的激励管理在每个员工不同发展阶段应该是不同的。

多年来，青岛港始终坚持"实践是检验人才的唯一标准"。青岛港的育人观是德才兼备，不仅重视业务技能的培养，而且特别重视德的培养，用真理的力量、人格的力量、情感的力量、民主的力量培养员工全面发展。青岛港的用人观是"谁能干谁干，人人都可以成才"，努力营造人人可以成长、人人干事创业、人人发展提升的良好氛围，只要能够解决港口发展中的实际问题，就是港口需要的人才。不唯学历，不唯职称，不唯资历，不唯身份，唯才是举，唯才是用，谁能干就让谁干，谁干出成绩就肯定谁，为广大员工发挥聪明才智和实现自我价值开辟了广阔天地。在青岛港只要通过努力，人人都可以成为人才，鼓励职工只要努力学习，就能掌握新技能，干出高水平。这样的育人观和用人观大大增强了员工成才的信心和愿望。

青岛港既为员工提供了丰厚的物质奖励，又开通了员工晋升的渠道，在激励管理方面相对完善，但是，企业忽视了对员工需求的具体分析和情感激励。当代企业文化的主旋律是尊重、和谐、愉快，因此，青岛港企业文化的建设方向应该是增强员工的归属感、成就感，实现个人价值和企业价值的和谐统一。

8.6.5　薪酬管理

薪酬是指员工从事企业生产，完成生产目标后企业给予的劳动报酬或回报，是员工个体从事社会劳动的基本目的。狭义来说，薪酬是指直接获得的报酬，包括基本工资、绩效工资、成就工资、津贴等，具体有岗位工资、工龄工资、奖金、浮动工资、红利、股票期权、岗位津贴、工作津贴等。广义来说，薪酬还包括间接获得的报酬，包括基本福利、特殊福利、补贴等，具体有社会保险、带薪休假、住房补贴、交通补贴、通信设备等。薪酬管理是人力资源管理中不可或缺的一部分，是企业吸引人才、降低员工流动性的关键措施。

青岛港薪酬体系主要由基础工资、岗位工资、技能工资、奖金、岗位津贴、基本福利和住房补贴几大部分组成。多年来，青岛港始终将职工利益放在第一位，坚持"一心为民，造福职工"，只要是职工的事，不论大事小事，从职工子女入托上学、职工乘车、就医，到职工的经济收入、买房、买车、退休，都以"让职工满意"为标准，不但让职工脱离贫困，满足职工的物质需求，而且努力为职工营造良好的工作环境，丰富职工的精神生活，摆脱愚昧，提高职工的精神文明层次。

8.6.6　离企员工管理

员工离开企业分为主动离开和被动劝退、辞退，青岛港坚持"不把一名员工推向社会"，对因业务调整、设备改进等而下岗的职工进行培训，帮助他们重新走上岗位。因此，在青岛港离企员工多为退休职工和因个人原因主动请退的职工。

与很多企业都把老职工当作包袱的情况不同，在青岛港，人走茶不凉，离退休老职工备受尊重。青岛港秉承"尊重老职工就是尊重历史，就是尊重我们自己"的企业文化，并一再要求青岛港的干部要把老职工当成港口发展的宝贵财富，要像孝敬自己的父母一样去爱护老同志，要让他们切实感受到党的温暖，感受到社会主义大家庭的温暖，他们是港口的创业者，应该成为港口发展的最大受益者。

青岛港开办了青岛市第一家老年人大学，年年举办老年人运动会，年年为老同志进行健康查体，年年为老同志"冬送温暖，夏送清凉"，每逢节假日，都要为老同志购买节日礼品，港口各级领导走访慰问老同志。

多年来，青岛港把老同志们视作港口的宝贵财富，没把老同志当成外人，而是当成自己家里的人，切实让离退休老同志真切地感受着港口大家庭的温暖。如今的海港老人是老有所学、老有所养、老有所乐、老有所为，正如一位退休老人所写的那样："但得夕阳无限好，何须惆怅近黄昏。"

8.7　集团荣誉

全国港口行业示范"窗口"；

国家级新产品证书；

全国质量效益型先进企业特别奖；

全国用户满意企业；

全国优秀企业（金马奖）；

全国思想政治工作先进单位；

全国创建文明行业工作先进单位；

中国企业管理杰出贡献奖；

全国交通系统"三学一创"先进典型；

全国造林绿化先进单位；

全国质量管理小组活动优秀企业；

全国设备管理先进企业；

全国模范职工之家；

全国内部审计工作先进单位；

国家节约能源一级企业；

国家港口基本建设决算先进单位；

国家基本建设财务决算先进单位；

全国绿化奖章；

全国部门造林单位 400 佳单位；

国家卫生港口；

全国百家企业学法用法依法治厂先进单位；

全国质量管理奖；

中国最具影响力企业之一；

中国企业 500 强；

首批"国家环境友好企业"；

中国企业形象建设十佳单位；

中国企业最佳生命力团队。

8.8 青岛港发展战略规划

青岛港凭借得天独厚的地理位置和半岛制造业基地所形成的雄厚的腹地经济，在改革开放的 30 多年里获得了长足的发展。在港口吞吐量、集装箱吞吐量、外贸吞吐量、港口泊位等港口经济发展程度的各项指标中均名列环渤海港口群前茅。但是，青岛港也面临着严峻的国内外竞争形势。国外的竞争主要来自韩国、日本。韩国已确定要把釜山港建成"21 世纪环太平洋中心港"，日本也明确提出要把神户港建设成"亚洲母港"。国内的竞争则主要来自环渤海经济圈的天津港和大连港。青岛港虽然在客观上占尽了天时地利，但仍需对未来一段时期内的发展做出科学的战略规划，并以此为蓝图，使得青岛港能够更好更快地持续发展。

8.8.1 青岛港发展战略定位

结合青岛港的现状，展望未来其发展趋势，并参照青岛市政府常务会议审议通过的《青岛港总体规划》，将青岛港战略定位为：把青岛港建成我国北方乃至东北亚国际航运中心。

其具体内涵表现在：

（1）把青岛港建成我国沿海主要港口、北方地区主要集装箱干线港和区域性枢纽港；

（2）把青岛港建成我国综合交通运输体系的重要枢纽，多功能、现代化的综合性国际大港；

（3）把青岛港建成山东及河南、河北、山西、陕西等中西部地区外贸、能源和原材料运输的主要转运基地和经济发展的重要依托；

（4）把青岛港建成山东沿海港口群的核心，山东省半岛城市群和制造业基地建设的重要基础。

8.8.2 青岛港发展战略目标

1. 港口吞吐量发展目标

对青岛港总货物吞吐量及主要货种吞吐量设立以下发展目标：

2020 年青岛港总吞吐量为 4.3 亿～4.6 亿吨；

2020 年青岛港集装箱为 3 000 万～3 800 万标准箱；

2020 年青岛港铁矿石吞吐量为 1.3 亿～1.6 亿吨，继续保持全球第一大铁矿石装卸港位置；

2020 年青岛港石油吞吐量为 7 000 万～8 000 万吨。

港口吞吐量将随着国民经济和腹地经济的发展而变化，由于在发展过程中一些影响港口吞吐量的不确定因素的存在，这里所提出的青岛港 2020 年吞吐量发展目标，应随着港口的发展进程相应做出适应的调整。

2. 港口硬环境方面发展目标

（1）港区构成方面：以科学布局，系统开发为原则。青岛港将形成以环胶州湾港口群综合运输枢纽为核心，鳌山湾港区和董家口港区为两翼，地方小型港站、综合旅游港点为补充的多层次港口发展体系。其中，环胶州湾港口群综合运输枢纽主要由前湾港区、黄岛油港区、老港区及四方港区组成。构成青岛港国际集装箱干线运输铁矿石、原油、煤炭等大宗货物由此中转运输，钢铁、粮食、化肥等较大批量散杂货由此转运。北翼重点发展鳌山湾港区，南翼重点发展董家口港区。

（2）码头建设方面：以深水化、专业化为原则。青岛市所辖岸线 843.9千米，其中大陆岸线长 730.5 千米，岛屿岸线 113.4 千米，已利用港口岸线31 千米。到 2020 年，各主要港区建设铁矿石、煤炭、集装箱、多用途、杂货、原油及液体化工等各类生产性码头泊位约 200 个，其中规划新增生产性码头泊位约 120 个。并建设浮山湾、唐岛湾、小港湾等 10 余个大中型综合旅游港，以及约 40 处小型旅游港。

（3）码头设备方面：以提高运作效率为原则。在经济全球化和新经济的推动下，集装箱运量增长迅速，船舶大型化、经营联盟化以及航线模式创新意识日益明显，因此对国际航运中心集装箱码头的生产规模和效率提出了新的要求。为此，青岛港新的集装箱码头的建设应参照最新的标准建设。

3. 港口软环境方面发展目标

（1）大力发展信息化，建设数字化港口。十几年来，青岛港一直坚持以信息技术提升和改造传统生产模式，实现了生产方式由粗放型向集约型发展。如今，青岛港的信息化应用已经渗透到港口各个领域的各个环节，成为港口超常规、快速发展的强力助推器。经过十几年的努力，青岛港建成了以港口装卸主业为中心，利用通信、网络等有效的方式，把广大货主、船东代理、海关、商检及世界港口联为一体，为各方面提供综合性的信息服务。在未来10~20年的重要机遇期，青岛港仍应重视对信息技术的应用，建设数字化港口。

（2）抓住机遇，努力实现自由贸易港区。随着国际航运中心的发展演进，联合国贸发会议提出：贸易港口作为海运转为其他运输方式的必须过渡点的作用会逐渐减弱，而作为组织外贸的战略要点的作用将日益增强。为此，发展功能多样化的以物流为中心为载体，集国际商品、资本、信息技术等于一体的现代化新型港口，是青岛国际航运中心深水港建设的重要目标。

（3）发扬"振超精神"，建设高效率创新型港口。港口要创出高效率，增强竞争力，关键在两方面：一是要有硬件优势，主要是要拥有现代化的大码头和先进的机械设备，这一方面青岛港已走在了全国甚至是世界的前列；二是要有软件优势，主要是要拥有一大批有用之才和现代化的管理手段，而人是最能发挥主观能动性的因素，"振超精神"已成为高效率的代名词，青岛港要想在竞争中立于不败之地，仍应重视效率所带来的竞争力，培养出更多的"振超"，为船东、货主等带来可得利益。

8.8.3 青岛港发展战略重点

1. 内部组织结构编制

随着国家经济体制改革的深入，国企改革步伐的加快和企业的不断发展壮大，青岛港的组织结构形式应该适应其长期发展战略的需要而做出必要的调整。以下组织结构仅作为企业决策层的参考：即企业在总经理的领导下，设6个职能部门——财务部、人力资源部、经营部、策划部、设备部和办公室，企业下属若干个全资子公司，若干个控股公司，各子公司、专业公司、控股公司在生产经营方面具有相当大的自主权，各自独立经营，自负盈亏，总经理摆脱了日常事务，致力于企业重大问题的研究与决策。

2. 市场拓展

青岛港港口发展要适应物流服务市场发展的需要，必须彻底转变生产方式和经营观念，必须从单一的装卸运输及仓储服务，向原材料、产成品到消费全程的物流服务转变，港口得以利用自身仓库、货场改造成适合物流服务用途代配送中心，提供给物流经营人经营。同时应加强港口货代、船代等方面的服务功能，建立能提供一条龙服务的完善的服务网络，扩大港口的货源腹地和业务范围，以最佳方式、最佳距离、最短时间完成运送程序，使物流的效率与效益达到最佳。

在拓展外部市场，争取货源的过程中，青岛港要以内部市场服务保证外部市场开发，以外部市场开发促进内部现场建设，现场市场互动发展，从而提高对市场的驾驭能力。

3. 投资运营与收益分配

青岛港应充分分析目前的经营状况，强化财务管理，立足并不断拓宽企业的业务范围，努力提高企业的利润和资产收益率，加强应收账款管理，不断减少应收账款余额，提高财务比率。此外，青岛港面临良好的内外部发展环境，应抓住机遇，大力拓展业务，加强财务管理，为青岛港未来发展战略的实现创造有利的条件。

8.8.4　青岛港发展战略实施对策

1. 打造"十大基地"，壮大装卸主业

高水平落实为货主服务"三项原则"，不断创新服务手段，实施精细化服务，巩固老客户，开发新客户，努力培育忠诚客户，扩大市场份额。科学组织生产，再造业务流程，人人苦练绝活儿，打造"效率快港"。巩固发展集装箱国际中转基地、内贸集装箱基地、铁矿石进口中转基地、石油进出口中转基地、煤炭进出口基地、港口物流基地、粮食进口贸易加工基地、钢材进出口基地、农用物资进口基地、国际邮船班轮基地等十大基地，实现装卸主业的大发展、新跨越。

（1）打造集装箱国际中转基地。集装箱发展关键在船公司，加强与船公司的沟通、合资、合作，努力改善口岸环境，创新政策，充分调动和发挥船公司的积极性。加强对周边港口集装箱业务的投资、合作，大力发展环渤海湾和山东半岛内支线。加强与海关等部门的合作，大力发展青岛港前湾港区保税中心，扩大国际中转和自船自带业务。积极争取国家政策支持，推进港区联动，争取建设自由港区。整合内陆揽货力量，形成整体优势。投资内陆集装箱场站建设，发展多式联运。实施"招商引箱、以地换箱"，形成长期稳定的货源，把青岛港建成以国际大中转为主要特色的集装箱中心港。

（2）打造内贸集装箱基地。发挥大码头、大场地和全集团的整体优势，努力扩大运力，增设航线，开辟新货源，积极运作内外贸箱同船运输，力争成为我国北方最大的内贸集装箱基地。

（3）打造铁矿石进口中转基地。加大与国内大钢厂、国际大矿石企业的合资合作力度，巩固扩大货源。积极配合大型钢厂，发展现货贸易。密切关注市场变化，坚决杜绝货源分流。加强工艺流程研究再造，时刻体现世界最高效率。突出抓好疏运秩序，以疏保卸、以疏揽货，保持世界最大矿石进口中转港地位。

（4）打造石油进出口中转基地。以青岛大炼油项目和国家在黄岛建设战略原油储备基地为契机，拼抢沿江市场，占领华北市场，拓展中原市场，扩大东北市场，巩固发展我国北方最大的进口油中转、原油储备、液体化工品中转和成品油集散港。

（5）打造煤炭进出口基地。根据煤炭市场的新变化，不断加大铁路攻关力度，争取煤炭与矿石形成钟摆式运输，扩大进港量。以国内电煤、工业煤为基础，以外贸进出口煤为增长点，全方位拓展国际国内市场，建设我国煤炭中转基地。

（6）打造港口物流基地。发挥港口信息、码头、铁路港站等综合优势，加强与大物流企业、大船公司、大贸易商、大生产企业的合资合作，构筑起以青岛港为中心的物流网络体系，建设具有现代物流集散、分拨功能的港口物流基地。

（7）打造粮食进口贸易加工基地。以沿黄流域最大的散粮接卸系统和临港大豆加工项目为依托，在巩固贸易大豆的基础上，以进口小麦为突破口，发展粮食期货交易市场，推动临港粮食加工业发展。

（8）打造钢材进出口基地。加强与钢厂的合作，充分利用公路疏运矿石车辆，实现出矿进钢。坚持把钢材作为重点货种来抓，采取特殊措施，不断扩大吞吐量。

（9）打造农用物资进口基地。积极与中农、中化等大货主建立长期联盟合作关系，巩固扩大化肥进口市场份额。充分利用保税库优势，加强与国外化肥供应商的联系沟通，开展化肥保税、分拨业务。把青岛港建成我国北方种类齐全的散化肥进口分拨基地。

（10）打造国际邮船班轮基地。完善老港区旅游功能，高档次完善港口软件硬件，扩大现有班轮航班密度，发展大型国际邮船班轮业务，努力发展成为国内外知名的国际邮船班轮基地。

同时，还要抓好氧化铝、纸浆、硫黄、纯碱、冻鱼等货种，实现装卸主业的大发展、新跨越。

2. 做强十大关联产业，实现多元化发展

发挥港口整体优势，加大投入，提升闯市场的能力。引进国内外高层次合作伙伴，站在巨人肩膀上发展，做强做大十大关联产业。

加大资金、设备、人才投入，加快港机制造基地建设。

尽快提升水工程施工资质为总承包一级，培养锻炼队伍，努力开拓港外市场，壮大港口建设工程产业。

高起点加快港湾学院新校区建设，加快与名校合作步伐，打造人才培育基地。

加强培训教育，提升业务素质；创新经营机制，激发职工积极性。努力把船舶、货运、保险代理、船舶后勤供应做成本行业全市最强最大。

3. 推进科技兴港，提升港口现代化水平

更加自觉、更加广泛地推动和依靠科技进步和创新，努力提高港口科技的自主创新能力，大力加强原始性创新、集成性创新和在引进先进技术基础上的消化、吸收、创新，不断实现港口生产力发展质的飞跃。

坚持"四个一体化"（决策和经营一体化、开发和管理一体化、规划和实施一体化、服务和拉动一体化），建设数字港口。加快建设"一网、一库、两大平台"，即港口枢纽信息网、港口信息资源库、港口公共信息平台、港口GIS（地理信息系统）平台。每年开展群众性千项软件开发应用活动，建设规模最大、信息量最多、覆盖面最广的北方国际航运信息中心。

引进国内外先进设备，对老旧设备进行有序更新，进一步提高生产能力和效率。加强利用率考核管理，科学合理配置机械设备，满足安全生产发展需要。

充分发挥港口国家级技术中心的作用，借助"外脑"等社会科技资源，对重大技改项目实施、设备运行全过程动态监控，开展重大技术难题攻关，提供决策咨询。

坚持社会科学和自然科学并重，大力推行科技难题招标攻关、技术工人培训考核、技术大比武，评选奖励优秀科技人才、优秀科技成果、优秀"金点子"、优秀软件成果，为职工科技成果申请国家专利。

4. 合作扩张发展，增强竞争优势

树立"大青岛港"观念，跳出青岛看发展，探索设立港口投资公司，对外积极实施资本渗透扩张，以投入资金、设备、技术、管理等多种形式，加快与青岛口岸新建港区、省内外兄弟港口的合资合作，建立起以青岛港为中心，其他港口为卫星港的港口网络系统。投资内陆场站，发挥"五定"班列优势，建立起内陆地区稳定的货源市场，保证箱量的增长。抓住当前国企改

革和资产重组的机遇，参股社会上与港口相关的企业，实施多元化经营。

加大招商引资力度，以油、矿、集装箱码头、临港加工业、货物保税、港口物流、关联产业为重点，借势增强竞争实力，强强联合，促进发展。加大老港区招商引资力度，通过出租、合资合作等多种方式，吸引国内外船东货主来港开发经营，最大限度地发掘老港区的发展潜力。

5. 卓越绩效管理，持续提升经济效益

按照卓越绩效管理模式，不断完善四级管理格局，强化港口"三基"管理。大力推行精细化管理，按照"三对比一分析"，强化对装卸效率、车船停时、经营效率等统计分析，持续改进提高。突出对投资额大的工程项目、招标采购、设备配置、物资超市供应实施全过程监管，向管理要效益。深挖内部潜力，有效整合资源，合理配置人力资源和机械设备，控制物资消耗，盘活闲置资产，提升经营绩效。激励职工奉献"金点子"，技术革新，双增双节；发展循环经济，建设节约型、环保型、效益型港口。采用网络等先进技术，不断完善民主监督、监察效能、审计监督，加强对人、财、物全方位监控，保证港口持续快速协调健康发展。

努力培育品牌，打造品牌港口。鼓励职工"干就干一流，争就争第一"，尊重职工的劳动成果和发明创造，层层评选员工品牌、团队品牌、服务品牌，并大张旗鼓命名、表彰，以品牌提升工作水平、服务质量，通过广播、电视、报纸、网络等媒体广泛宣传，勇创市级、省级、部级、国家级品牌，形成以"振超效率""孙波效率""冠军团队"等为龙头的青岛港品牌集群，以庞大的品牌集群托起"诚纳四海"服务品牌，争创服务行业中国名牌，把青岛港打造成为金牌港口。

6. 强化以人为本，推进人才强港

认真落实第四届科技大会精神，坚持"以人为本，大力推进人才强港"战略，为港口发展提供不竭动力和智慧源泉。

创新教育机制，创新分配机制，创新用人机制。坚持干部队伍"四化"方针和青岛港特有的科学人才观，按照"德为重，信得过，靠得住，能干事"的要求，不断选拔德才兼备、年富力强的优秀人才，充实到各级领导岗位和两级机关。加大人力资源整合力度，加大用工制度改革，继续扩大农民承包工的使用范围、使用数量，选拔优秀农民承包工转为合同制，不断改善劳动力结构，降低人工成本，提高劳动生产率。

第 9 章
新华锦集团

新华锦集团是按照山东省政府"推进省属外贸企业改革重组"的战略部署，由新华锦集团有限公司联合省纺织、工艺等五家省级外贸企业共同组建的，成立于 2002 年 6 月。经营领域涉及国际贸易、金融投资、房地产开发和健康产业。

集团成立以来，国际贸易主业实现长足发展，进出口规模始终在山东外贸企业中名列前茅，同时积极拓宽经营领域，金融投资、房地产开发和健康产业也取得快速发展，成功实现了由单一外贸企业，向产业化、国际化、综合性大型企业集团的转变。

9.1 集团简介

新华锦集团成立以来，坚持体制机制和经营管理创新，加强实业和科研支撑，完善产业链条，转变增长方式，推动国际贸易主业实现了快速发展。

据海关统计，集团自 2002 年成立十多年来，累计完成进出口额近 230 亿美元，连续五年居山东省进出口企业首位。2014 年集团实现销售额 164 亿元人民币。在 2015 中国服务业企业 500 强列 180 位，2015 中国民营企业 500 强列第 269 位，2015 中国对外贸易 500 强企业列第 325 位，2015 山东百强企业列第 82 位。

在国际贸易快速发展基础上，集团坚持"有张有弛，张弛有度"的稳健发展原则，适时发展多元产业，并注重发挥产业间相互支持的战略协同作用，成功实现了由单一外贸企业，向产业化、国际化、综合性大型企业集团的转变。目前形成了四大产业板块。

9.1.1　国际贸易

1. 培育了一支国际化的人才队伍

集团直接从事进出口业务的有 1 000 余人，其中外语专业毕业的有 365 人，国际贸易专业毕业的有 525 人，英语达到六级以上水平的有 645 人。这些业务人员经过多年的国际贸易实践，熟悉相关国家的法律法规，精通专业知识、外语、国际惯例和国际市场运作规则，建立起广泛的信息渠道。

2. 建立了覆盖全球的销售网络

集团与世界 150 多个国家和地区的 1 700 多家客户建立了稳定密切的合作关系，建立了遍及全球、涉及各个领域的营销网络，并在海内外树立了良好的信誉。

3. 国际贸易综合优势明显

2008 年和 2015 年，集团相继获得国家外汇管理总局批准的"经常项目外汇资金集中管理试点单位资格"和"跨国公司外汇资金集中管理资格"，实现了出口收汇和进口付汇的对冲；集团与众多金融机构建立了良好的合作关系，是中国建设银行、交通银行、青岛农商银行的总行级战略合作客户；集团与中国出口信用保险公司开展全面战略合作，为拓展全球市场提供了有力保障。

4. 积极实施"走出去"战略，向附加值高的境外营销网络和品牌延伸产业链

2009 年和 2011 年，相继收购了世界男发第二、第三大经销商——美国 OR 公司和美国 NI 公司，同时在柬埔寨建立了发制品生产加工企业，形成了集设计、生产、品牌、销售于一体的较为完整的产业链，在美国市场的占有率达到 50％以上，并辐射非洲和南美等国家。

5. 培植了具有明显竞争优势的核心商品

通过向生产、研发、品牌和营销网络延伸产业链条，培育了发制品、纺织服装、钻石、编织品、水产品等一批行业内领先、具有较强竞争力的优势核心商品。

- 发制品——集团已成为全国最大的化纤发制品制造商之一和欧美市场大客户的主要供应商。
- 钻石——集团是全国最大的钻石加工企业和钻石贸易商，小钻加工规模占全国 50％以上，研制了钻石比色石标准，成为全国钻石颜色的行业评定标准。
- 成品油——被商务部列为成品油非国营贸易进口企业，与山东海跃石油化工有限责任公司、山东源润石油化工有限公司保持着紧密的合作关系，建立了稳定的购销渠道。
- 大宗产品进口——煤炭、有色金属（铜、铝）等。
- 主要出口商品——机电产品、纺织服装、发制品、水产品、钻石、编织品等。
- 即墨老酒——北方黄酒的典型代表，国家首批认定"中华老字号"，山东省内市场占有率 90％以上。

9.1.2　金融投资

金融投资作为集团成长业务的重要一翼，在"诚信创新、协作共赢"的理念指导下，取得了长足发展。多年来，集团先后在金融信托、集装箱制造、有色金属、高档酒店及不良资产处置等领域成功进行多项重大投资，有效地实现了产业协同和结构优化。

2007 年，集团旗下新华锦国际（证券代码：600735）成功重组上市，树立了新华锦的公众形象。2011 年又成功实施了重大资产重组，上市公司影响力大幅提升。2015 年集团开始筹建财务公司，以推动集团资产、资金的高效使用，提升企业整体运营效益和风险管控能力。

按照集团"三五"发展战略，集团将以各实体产业和资产为平台，建设多渠道、多层次投融资体系，与货币市场、资本市场建立更加广泛、高效的连接；以投融资服务为核心，通过融资业务、投资业务和中间业务的深入开展，促进产业实体建设和金融服务业务的互动发展。

9.1.3　房地产

集团所属新华锦（青岛）置业集团，已在青岛市区、崂山区、开发区、胶州市的黄金地段，开发了"紫金花园""闽江苑""颐灏园""馨园""锦源·新街坊""新华锦·尚都""锦源·秀邸"鸿仕睿园""鸿仕雅居"及"爱丁堡国际公寓"等大中型项目，累计开发面积近 100 万平方米，跨入青岛市大型房地产公司行列。

在开发住宅项目的同时，集团将积极涉足商业地产、老年地产等领域，争取发展成为在一定区域内知名的房地产开发企业。

9.1.4　健康产业

集团积极探索医养结合发展路径，布局大健康产业，打造养老和医疗双轮驱动的健康产业新模式。

作为国内最早进入养老产业的企业之一，集团与日本知名上市公司——长乐控股株式会社合作，开展社区养老、老年产品、老年服务等业务。双方于 2012 年 3 月在青岛合资成立的新华锦·长乐国际颐养中心，硬件设施一流，引入日本先进理念和管理模式，与中国传统文化有机融合，实行全方位、智能化、亲情式管理。2015 年 11 月，双方合资成立山东新华锦长生养老运营有限公司，发展养老服务咨询、人员培训、受托管理等业务，延伸了养老产业链条。

集团积极进军医疗医药和生命科学领域，以青岛利百健生物科技有限公司为先导，与美国、意大利专家合作，在国内开展人体脂肪基质血管组分（SVF 技术）相关的医疗器械之独家代理及生产。与韩国医疗水平领先的延世大学医疗院合作，将在青岛打造高标准合资医院。通过医养结合实现健康产业聚集，构筑全产业链条的大健康版图，继续履行服务民众、造福社会的企业责任。

9.2　企业文化

9.2.1　企业宗旨

1．追求卓越

在从事的行业内开展持续创新，永远保持行业领先，创造一流员工、一流企业、一流业绩。

2．奉献社会

把为社会增加福祉作为自己的一项神圣责任，积极履行企业的社会责任（CSR），为社会提供最具价值、最有意义的产品和服务。

9.2.2　核心价值观与经营理念

1. 正直做人，用心做事

"正直做人，用心做事"是集团全体员工核心价值观的综合描述。她要求将做人与做事有机统一，在首先做好人的基础上，用心做好一切从事的工作。

"正直做人"的要点是：做人要做事，做事要先做人。

正直做人

是修身立业之本；诚实不欺，责任至重，信誉至上，代表着集团员工的做人之道。

用心做事

是事业成功之基；高度认真，举一反三，代表着集团员工的敬业之道。

2. 诚信创新，协作共赢，不求最大、但求更强

集团将贸易物流、金融投资、房地产、教育颐养作为未来发展的四大产业板块，和众多的国内外客户与合作者建立良好的合作关系，集团与他们的关系定位是建立平等伙伴和利益共同体关系，在竞合共赢的基础上不断做强做大，建设成跨国经营的百年强企。

诚信创新

人立天地间，诚笃守信于人，凡是承诺过的，就去努力做到，决不食言，以此赢得客户的信任。坚持创新为魂、创新求先，以创新创造价值，以创新赢得先机。

协作共赢

把竞争者当朋友而不是敌人，树立双赢、多赢的竞合意识，实现共同发展、共同进步。

不求最大、但求更强

树立忧患意识，不断超越自我，用理性和智慧赢得优势，不唯规模，重

在做强，打造百年强企。

9.2.3　创业发展体会

- 把责任看得像生命一样重要，是我们获得成功发展的关键因素之一。
- 创新为魂，创新求先。
- 一切从全体股东员工的利益出发，让广大职工共享改革成果。
- 修身养性，超越自我，是做好企业的保证。
- 把竞争者当朋友而不是敌人，我们的合作就会在更高层面上发展。
- 我们可以一无所有，但是我们不能没有诚信。
- 人才成就事业，事业成就人生。
- 忧患意识让人进取，领先意识让人成功。
- 在发展中解决企业出现的问题。
- 只有正视不足，才能强大自己。
- 善心善行，利他利己。
- 常怀感恩之心，快乐幸福一生。

9.2.4　企业文化的谱写者

新华锦是一本书。是一部创业、改革、发展史，一部管理的百科全书，一部解密企业文化的专著。

新华锦集团从无到有、从小到大、从弱到强，成长为享有声誉的企业集团。是什么让新华锦乘风破浪、创造出一个个骄人业绩呢？是什么把不同地域、不同行业的新华锦员工，聚合在集团旗下，忘我工作，协力进取呢？

是生机勃勃、创新不止的"新华锦文化"！

"新华锦文化"成为新华锦人创造奇迹的强大动力。

1. 张建华的"新华锦文化"

新华锦集团是按照山东省政府"推进省属外贸企业改革重组"的战略部

署，由新华锦集团有限公司联合省纺织、工艺等五家省级外贸企业共同组建的，成立于 2002 年 6 月。经营领域涉及国际贸易、金融投资、房地产开发和健康产业。

集团成立以来，国际贸易主业实现长足发展，进出口规模始终在山东外贸企业中名列前茅，同时积极拓宽经营领域，金融投资、房地产开发和健康产业也取得快速发展，成功实现了由单一外贸企业，向产业化、国际化、综合性大型企业集团的转变。

集团自 2002 年成立十多年来，累计完成进出口额近 230 亿美元，连续五年居山东省进出口企业首位。在 2015 中国服务业企业 500 强列 180 位，2015 中国民营企业 500 强列第 269 位，2015 中国对外贸易 500 强企业列第 325 位，2015 山东百强企业列第 82 位。集团与世界 150 多个国家和地区的 1 700 多家客户建立了稳定密切的合作关系。作为国内最早进入养老产业的企业之一，新华锦与日本知名上市公司——长乐控股株式会社合作，开展社区养老、老年产品、老年服务等业务。与韩国医疗水平领先的延世大学医疗院合作，将在青岛崂山湾国际生态健康城范围内建设包括国际一流的大型综合医院、医科大学、康复中心、体检中心等医疗产业集群。通过医养结合实现健康产业聚集，构筑全产业链条的大健康版图。

从这些成绩单中，我们看到了"新华锦速度"。当然独特的企业文化，也是新华锦集团成功运营的典范。

让我们来描述一下新华锦集团的标志主体，很有蕴意。前半部分用西方的折笔绘制，后半部分采用中国毛笔飞白；曲线苍劲有力，充满蓄势而发的强力动感，简洁流畅，生机勃勃。以蓝色代表广阔无垠的蓝天，黄色代表蕴藏财富的大地，两色在交界处结合，寓示天地交接，体现了新华锦集团集天时、地利于一身，未来发展前景无可限量。

新华锦一直奉行"追求卓越，奉献社会"的企业宗旨和"正直做人，用心做事"的核心价值观，正直做人是修身立业之本，诚实不欺，责任至重，信誉至上，代表着集团员工的做人之道；用心做事是事业成功之基，高度认真，举一反三，代表着集团员工的敬业之道。在张建华董事长归纳出"12 条创业发展体会"为核心的企业文化中，把"责任"旗帜鲜明地放在了第一位。这种独有的处世理念与经营哲学，渗透到新华锦的方方面面，并被新华锦人形象地凝练为一个个富有哲理的精髓：

把责任看得像生命一样重要，是我们获得成功发展的关键因素之一。

创新为魂，创新为先。

一切从全体股东员工的利益出发，让广大职工共享改革成果。

忧患意识让人进取，领先意识让人成功。

只有正视不足，才能强大自己。

常怀感恩之心，快乐幸福一生。

……

虽然这些精髓大都是出自新华锦董事长张建华口中，但它们无疑都在新华锦员工的精神世界中产生了强烈的回响。新华锦自创业初起，就把企业文化的大旗高高扬起。张建华说，新华锦员工需要企业文化，它时时赋予员工新的观念，更激发起他们无穷的创造力。

面对新华锦今天取得的巨大成功，人们不禁会问，新华锦成功的秘诀是什么？其实新华锦的秘密就是没有秘密——一步一步踏踏实实地奉行着自己的管理理念。

这就是企业文化，新华锦集团的企业文化，它是新华锦的精神力量和宝贵财富。

2. 新华锦的创新观念

企业文化是一个有机整体系统，它是企业文化体系共有的、共同的，因而具有明显的一体化倾向。在企业文化修炼过程中，必须对企业文化进行整合与创新。创新是企业文化的生命，是提升企业竞争力的关键所在。正是因为高度的创新精神能为企业带来无限的发展空间和机会，进而促使企业家搏击在市场经济的风口浪尖，领导着企业持续不断地创新。

创新是企业文化的灵魂，是保持企业永续发展的动力。新华锦从不满足于自己取得的成绩，而是不断地打破已有的成功经验，追求创新、超越自我，加快创新转型、狠抓提质增效，并归纳出创新为魂，创新求先的理念，全力推动企业实现跨越式发展。

在激烈的全球化竞争中，以世界眼光和国际标准思考企业的发展战略和路径，是新华锦一直的目标。大举改革、纵横开拓，潜移默化之间，已然成为新华锦衡量自我发展的准则。

2002 年，按照省政府"推进省属外贸企业战略性改组"的战略部署，新华锦集团有限公司联合省纺织品、工艺品等五家具有几十年经营历史的省属专业外贸公司共同组建新华锦集团。面对入世挑战，集团成立后，首先打破了固有的模式和做法，坚持体制、机制和管理创新。2005 年 9 月，新华锦完成产权制度改革，建立起产权清晰、定位明确的现代企业组织架构，母公司开展资本运作，子公司从事商品经营，以产权为纽带、母子公司定位明确、有机结合。

2007 年 5 月，集团通过重组正式登陆国内主板上市，搭建起新的投融资渠道和资本运作平台。新华锦的上市，实现了山东外贸企业上市零的突破，也使新华锦从商品经营进入到资本经营的全新领域。

在发展中，集团产业、产品的重组与整合步伐坚定不移。推行专业化经营，各子公司集中精力和优势资源把主业做精、做专，"广种薄收"渐渐转向"精耕细作"。同时，集团以供应链管理为核心内容，对物流链和资金链流程进行改造，实现内部商品、产品和业务流程的整合重塑，提高对客户、市场的反应速度，打造高效、高速的商业运作模式；降低物流成本，形成物流产业对国际贸易主业的有力支撑。

追求自身卓越的同时，新华锦还积极创新贸易发展方式，支持中小微企业发展。并与青岛市商务局、市国税局、中国进出口银行青岛分行、中信保山东分公司联合打造了"青岛市中小微企业外贸供应链服务平台"，在政府、大企业和中小微企业之间建立了服务生态体系，使政府政策得到有效推行，银行、税务、中信保和大企业优势资源得到有效利用，中小微企业获得实实在在的帮助和发展。

新华锦的创新是系统的、全面的、无时无刻不在进行的，创新已经成为企业迎接新经济挑战的有力武器。张建华认为，创新是企业保持活力的重要途径。高速发展的新华锦集团，也将创新视为企业文化的核心。

张建华董事长这样诠释："千里之行始于足下，企业的发展也不可能一直是顺境。企业的基业长青，要的不仅仅是一次性的创业和创新，而是持续的创业和创新，这也是企业家精神的核心所在。这样的精神，是支撑新华锦打造百年强企的动力源泉，也代表着企业的未来。"

9.3　社会责任

新华锦集团奉行"追求卓越，奉献社会"的宗旨，在以"12条创业发展体会"为核心的企业文化中，把"责任"放在了第一位。"我们可以一无所有，但我们不能没有诚信""把竞争者当朋友而不是敌人""人才成就事业，事业成就人生""善心善行，利他利己"，等等，都从不同地角度对"责任"进行了阐述和提炼。对"责任"的认识和承担，已经深深融入企业灵魂、渗入企业血液，更成为企业的一种崇高追求和自觉行为。

第 10 章
六和集团

山东新希望六和集团有限公司（原名为山东六和集团有限公司，以下简称六和集团或六和）成立于 1995 年，主营业务涉及饲料生产、食品加工、种畜禽繁育等产业。集团年饲料生产能力 1 100 多万吨，日宰杀家禽能力 230 多万只，年可生产畜禽种苗 1 亿多只。六和牌禽饲料、水产饲料先后被评为中国名牌和山东名牌，六和商标荣获"中驰名商标""青岛市著名商标"等称号，集团先后被授予"农业产业化国家重点龙头企业""中国制造业企业 500强""全国食品放心企业""全国肉类工业最具影响力品牌"等荣誉称号。

10.1 企业简介

经过十余年的发展，六和集团由一家饲料生产企业发展成为大型农牧业产业化龙头企业。至 2008 年年底，集团下属企业共计 200 余家，其中饲料企业 100 多家，畜产品加工厂 50 多家，种畜禽养殖场 30 多个，员工 4 万多人，是国内最大的禽肉产品供应商。2008 年，集团销售收入达到 320 多亿元，饲料销量突破 740 万吨，生产禽肉 100 多万吨。

六和集团产业链结构以肉鸡、肉鸭两大产业链为主要构架，目前已经形成从祖代鸡（鸭）、父母代鸡（鸭）、商品鸡（鸭）养殖、饲料生产、冷藏加工、熟食开发为一体的产业链，猪产业链也正在积极建设当中。

六和集团借助产业化优势，致力于全程打造安全、健康的食品产业链，构建安全生产质控体系。在整个安全生产质控体系中，六和坚持"以饲料安全为基础，以兽药安全为保证，以制度监督为保障，信息化贯穿始终"的指导方针，大力发展现代化养殖，加快"无药残"绿色生物兽药的研制和兽用中药产品、养殖专用微生态制品的推广，在各冷藏厂推行 ISO 9001、HACCP、6S 等国际化的质量和安全标准。

为推广现代化养殖模式，解决农信问题，六和集团在无棣、平度等地成立了畜牧养殖担保公司，为养殖户提供贷款担保，并整合六和饲料厂、冷藏厂、种畜禽场、兽药厂等资源为养殖户提供"一站式"服务，探索出一条农牧业工业化的新路。

六和禽肉产品规范的生产标准和完善质量管理体系得到业内的广泛认可，2006 年 11 月，在中国农业科学院组织的"鸭肉、猪肉等级规格"标准制定研讨会上，六和集团肉鸡、肉鸭产品分割标准成为国家制定鸭肉等级规格标准的依据。

六和集团提出"六和肉食，健康大使"的品牌发展愿景，全力打造安全食品，产品畅销遍布除西藏、台湾地区以外的全国各地，形成了上海、北京、武汉、广州、西安、江苏等十余个重点市场。2007 年，六和冷冻分割禽肉被上海市政府认定为禽产品唯一推荐品牌，一举打入上海市数百家标准化菜市场。六和禽肉是双汇、麦当劳、肯德基等企业的主要原料供应商，六和推出的冷冻产品、冰鲜产品、调理品、熟食产品等广受消费者好评，畅销家乐福、沃尔玛、乐购、大润发、欧尚等大型超市。

目前，六和在种畜禽产业、冷藏加工产业已形成了可追溯体系。为打通产业链、推动养殖产业现代化，六和集团大力发展现代化、规模化、标准化养殖，推动农民工人化、农场工厂化、农业工业化，以信息化为主线，构建了一个安全、健康、可追溯的现代化农牧产业链。

"为耕者谋利，为食者造福"是六和集团的发展愿景，六和集团以食品产业为龙头，饲料产业为支撑，种畜禽产业为保障，不断优化产业链，促进产业链各环节的价值最大化，为人们提供更加安全、健康的平民化畜禽产品。

10.2　发展历程

1991 年 6 月，注册成立科技饲料经营部，主要经销饲料、兽药、种苗等。

1993 年 4 月，注册成立有限公司，并投建第一个科技饲料厂，从事预混料、种禽（蛋）的生产经营。

1994 年，成立农业科学院，同时投建兽药厂，涉足兽药的生产销售。

1995 年 6 月，组建山东六和集团。同年，组建第一个配合饲料生产厂，开始配合饲料的生产销售。1997 年，全面接收平邑牧工商饲料厂、冷藏加工厂、种鸡场，进行"一条龙"运作。同年，实施"万户农民养殖致富"工程。

1997 年年底、1998 年年初，提出并实施"微利经营、服务营销、近距离市场密集性开发"三大经营策略。

1999 年，拓展山东生产基地布局，探索数据营销，建立集团信息化管理网络。

2000 年，提出并组织实施商品鸡的标准化、现代化养殖新概念。

2001 年，在山东六和集团饲料板块基础上，组建六和饲料股份有限公司。

从 2001 年开始，六和集团以每年 10～15 家新增企业快速发展，饲料、肉食加工、养殖和动物保健制品全面快速发展，成为具有行业较大影响力的畜牧业优势企业。

2005 年，与新希望集团进行强强联合、全面合作。提出打造世界级农牧企业的宏伟目标，六和商标被评为"中国驰名商标"，集团销售收入超过 100 亿元。

2006 年，在集团内推广平度标准化养殖模式和平邑一体化经营模式。六和牌禽饲料荣获"中国名牌"称号，携手陕西石羊推动西北地区畜牧业发展，提出"为耕者谋利，为食者造福"的企业愿景。

2007 年，六和与无棣政府在无棣成立国内第一家专业为农民提供担保贷款的担保公司——无棣和兴牧畜牧担保有限公司，注册资本 2 000 万元。六和牌水产饲料荣获"中国名牌"称号，与山西大象集团结成战略联盟，集团入选 2007 中国企业 500 强，位列第 362 位，集团年销售收入过 200 亿元。

经过十余年的发展，六和集团由一家饲料生产企业发展成为大型农牧业产业化龙头企业。至 2008 年年底，集团下属企业 200 余家，其中饲料企业 100 多家，畜产品加工厂 50 多家，种畜禽养殖场 30 多个，员工 4 万多人，是国内最大的禽肉产品供应商。2008 年，集团销售收入达到 320 多亿元，饲料销量突破 740 万吨，生产禽肉 100 多万吨。2009 年集团销售收入突破 400 亿元，饲料销量达到 1 010 万吨。

2008 年，六和集团与地方政府联合新成立 6 家养殖担保公司，合资企业达到 90 家。集团入选中国企业 500 强第 250 位，六和集团被认定为国家农产品加工技术饲料专业研发中心，鸡肉、鸭肉双获国家农业部无公害农产品认定证书，肉鸭系列产品被认定为全国名牌农产品。六和集团被评为中国肉类食品行业强势企业、山东省农业产业化优秀龙头企业，获得上海市肉类工业协会连续三年行业领军奖、十大优质畅销品牌等。

2009 年，集团被评为 2009 年山东省肉类食品行业 50 强第一名，2009 年青岛百强第四名，2009 山东企业 100 强第 16 名，2009 年全国 50 强饲料企业。在世界肉类组织第五届世界猪肉大会上，山东六和集团有限公司"六和牌"食品荣获"中国肉类产业最具价值品牌"称号，集团技术中心被认定为"国家认定企业技术中心"。同年 9 月，集团与中国饲料工业协会共同主办了中国饲料工业协会第五届大型企业联谊会暨 2009 饲料行业发展高层论坛。

2010 年，集团列中国企业 500 强第 157 位，中国制造业 500 强第 72 位。熟食产品成功入选"世博会专供产品"，被授予"服务世博放心餐饮商"称号。熟食品成功出口日本，被国家科技部、国务院国资委、中华全国总工会联合评选为"国家创新型试点企业"。获得授权专利 97 件，被中国饲料工业协会授予"全国饲料行业参与社会主义新农村建设先进企业"和"全国饲料行业履行社会责任先进企业"称号。

10.3　主要业务

六和集团产业链结构以肉鸡、肉鸭两大产业链为主要构架，目前已经形成从祖代鸡（鸭）、父母代鸡（鸭）、商品鸡（鸭）养殖、饲料生产、冷藏加工、熟食开发为一体的产业链，猪产业链正在积极建设当中。

六和集团借助产业化优势，致力于全程打造安全、健康的食品产业链，构建安全生产质控体系。在整个安全生产质控体系中，六和坚持"以饲料安全为基础，以兽药安全为保证，以制度监督为保障，信息化贯穿始终"的指导方针，大力发展现代化养殖，加快"无药残"绿色生物兽药的研制和兽用中药产品、养殖专用微生态制品的推广，在各冷藏厂推行 ISO9001、HACCP、6S 等国际化的质量和安全标准。

10.4　管理特色[1]

10.4.1　产业化经营模式

山东新希望六和集团构建了两条从祖代鸡（鸭）、父母代鸡（鸭）、商品鸡（鸭）养殖、饲料生产、冷藏加工、熟食开发为一体的大产业链，并加快了生猪产业链的发展。产业化经营模式具有以下优势：

（1）能够调动产业链资源，为农户提供更加系统、全面的整体解决方案，为消费者提供更加安全、放心、优质、价廉的产品。

（2）能够对从源头到终端的每个环节加以控制，保障食品安全。

（3）通过企业的内部协同，能够提高产业链资源利用效率，优化流通、运作流程，达到降低产业链综合成本的效果。

---

[1]　苏东. 六和——少管理就是真管理［J］. 东方企业家，2016（1）。

（4）有利于促进产业链各环节的关注点提升到产业链的战略高度。

（5）有利于企业品牌建设，提升社会影响力，提高产品品牌附加值。

10.4.2　和谐的企业文化

在十几年的发展过程中，六和不断吸取中华传统文化的精华，形成以"善、干、学、和"为核心的和合企业文化。这种和合的企业文化是六和核心竞争力的基石，始终贯穿于六和的经营策略当中。

其中，"和"是六和文化的核心和灵魂，"善"是做人做事之本，"干"是六和事业与发展唯一之路，"学"是智慧之源。重实干、倡学训的企业文化，为六和的持续快速发展培养了大批和善、开放、阳光、正向和勤谨的管理人才。以和为贵、以善为本的文化理念，"情系父老乡亲"的文化思想，沟通、包容、融合的和合文化习惯，为六和的发展凝聚了大批优秀的农户、员工、供应商、合作企业以及社会资源。

基于六和文化，六和形成了三大核心竞争力：

（1）基于共赢的开放与全方位合作；

（2）基于行业利益的价值链建设与服务；

（3）基于报民与企业利益的长久的微利润经营。

10.4.3　高层导向与基层驱动相结合的决策模式

集团总部定位于战略导向和对下服务的职能，企业高层通过对国内外经济形势、行业趋势、企业内部具体情况的分析，提出宏观的、长期的指导规划；基层一线掌握一定的决策权力，能够提高企业对市场的反应能力和服务能力，加快反应的速度。

基层驱动基于对职业经理人充分的信任、尊重和充分的授权，依靠分权制的组织体制，进一步激活企业的组织活力，调动和发挥基层一线的主动性和聪明才智，防止企业规模扩张带来的僵化。集团将管理重心下移，实行片区运作模式，每个片区成为独立承担市场责任和利润责任的经营主体，从而使得集团决策重心进一步下移，组织结构进一步实现扁平化。

走动式管理要求高级经理深入管理及市场终端的第一线，现场发挥主管的教练和示范、文化亲践作用，形成三线服务二线，二线服务一线，全线服务市场与客户的服务模式；走动式管理有利于发现典型和新生事物，以点带动；保证了企业经营的快速决策与执行，降低了内部交易成本，为企业赢得了市场先机与发展机会。

10.4.4　联盟合作的发展模式

随着中国饲料业快速发展，联盟经营、合作性发展已经成为行业发展的趋势。

六和先后与四川新希望集团、陕西石羊集团、山西大象集团、河北兴达集团、安徽华仁集团等国内优秀企业进行了战略联合，在资本资产、技术研发、原料采购、管理模式、企业文化等方面进行了深入广泛的交流与合作，对产业链和价值链进行了整合，达到了资源共享、合作共赢的目的。

为加快国际化进程，六和与美国联合、英国樱桃谷、加拿大海波尔、日本丸红等企业进行了深入合作，将国外先进的饲料配方技术、种畜禽繁育技术、饲养管理技术、组织管理体系等先进科研技术和管理模式引进到国内，促进了企业与国际化接轨。

六和还通过合资合作等方式实现了轻资产运作，为企业快速发展、资金高效利用创造了条件，目前六和下属的合资企业已超过 120 家。

10.4.5　简单高效的管理模式

六和的管理风格简单而高效，其主要特征是：人际关系处理的简单化，要求管理人员为表率，提倡"做事先做人，对事不对人"；做事、决策求真务实，讲求运作效率和结果。组织与流程简单化，强调责任与能力，淡化权利与利益；管理制度简单化，追求文化认同与不断规范自我，倡导团队精诚合作。可以说，简单管理的背后是六和的信誉与承诺文化。

10.4.6　以人为本的思想

集团始终将人才放在第一位，承认人力资本的价值并对人力资本优先投资。通过对企业全体员工进行有针对性、系统性、阶梯式、专业化的培训，为员工提供了个人成长与发展的平台和机会。

集团建立了由中国人民大学、复旦大学、新加坡国立大学等科研院校及相关研究机构的知名学者、专家、教授组成的顾问团，专家顾问到企业的经营检讨会议上针对企业的现实问题进行研究探讨，对经理人员进行企业文化与经营管理技能培训。

公司形成了多级培训体系，包括针对高级经理人的 EMBA 班、针对中层管理骨干的新加坡培训、针对技术工种的专业培训、针对广大员工的企业文化培训、针对优秀用户的技术研讨会等，此外公司还通过会训结合的方式，在集团经营检讨会、部门会议上邀请国内外专家就管理、文化、生态、专业技术等进行培训授课。

六和集团与新加坡、美国、加拿大等国家的知名大学合作举办的 EMBA班，使集团数百个分公司经理职位以上人员都拿到了 MBA 学位，实现了管理团队的专业化与职业化，并迅速与公司自身的经营管理实践相结合，逐步形成了集团独具特色的管理体系与企业文化，使公司从最初的激情创业进入到了理性运作的阶段，职业化的经营管理模式逐步形成、成熟和完善。

10.4.7　检讨与学习的文化

不断自我反省，不断向他人学习，是六和持续发展的动力和途径。

集团总部、片区、事业部和各分子公司每月都要召开"经营检讨会"，即利用先讲不足和少讲成绩、自我检查、共同会诊和分享经验相结合的方式，查找和改进经营管理中的问题和不足，学习兄弟公司的优点和长处；公司十分注重定期对国内外优秀企业的考察、交流和学习，并引进国内外的高技术人才和管理人才，吸收和借鉴业内优秀企业的经营管理经验；公司建立了规范、长期的顾问制度，使企业一线经理人员与国内外一流专家教授定期交流，使管理与技术骨干在第一时间获得行业内最新资讯和管理理念指导。这种检讨与学习相结合的管理模式，使大批从学校毕业的年轻人迅速成长为富有活力和实践经验的精英，为集团的快速发展提供了源源不断的人才支持。

10.5　经营创新 [1]

10.5.1　饲料产业的经营创新

微利经营、服务营销和近距离密集开发，是集团公司实施已久的三项基本经营策略。这三项经营策略，也是基于为用户创造价值、带来利益的目的而形成的。

首先，发掘一切潜力，整合一切优势，进一步降低饲料产品的成本，把微利经营真正建立在低成本的优势基础上。具体包括以下三方面：一是发挥集团公司规模采购优势，采购质优价廉的原料。进口原料，均由集团公司统一采购，国内部分大宗原料，也由集团公司或者片区统一采购，大大提高了谈判能力并降低了采购成本。二是提高营养配方技术水平，降低营养配方成本。集团公司营养配方技术人员在执行用户质价标准和确保各项营养指标的基础上，对一些替代原料不断进行试验、开发和使用，有效地降低了配方成本。三是严格控制和降低管理、制造、生产、销售四项费用，2004 年集团公司饲料吨平均四项费用降至 100 元以下，最低的企业已降到 70 元以下。公司形成的低成本优势，有力地保障了微利经营的顺利实施，也给养殖户带来了可观的经济效益。

其次，在服务营销方面，重点抓了服务营销队伍的"三化"（专业化、本土化、中龄化）建设工作。提出服务营销概念的目的是帮助广大养殖户降低养殖成本、提高养殖技术和养殖效益。这要求服务营销人员必须具备丰富的

---

[1]　孙健敏. 六和集团的管理学 [M]. 北京：中国人民大学出版社，2009.

专业知识、技能和畜禽养殖、疫病防治方面的经验。为此，集团公司广泛招贤纳士，逐步对达不到"三化"要求的服务营销人员进行置换。整个服务营销队伍中，专业化人员比例不断攀升，为有效地服务于养殖业创造了条件。

其三，近距离密集开发，以提高近距离市场销量比例为工作重点，也取得较好成效。目前，集团公司在省内饲料公司已发展到 40 多个。随着饲料公司布点越来越密，每个饲料公司的近距离密集开发区就变得越来越小。近年来，集团公司以各饲料厂为轴心，对其近距离密集开发区进行了重新划定，并要求各公司提高近距离密集开发区销量比例和优化销售渠道，以此帮助近距离养殖用户节省运输费用，并确保他们在六和微利经营中真正获益。

此时，在近距离密集开发区，各饲料公司简化了销售环节，优化了销售渠道，一是对规模化养殖大户尽可能地做到直销，节省下来的中间费用全部让利用户；二是对必须保留经销商的，仅保留一级，并引导他们也实行微利经营，靠量取利，或者把优秀的经销商转变为公司的服务营销人员，从而进一步降低销售环节的费用，保证近距离密集开发区内的养殖用户真正享用到公司的微利产品。

微利经营、服务营销和近距离密集性开发的持续推进，为广大养殖户带来了巨大的经济效益，养殖饲料成本大大降低，养殖技术水平和养殖收益明显提高。同时，也逼使企业自身在经营、管理等方面实现了脱胎换骨的磨难与革新，并扩大了市场占有率。

目前，"微利经营、服务营销和近距离市场密集性开发"三大经营策略正在向精深细密方向发展，并已成功地探索出价值采购、客户营销、数字营销、立体经营、价值链整合、有价值用户贡献率、用户价值最大化等一系列具体做法。

10.5.2 肉食加工及养殖产业的经营创新

与合同鸡养殖户建立适合市场经济要求的合同合作制度。1997 年，涉足加工产业后，六和集团认真分析研究了过去"一条龙"企业运作成败得失，在与合同鸡养殖户的合作中，避免相互余欠，以规避可能的风险，同时增加互相制约的措施以保障双方的诚信，从而使得"一条龙"运作得以顺利开展。

追求并形成规模优势。第一个"一条龙"运作成功后，截至 2007 年年底，六和集团又在山东、河南、江苏、安徽、辽宁等地新建 40 个冷藏加工厂，日宰杀鸡（鸭）160 万只，并实行分散加工、集中销售和统一配货。巨大的规模优势和供货能力，正在市场充分显现。

发现国内市场并由出口转向国内市场。面对国际市场的绿色壁垒，六和集团在同行企业中是最早自觉转向国内市场的企业。由于转向早，加上迅速形成规模优势，六和集团很快在国内冷冻品市场站稳了脚跟。

10.5.3 养殖产业的经营创新

率先呼吁并推行到商品鸡的标准化养殖，促进商品鸡养殖业的升级转型。发展标准化商品鸡场，从养殖源头保障鸡肉品质，最终向社会提供健康、安全甚至是绿色食品。2001 年以来，集团公司已投建 17 个存栏 10 万只的标准化商品鸡场，成为带动标准化养殖的试验场和示范场。

2006 年，为进一步推动标准化养殖发展，六和在集团内部推广"平度标准化养殖"模式。其主要做法是：六和提供全套技术服务，帮助养殖户建设标准化鸡舍，饲养管理全套自动化。每个鸡舍农户在基建等方面投资约 20 多万元，六和投入部分设备资金，养殖户分期还清。该模式解决了农户采用标准化养殖模式但资金不足的问题，普及了标准化鸡舍和科学饲养模式，为畜禽的标准化、规范化生产提供了依据，为安全生产，放心消费打下基础。2006 年，集团投入 600 万元用于推广"平度标准化养殖"模式，新建、改造标准化棚舍 652 栋，带动新上鸡鸭 673 只。2007 年，集团又投入 2 000 万元，扶持新建标准化养殖示范场 291 座，新增存栏 453 万只，使标准化养殖模式在省内各地得到快速推广。随着各地六和畜牧养殖担保公司的组建，担保公司模式已逐步取代"平度标准化养殖"模式，成为六和推动标准化养殖的主要形式。

10.5.4 种畜禽产业的经营创新

六和专注于农牧业，认识到六和当前主业饲料只是其中的一个环节，畜牧业的发展在于养殖，养殖中的重点在良种！所以六和自主研究培育成功具有优良性能的"六和白"种猪，并先后自建或合资成立种鸡场、种鸭场、种猪场，引进了具有先进生产性能的樱桃谷种鸭和海波尔种猪，使六和可以全方位为畜牧业服务、为养殖户提供所需的产品和服务。

六和把形成持续成长的能力作为种畜禽产业的工作重点，在企业内部建立了对标管理体系，形成完善的生产指标汇报交流机制，在集团内形成了不断改进、不断创新的赶超氛围。集团先后设立了种鸡的入舍母鸡种蛋数、产蛋率、合格率、死淘率、受精蛋健出率等标杆，以及种鸭入舍母鸭种蛋数、入舍母鸭健雌数、产蛋率、合格率、死淘率、受精率、鸭苗的生产成本、受精蛋健出率等标杆，各场定期交流、总结生产数据和经验，探索改进措施，推广优秀做法。集团先后在种鸭节水饲养技术、种鸡人工授精技术上进行了有效探索，并在集团内部广泛推广。

为推动种畜禽产业的现代化、规范化，集团在种畜禽场构建了完善的卫生防疫和科学的养殖管理体制。各场购置、构建了现代化的消毒设备、设施，制订了严格的消毒程序和免疫计划，为畜禽安全提供了有效保障。

10.5.5　一体化经营创新

一体化经营模式即饲料厂、冷藏厂、种畜禽场通过优势互补、协同作战，在冷藏厂30～50千米以内培植毛鸡鸭基地。由饲料厂负责原料基地合同鸡鸭发放，冷藏厂保证合同政策贴紧市场、用户，种畜禽场保证提供种畜禽的质量，饲料厂、冷藏厂、种畜禽场密切配合，互为资源，互为客户，形成了为养殖户协同服务的能力。

一体化经营模式经过鲁中、鲁南的试点，已经在集团内部全面推广，在山东省内已经形成了数个产业集群，并在东北、河南、安徽、陕西、山西等地形成了产业聚落锥形。一体化经营使六和对养殖户的服务能力进一步提升，由依靠业务员的个人能力对养殖户进行服务，到以六和整个产业链体系为养殖户提供整体养殖解决方案的保姆式服务，六和产业内部协调整合能力进一步提升，产业化优势得到进一步发挥。

10.5.6　担保公司模式创新

2007 年 5 月，集团提出建立由政府、龙头企业、金融机构、担保公司、保险公司、业内同行、合作社和养殖户组成的八位一体的体系，推动标准化养殖发展。2007 年 7 月，六和集团、无棣县政府共同出资成立了无棣和兴牧担保公司。同年 9 月，由六和集团、平度市国资委共同出资，在平度成立了青岛平和担保有限公司。

担保公司可担保其注册资金 5 倍的贷款，为养殖户发展标准化养殖提供抵押、担保贷款等服务。运作中，担保公司与六和饲料厂、冷藏厂、兽药厂、种畜禽场紧密配合，为养殖户提供"一站式"服务，不但规避了经销商环节，增加了养殖户收入，而且提高了整个产业链的协同能力，为畜牧产业向工业化发展奠定了基础。

在成立后的短短半年时间里，无棣和兴牧担保公司已发放担保扶持资金 2 000 多万元，带动标准化养殖场 160 余栋，存栏 290 万只，总投资额 6 000 多万元。

10.5.7　强强联合，聚合发展

合作发展，联盟经营的发展战略是六和持续成长的强大动力。集团先后与新希望、石羊、大象、中粮、经纬、隆达、银宝等多家国内外优秀企业通过合作共赢，优势互补，使企业走上了快速发展的道路。继 2005 年六和集团与新希望进行战略联合之后，2006 年、2007 年又先后与陕西石羊、山西大象实现强强联合，加快了对农业产业链和价值链的整合，推动中国饲料行业的发展壮大。多年来，六和与英国樱桃谷、加拿大海波尔、美国联合、日本丸红、三井等国际优秀企业进行了深层次、多方面的合作，在发展模式、品牌建设和技术研发等方面实现资源共享，优势互补，促进了六和与国际产业接轨，为中国农牧业的发展探索出一条新路。

10.6　质量控制

作为集饲料生产、良种繁育、禽产品加工、国内外贸易为一体的产业链企业，六和集团始终坚持"质量是六和人的品格和自尊"的质量观，坚持"保证畜禽动物及其产品的质量安全就是保护我们自己的健康安全"的指导方针。以 HACCP 理论为基础，以线路专业化管理为主线，以品管高度集权化管理为依托，对产品质量实施品管"一票否决制"，从硬件设施保障、原辅料控制、配方审核、全制程管理、关键点监控、尖端仪器检测等多方面下功夫，确保终产品的优质安全健康。

10.6.1　饲料即是食品

饲料处于产业链的最上游，饲料产业坚持用"饲料即是食品"的理念组织生产。先后通过了 ISO 9001 质量管理、ISO 22000 食品安全管理等各种认证，带头在中国饲料工业协会的《饲料质量安全承诺书》上签字，依据国际国内有关规定，制定了《六和集团质量安全管理手册》，成立了质量安全领导推进小组，负责质量安全管理体系的建立、完善及推动。

1. 控制源头

原料的质量决定着饲料产品的质量，饲料原料可能有的违禁物质，不仅可能给广大消费者造成伤害，还可能给生产企业带来毁灭性打击。为此，六和投入巨资，建设质量安全检测中心，购置了大量国际先进的仪器设备，如氨基酸分析仪、高效液相色谱等，并在检测方面汇聚行业内的优秀人才，积极探索原来质量安全问题的控制方法。检测中心还承担了多项国家标准的制定、修订及审定工作，与科研单位、企业等积极地开展技术交流，原料控制的技术手段达到行业领先水平，得到了业内认可和好评。

集团从上到下进一步完善了三级检测体系，在原有的分公司化验室基础上，增加了片区化验室，并对集团质量安全检测中心补充配备了大量实验室设备，构建了协调统一、分工明确、运行高效的集团质量安全检测中心、片区中心化验室、分公司化验室等三级检测体系，满足了饲料生产、流通、使用全过程监管的需要。

对于原料验收的标准，六和制定了高于国标、行标的内部企业标准，突出了对原料安全、卫生的控制指标，并定期对原料标准实施升级换版。同时，坚决打击那些假冒伪劣及其掺杂施假的原料供应商，一旦发现原料掺假，此供应商将永远被驱逐出六和集团合格供应商名录。

对于常规卫生指标，开展了大量有害物质检测，每月普查一次，大量翔实可靠的检测数据，使技术人员可以对原料的安全性、价值进行科学评估，从而建立起可靠的原料渠道和原料基地。可以说，饲料质量安全性控制前移至供应商管理与选择，使我们拥有了诚信的原料合作伙伴，从而使饲料的质量安全得到充分的保证。

2. 科学配方

六和集团在配方系统中使用理想氨基酸模型和净能体系，在原料选择上把安全指标放在第一位，营养指标放在第二位。不但杜绝对畜禽机体健康可能带来伤害的物质，而且杜绝任何可能在畜禽产品中蓄积、进而对消费者健康造成潜在影响的物质。在药物添加剂的使用上，严格遵守国家法律法规，积极使用酶制剂、微生态等各种新型绿色添加剂以替代药物的使用。

3. 规范制程

集团所有分公司和子公司的质量安全管理，都会定期接受集团 HACCP考核小组的内部审核，实施认证的分、子公司每年接受国家相关部门的外部审核。做到了内审经常化，外审机构定期例检，主要包括以下几点：

（1）实施全方位危害分析和控制措施。生物性危害、化学性危害、物理性危害均得到有效控制。

（2）设立小料、配料、混合、冷却等关键点，实施关键点监控。

（3）原料可追溯性控制，实施供方评价、选择合理原料供方，建立前提控制方案，并在生产过程中建立原料可追溯系统。

（4）过程控制，对于整个加工过程：从小料、称量、配料、复核、制粒、冷却、打包、检验等每一生产工序，均建立了岗位控制要求，每一步骤做好详细的生产记录。每天取样检测、每批次取样留存，建立产品可追溯体系，对混合、配料等关键工序，定其检测混合均匀度和药物残留。

（5）坚持洗仓制度，严防药物的交叉污染。

（6）严格包装确认程序，每批次产品包装前，由品控人员确认标识内容，确保产品包装正确、清楚、严密、牢固。

（7）严格成品保护，产品从入库、保存、转运、发货过程，受到严格的保护，避免污染和损害。

4. 完善监督考核体系

（1）分工明确的管理体系。对于饲料安全，分工明确，责任到人，各片区总经理是饲料安全的第一责任人，集团与片区总经理签订饲料安全责任书，各片区总经理与分公司总经理签订饲料安全责任书，做到了"层层有人管，事事有人问"。

（2）完善的标准体系。饲料质量标准涵盖了饲料原料、饲料成品、饲料添加剂产品质量的规格和有毒、有害物质的残留限量标准。饲料检测标准涵盖了所有明确的营养成分、限量物质等。

（3）饲料安全评估体系形成。结合集团饲料板块的发展区域布局，建立了相关饲料安全评估中心，建立饲料安全评估实验室、动物饲养实验室、配套相应的仪器设备等，开展饲料原料、饲料成品的质量安全评价，开展农兽药残留、有毒有害物质污染、饲料添加剂、饲料加工工艺等对饲料安全危害程度的风险评估。

（4）三级饲料安全检测检验体系。

10.6.2　六和美食，健康大使

六和肉食加工，从活禽原料控制、生产工艺改进、实施科学配方、设立关键控制点、完善可追溯系统等各方面，建立全过程控制体系。严格遵守国家颁布的《食品安全法》及相关食品法规的要求组织生产，并先后在全集团企业内实施了 ISO 9001 质量管理、ISO 22000 食品安全管理、ISO 14001 环境管理、OHSAS 18001 职业健康安全管理等先进管理体系。致力于为消费者提供优质、安全、健康的肉食产品。

依托集团的产业链优势，将肉食食品的质量安全保障体系前伸、后延，形成从原料生产、种雏提供、技术服务、屠宰加工、熟食加工，到消费终端产品的全过程控制体系。一直倾心打造可追溯性体系的建设，并力求尽快实现与消费者的互动，实现"来源透明、吃得安心"的目标。

10.6.3　保证畜禽动物安全，就是保护人类安全

为保证人类食品的源头安全，六和集团在保障饲料和肉食质量安全的同时，倾力发展种畜禽产业，以期建立全过程健康安全的畜牧产品产业链。目前已经构建了种鸡、种鸭、种猪三大畜禽动物种源产业链，为实现肉食品的安全、保障整个畜牧业产业健康发展，打下了坚实基础。另外还建立了一批标准商品鸡养殖示范场，积极推动商品禽的标准化养殖，为净化养殖环境、提高养殖效益、促进禽肉产品安全积极探讨新路子和新模式。

10.6.4　立足高端、规范饲养

在畜禽良种繁育方面，从世界先进国家引进优种源，培育纯正良种，在畜禽养殖板块建立 GAP 良好农业规范管理体系，实施严格的生物安全防预体系，把保护畜禽动物安全视为自己的健康安全。并在培训优良种源的基础上，建立保姆式技术服务体系，指导广大农民养殖户实施规范化养殖，提高养殖效益。

10.7　企业文化[1]

经过多年的实践和群体智慧的结晶，六和形成了富有特质的企业文化，其中的核心价值观是：新，和，实，谦。

"新，和，实，谦"四个字，是指导六和组织行为的一系列基本准则和信条，起着行为取向、评价原则、评价标准的作用。

六和的核心价值观释义：新是创新，和是聚和，实是务实，谦是自谦。

（1）新。创新。拥抱变化，新创未来。

——保持危机感，拥抱各种变化。

——抢抓机遇，勇于变革，追求创新。

——保持归零心态，不断追求卓越。

——学习创新思维，培养创新能力。

（2）和。聚和。开放包容，协作共赢。

——尊重多元文化，聚合成长力量。

——重视智慧，注重协作沟通。

——淡化权利，强化能力，共担共享。

——尊重、信任、规范、协作。

（3）实。务实。务实勤俭，勇担责任。

——讲实话，办实事，讲实效。

——点滴做起，追求完善。

——敬业实干，敢于担当，不找借口。

——业绩导向，成果思维。

（4）谦。自谦。自律自谦，感恩他人。

——谦虚内省，懂得敬畏和自律。

——持续学习，不断地提升自我。

---

[1]　资料来源：http://www.newhopeliuhe.com.

——诚信服务，致力于成就客户。

——修炼心性，懂得感恩和欣赏。

六和，是指创造一个和谐和顺的广阔空间，以高度的合作统一，通过内和外顺来壮大发展自己。和，是六和文化的主旋律；和，是企业处理内部事务与关系的经营哲学；和，是六和处理内部工作与人际关系的处世哲学。和，是六和文化的基本价值链。六和独特的文化理念为六和打造了强有力的竞争力，一直指引着六和为了自己的目标前进。具体而言，六和的文化战略与理论包括以下十二个方面：

10.7.1　发展与目标定位

六和坚信没有永远不变的市场，没有永远成功的市场，六和还远未成功，不以成功者自居，不要有成功的心态。养殖业是整个行业的基础性产业，必须给予高度重视并大力发展，逐步把饲料产业由利润中心转变为养殖场的饲料加工车间。借鉴、学习优秀熟食加工厂家、熟食店的优秀做法，近距离培育开发鸡肉冰鲜产品和熟食产品市场，使员工价值创造和薪金待遇与国际接轨。

10.7.2　经营方针与原则

六和的经营方针和原则是：以市场为中心，视价值为生命。微利经营，服务营销，近距离市场密集开发。

六和提出并坚持以市场为中心，在于反对以销售和经营利润为中心，从而避免自私自利的经营行为。提出并坚持视价值为生命，在于反对视质量为生命的片面认识和做法，因为片面追求质量必然导致忽视和淡漠成本的降低。与资金、技术相比，市场才是企业生存与发展的坚实基础；与质量、价格相比，价值才是竞争力的关键所在。

企业的价值创造，最终体现为产品质量与生产成本之间的差。其中，售价与质量之间的差，是用户、行业的价值所在，体现的是企业的社会贡献能力；售价与生产成本之间的差，是企业贡献社会的合理回报，体现的是企业的盈利能力。

为他人创造价值、带来利益的核心价值观，使六和在产品定价上坚持微利原则，并努力细化、深化服务和坚持近距离市场密集开发。因为只有这样，才能为用户、为行业创造更大的价值，带来更大的利益。

10.7.3　企业宗旨

"养育人，创财富，促进社会文明进步"是六和的宗旨。

肉、蛋、奶人均占有量的多少，标志着物质文明程度的高低。六和把生产和提供更多更好的肉、蛋、奶，作为生产和经营的努力方向。

生产企业的财富创造，来自于产品成本与质量之差。六和把追求原料、制造（加工）成本最低和最终产品的质优价廉作为奋斗的目标。

1. 企业精神

点滴做起，追求完善。扎扎实实做事，从一点一滴做起，并养成习惯。做事细致、准确，追求完美无缺。

2. 企业愿景

为优秀仁才提供舞台，植根用户，融入行业，共同发展。

仁者爱人。仁才是心中有他人，爱他人并有能力给他人创造价值，带来利益的人。六和为每一位优秀仁才创造专长发挥、自由创造的空间。六和立足并完全融入畜牧行业，牢牢扎根终端市场，坚持与用户、与员工、与同行、与整个行业共同发展。

3. 六和注重人才和财物两种资源的开发利用

人才和财物资源无国界，开发利用的空间大，而且资源丰富。人才和财物资源的开发利用，对于企业的发展具有决定性作用。其中，人才资源的开发利用更为重要，约占 70%～80%，财物资源的开发利用约占 20%～30%。

4. 六和遵从三感、三心、三原则

"三感"即感谢、感激、感恩。要感谢下属与一切合作伙伴，对一切关心和支持过六和的各级领导、各界朋友要心存感激；对父母、师长、上司以及一切养育过我们的天地万物都要感念其恩德。

"三心"即爱心、真心、诚心。对待下属，如同对待家人一样满怀爱心；对一切合作伙伴、各级领导、各界朋友要真心相待；对施恩于我们的父母、师长以及天地万物要赤诚如处子。

"三原则"即事业运作以人才运作为中心；事业发展以合作为主要形式；产业定位以养殖为主业，从养殖源头打造成一条强势产业价值链。

5. 六和坚持信心、信用、信服、信靠

"信"是一种比人才、资本更重要也是当前最为稀缺的资源，只有首先进行积极有效地培育和开发，才能取而用之，把事业做大做强。人以信立，事以信成，以信行天下，无往而不胜。六和不需要空名虚誉，而是凭借能力的提升和为合作伙伴、为社会创造更大价值，带来更多利益，来赢取他人和社会的信服。对于一项事业来说，每个人的力量都是单薄、弱小的，每个人的知识与能力都是专业和片面的，只有大家——各级各类的人才集合起来，才能成为全知全能者。要信靠大家，形成专长互补、协同作战的团队。

6. 成功要素：奋斗、真诚、机遇、天赋

天赋和机遇是不可以强求的，但是经过后天的努力，先天因素也是可以改变的。对于那些有准备且勤于行的人，机遇也往往格外垂青与惠顾。成功，更有赖于心态的积极、正向，真诚地对已对人，以及持续不断地奋斗。

7. 经营管理采取亲情化、本土化、专业化、合作化、股份化

享受家庭亲友间的亲情，是每一个员工不可剥夺的权利，所以六和推行亲情化、本土化的管理模式。队伍管理坚定不移地走专业化分工、专业化做事和专业化发展的道路。以合作求发展，并坚持与比自己能力更强、做事更优秀的人和企业合作，在合作方式上坚持以股份合作为主，淡化"你就是你，我就是我"的小我界限，提升"企业你中有我，我中有你，你即是我，我即是你"的大我境界，以此谋求事业更快、更大地发展。

8. 六和：和自己、和同事、和用户、和供应商、和同行、和政府

"和自己"即善待自己。知道什么对自己真正有价值，知道自己真正需要什么，然后确立并去实现自己的志向和追求。

"和同事"即善待同事。世界上没有一件值得一做的事情是一个人可以完成的，个人薪酬也不是一个人可以赚取来的，要尊重、关爱和感谢同事。

"和用户"即善待用户。用户是企业生产和发展的基础，是企业主体构成的重要部分。要把用户作为一家人对待，并努力为他们创造价值，带来利益。

"和供应商"即善待供应商。必须清醒地认识到，在微利经营的原则下，供应商才是企业经营利润的来源，要善待供应商，并努力帮助他们降低生产和销售成本，提高企业管理水平和产品质量。

"和同行"即善待同行。六和把任何同行企业当成实现行业发展和经济繁荣这一大目标的合作伙伴。"尺有所短，寸有所长"，同行都是虚心学习的榜样。

"和政府"即处理好与政府的关系。相信政府并努力寻求政府的支持、协助，共同推进地方畜牧经济的发展。各分、子公司重点处理好与村、镇、县一级政府的关系，片区一级重点处理好县、市一级政府的关系，总部重点处理好市、省级政府和国家有关部委的关系。

以"和员工"为例，鲁中片区王重华于1997年担任一个基层公司的会计组长职务时，他的工资与一般的山东企业会计都差不多，为1 000多元。在事

先没有任何征兆的情况下，忽然集团里就下发了一个通知，他的工资就忽然上涨近两倍到 3 000 多元，几乎所有员工都按照同样的比例上涨，这使得当时的六和员工与山东省内同行的收入一下子拉开了档次。一个明显的结果是，许多行业内的优秀人才纷纷加盟六和。此外，工资的上涨，也堤升了员工的忠诚度。

在"和员工"方面，六和对员工培训一直非常重视。六和每年用在培训上的花费就高达 1 000 万元左右。六和自身也有培训基地，经常邀请国内的一些最著名的经营和管理学者来为企业的员工做培训。

总的看来，六和的文化就像其名称所显示的，是非常重视一个"和"字的，这个"和"字有和谐、和睦、温和、友好、宽容、善良等多重的含义，体现了六和对内对外的方方面面。

9. 永恒的奋斗主题

"学习学习再学习，开放开放再开放，发展发展再发展。"六和提倡学习工作化，工作学习化。只有开发才能创造发展机遇，只有开放才能实现与同行企业融合发展。

10.8　发展目标

六和集团的发展目标是建设安全优质高效的饲料生产体系，综合开发、利用各类饲料资源，加快优质饲料原料基地建设，积极推进安全优质高效饲料产品生产，实现饲料总量供求基本平衡；健全完善饲料质量监管体系，抓紧建立、健全饲料质量监测体系和饲料安全监管体系，加大监测设备投入，尽快把饲料安全监管工作提高到一个新水平。

目前，六和在种畜禽产业、冷藏加工产业已基本上形成了可追溯体系。为打通产业链、推动养殖产业现代化，六和集团积极响应中央号召，大力发展现代化、规模化、标准化养殖，推动农民工人化、农场工厂化、农业工业化，以信息化为主线，构建一个安全、健康、可追溯的现代化农牧业产业链。

10.9　技术中心

　　六和自创立以来，一直努力建设、完善自己的企业技术中心，于 2009 年 10 月通过"国家认定企业技术中心"评审。企业技术中心下设饲料技术中心、肉食技术中心、养殖技术中心。研发实力和实验基地装备水平居国内同行业前茅。多年来，为集团的技术研发、人才培养、技术创新工作全面发展起到了有力保障。

　　技术中心以现代生物技术为核心，以绿色、安全为方向，以提高产业链经济和生态效益为目标，不断贴近市场、贴近顾客、贴近农牧业前沿，实施新技术、新工艺、新装备的研究开发和技术创新，先后承担了国家"十一五"支撑计划"猪禽配合饲料工业化生产配套技术研究与产业化示范"等 200 多项国家和省市级重点项目，获得国家省市级技术奖励 30 多项。技术中心还与多家高校、科研机构共建研发机构，采用产学研联合开发的模式，借助科研院校完善的软硬件条件，致力于国内外先进饲料、养殖业以及肉食品加工等产业的研究和开发，不仅为企业发展提供了有力的技术支撑，也为集团培养高端技术带头人提供了良好平台。

　　主要成果：

　　（1）饲料液体后喷涂技术。后喷涂技术突破了热敏性原料和液体原料在颗粒饲料中添加的瓶颈，有力推动了酶制剂在饲料中的推广应用。仅此一项技术，每吨饲料可节约成本 10～20 元。此外，提高了动物对饲料中氮、磷等元素的利用率，减少了动物氮磷的排泄量，降低了养殖业对环境的污染程度，缓解了对资源耗费型磷矿原料的依赖。

　　（2）发展节粮型畜牧业。六和对各种杂粮进行了开发和研究，在杂粮的去毒工艺方面达到了世界先进水平。对玉米酒精糟及可溶物、豆类蛋白粉、棉籽蛋白等的开发利用，使常规蛋白原料的使用量下降，大大降低了生产成本。为行业降低饲料成本、提高农副产品利用率、建设节粮型畜牧业做出了表率。

10.10 人才和营销战略[1]

10.10.1 人才战略

1. 人才第一战略

六和坚持人才第一的战略，广泛吸纳优秀人才。从人才开发、激励、全员参与等方面建立人力资源管理运营机制，建立"信任、团队、参与、简单、双赢、成长"的核心人才理念。通过积极引进、放手使用、机制激励、文化吸引、培训提升等措施，聚集形成了一个高素质、高层次、高能力的人才群体。

六和为了保持良好的人才梯队建设，每年吸纳大批优秀的专业化人才和应届毕业生，为企业的持续发展增添强大的动力。目前拥有博士 30 人，硕士、MBA 工商管理硕士 160 人，人数居同行业前列。在畜牧兽医、动物营养专业毕业生达到 70%，尤其是市场服务营销队伍中，专业化程度达到 90%，比例居同行业之首。

2. 建立三级培训体系

六和对员工的培训非常重视，建立了三级培训体系，每年用在培训上的费用就高达 1 000 万元。一是企业自身建立培训中心，经常邀请国内的一些最著名的经营和管理学者来为企业的员工做培训。华夏基石咨询集团董事长彭剑锋等都是六和培训的常客，而陈春花之所以能够来六和担任总裁，也是通过给六和做培训而走进六和领导人的视野的。二是在新加坡开设培训基地，对公司骨干进行现代企业管理等多项课程培训。三是与美国知名大学合作开

---

[1] 彭剑锋. 山东六和集团人力资源优先开发战略 [M]. 上海：复旦大学出版社，2014.

设 EMBA 培训班，企业内外有近 300 名学员获得相关证书。

以人才为中心的企业发展战略，成为六和持续增长的第一动力。六和为优秀人才提供广阔的舞台和空间，有利于专业化发展，吸引了很多行业内的骨干加盟，并且提高了员工的忠诚度。大规模的企业基本技能、文化理念培训和 EMBA 工商管理培训进一步增强了企业发展后劲。

3. 专业化团队建设

六和在构建专业化团队上坚持四大基础。第一，以人性脆弱为基础的信任。要建设一个具有凝聚力并且高效的团队，第一个且最为重要的一个步骤，就是建立信任。这不是任何种类的信任，而是坚实地以人性脆弱为基础的信任。这意味着一个有凝聚力的、高效的团队成员必须学会自如地、迅速地、心平气和地承认自己的错误、弱点、失败、求助。他们还要乐于认可别人的长处，即使这些长处超过了自己。以人性脆弱为基础的信任在实际行为中到底是什么样的？像团队成员之间彼此说出"我办砸了""我错了""我需要帮助""我很抱歉""你在这方面比我强"这样的话，就是明显的特征。以人性脆弱为基础的信任是不可或缺的。离开它，一个团队不能、或许也不应该，产生直率的建设性冲突。第二，良性的冲突。团队合作一个最大的阻碍，就是对于冲突的畏惧，这来自于两种不同的担忧：一方面，很多管理者采取各种措施避免团队中的冲突，因为他们担心丧失对团队的控制，以及有些人的自尊会在冲突过程中受到伤害；另一方面，一些人则是把冲突当作浪费时间，他们更愿意缩短会议和讨论时间，果断做出自己看来早晚会被采纳的决定，留出更多时间来实施决策，以及其他他们认为是"真正的"工作。无论是上述哪一种情况，他们都在通过避免破坏性的意见分歧来巩固自己的团队。这很可笑，因为他们的做法其实是砍杀建设性的冲突，将需要解决的重大问题掩盖起来。久而久之，这些未解决的问题会变得更加棘手，而管理者也会因为这些不断重复发生的问题而越来越恼火。团队需要做的，是学会识别虚假的和谐，引导和鼓励适当的、建设性的冲突。这是一个杂乱的、费时的过程，但这是不能避免的。否则，一个团队建立真正的承诺就是不可能完成的任务。

第三，坚定不移地行动。要成为一个具有凝聚力的团队，领导必须学会在没有完善的信息、没有统一的意见时做出决策。而正因为完善的信息和绝对的一致非常罕见，决策能力就成为一个团队最为关键的因素之一。但如果一个团队没有鼓励建设性的和没有戒备的冲突，就不可能学会决策。这是因为只有当团队成员彼此之间热烈地、不设防地争论，直率地说出自己的想法时，领导才可能有信心做出充分集中集体智慧的决策。不能就不同意见而争论、交换未经过滤的坦率意见的团队，往往会发现自己总是在一遍遍地面对同样的问题。实际上，在外人看来机制不良、总是争论不休的团队，往往是能够做出和坚守艰难决策的团队。需要再次强调的是，如果没有信任，行动和冲突都不可能存在。如果团队成员总是想要在同伴面前保护自己，他们就不可能彼此争论。这又会造成其他问题，如不愿意对彼此负责。第四，无怨无悔才有彼此负责。卓越的团队不需要领导提醒，团队成员便能竭尽全力工作，因为他们很清楚需要做什么，他们会彼此提醒注意那些无助于成功的行为和活动。承担责任看似简单，但实施起来则很困难，教会领导如何就损害团队的行为批评自己的伙伴是一件不容易的事情。但是，如果有清晰的团队目标，有损这些目标的行为就能够轻易地被纠正。

六和在团队建设方面的理念是：沟通、授权、平等、信任、合作、双赢、和谐。六和认为，没有沟通，就没有有效的团队合作，这就要求员工加强沟通从每一个人做起。企业领导者仅授权有能力而且能够承担责任的人来经营，因为所授权的每一个职位，都必须有相应的能力来支撑，都必须承担相应的责任，六和反对一切把职位当成权力来行使的倾向和做法。上至董事长下至车间一线员工，大家人权平等、人格平等。六和认为如果没有平等，就没有建设性的沟通，也就没有人本应该有的尊严，更不会有人与人之间的相互尊重、信任与合作。双赢、和谐既是团队建设的目标，也是检测团队建设状况的标准。

4. 敢于把六和作为职业经理人和学者们的试验田

六和原大股东由于健康原因常年旅居新加坡，六和便成为职业经理人和学者们的试验田。华南理工大学陈春花教授，由于嗓子得了病，不能高声讲话，需要暂时离开讲台修养。于是，从 2003 年 2 月开始，陈教授到南京大学商学院进行博士后研究，对本科生的教学工作暂停。这时才能腾出时间当总裁。陈教授不但没有像其他许多的"空降兵"一样惨遭失败，相反，她与六和都获得了成功。在她担任总裁的两年里，不仅对六和的管理模式产生了重大影响，而且实现了六和销售额的跨越式发展。她去六和之前的 2002 年，销售额为 28 亿元，饲料销量 116 万吨；2003 年销售额 42 亿元，销量 145 万吨；2004 年销售额 74 亿元，销量超过 200 万吨。这也为六和以后的发展做好了铺垫。

10.10.2　营销战略

微利经营、服务营销和近距离密集开发，是集团公司实施已久的三项基本经营策略。六和在饲料这一主打产品的营销上，基本上遵照了这一战略。

第一是低价策略。成立于 1995 年的六和集团，成立伊始就面对激烈的竞争，当时国内饲料产业的大鳄，如正大、希望等早已布局完毕。六和集团之所以能够杀出重围，很大一部分原因是其采取的"低价策略"。六和在饲料界被称作"价格屠杀"，它以在区域市场采取贴近终端、服务营销、微利经营的策略，快速在山东做大。由于成本优势，六和产品价格之低廉是相当知名的，六和的低廉产品甚至改变了许多养殖农户的饲养习惯。以前，许多农户喜欢购买半成品的预混料，然后再添加一些原料混合喂养牲畜禽类，以降低成本。但如今绝大多数养殖农户，尤其是鸡饲料用户都使用全饲料，因为使用六和的饲料，价格绝不比自己调配的贵，而且更加方便。但是六和价格低廉的原因，是有故事的。1997 年，各种流行的禽病疫情接二连三在山东省内爆发，大大打击了山东省的养殖业发展。当时的六和董事长张唐之在 10 月份的六和总经理经营检讨会上表示："我们的农民兄弟在流血流泪，我们怎么还能忍心拿那么高的利润?!"然后他便命令六和产品全线大降价，要求以接近"零利润"的运行状态"微利经营"，每吨产品降价百元甚至是数百元。降价后，六和的经营效益确实大幅下滑。但这种结果却逼迫六和员工千方百计降低生产成本，比如压缩人员，将各种岗位减到最少。据称，在未降价之前，六和生产饲料的四项费用（生产费用、管理费用、财务费用、销售费用）分摊到每吨饲料上要达到 180 元，而经过了一系列降低成本的举措，每吨饲料的四项费用只有 70 元左右。再加上降价之后六和的产品销量大增，生产规模急剧扩大，使采购成本降低，资金的流转循环速度加快（据说六和许多饲料厂每月的资金周转可循环三次，而业内的较高水平也不过两次），这一切反而促使六和效益大幅增加。到 1998 年年底，六和盘点此次降价行动，集团非但没有什么损失，反而整体效益利润都大幅增加。最重要的是，由此六和声名鹊起，市场占有率大幅增加，从而真正成为饲料行业中的一支劲旅！对 1997 年底六和领头的"大降价"行动，直到现在许多同行业人士都记忆犹新，但他们无一例外地对此举给予了大力抨击，斥责其为恶性竞争的典型，扰乱了市场的正常秩序，是饲料市场的"价格屠夫"。而从那之后，六和的产品价格就一直保持在同类型产品价格最低的位置。

第二是开展服务营销，重点抓了服务营销队伍的"三化"（专业化、本土化、中龄化）建设工作。提出服务营销概念的目的是帮助广大养殖户降低养殖成本、提高养殖技术和养殖效益。这要求服务营销人员必须具备丰富的专业知识、技能和畜禽养殖、疫病防治方面的经验。为此，集团公司广泛招贤纳士，逐步对达不到"三化"要求的服务营销人员进行置换。整个服务营销队伍中，专业化人员比例不断攀升，为有效地服务于养殖业创造了条件。

相比相同规模集团的营销以及品牌管理部门惯有的强势，在六和总部营销部门不但谈不上庞大，甚至根本就没有创设这个部门，其营销全部下放到各个片区和事业部当中。

六和很少会在传媒发布广告，主要依靠营业代表对顾客无微不至的服务和说服来拉动销售。关于具体的销售做法，集团总部只是制定了一个大方向，机构粗线条的规定要求，比如要全心全意地服务用户等，其他一律不管。由于缺乏细则，导致各个分支机构营销做法虽大同小异，但在具体名称上则五花八门。比如在鲁中片区则为跨职能服务营销，虽然叫法不同，但内部交流却很多，大家都在积极学习。

在销售组织中，六和不仅有串户销售的业务代表，而且还配有专业的技术专家，来专门解决养殖户所面临的各种问题。这些技术专家不负责销售，只负责为养殖户提供各种专业的养殖知识，指导农户怎样搞好养殖。正是这些服务措施，让许多潜在客户看到了优秀养殖户的赚钱效应，因此在六和的服务区域，新上的养殖户还是非常踊跃的。

第三是近距离密集开发，以提高近距离市场销量比例为工作重点，也取得较好成效。随着六和的饲料公司布点越来越密，每个饲料公司的近距离密集开发区就变得越来越小。近年来，集团公司以各饲料厂为轴心，对其近距离密集开发区进行了重新划定，并要求各公司提高近距离密集开发区销量比例和优化销售渠道，以此帮助近距离养殖用户节省运输费用，并确保其在六和微利经营中真正获益。一年来，经过各个饲料公司的不懈努力，近距离密集开发区销售比例有较大提升，在集团公司划定的近距离密集开发区内，各公司销量比例达到80％以上，与过去的远销售距离相比，仅运输费用一项，就可为密集开发区用户节省8 000余万元。

此外，在近距离密集开发区，各饲料公司简化了销售环节，优化了销售渠道。一是对规模化养殖大户尽可能地做到直销，节省下来的中间费用全部让利用户；二是对必须保留经销商的，仅保留一级，并引导他们也实行微利经营，靠量取利，或者把优秀的经销商转变为公司的服务营销人员，从而进一步降低销售环节的费用，保证近距离密集开发区内的养殖用户真正享用到公司的微利产品。

微利经营、服务营销和近距离密集性开发的持续推进，为广大养殖户带来了巨大的经济效益，养殖饲料成本大大降低，养殖技术水平和养殖收益明显提高。同时，也迫使企业自身在经营、管理等方面实现了革新，并扩大了市场占有率。

目前，"微利经营、服务营销和近距离市场密集性开发"三大经营策略正在向精深细密方向发展，并已成功地探索出价值采购、客户营销、数字营销、立体经营、价值链整合、有价值用户贡献率、用户价值最大化等一系列具体做法。

10.11　社会责任

1. 确保各类产品的食品安全和兽医公共卫生

饲料产品的质量安全方面，集团树立了"饲料就是食品"的产品安全理念。通过上下延伸畜牧产业链，对饲料产品实施全过程控制、建立可追溯的产业内循环体系。从运作模式上保障食品与饲料安全优质，对用户及消费者的健康安全负责。

肉食产品的质量安全方面，实施多级食品安全监控体系。下属分、子公司屠宰加工厂分别根据生产环境和原料来源，实施了食品安全危害分析、确定了食品安全危害因素和关键控制点、对活禽原料实施宰前检疫建立其来源的可追溯信息。技术部负责对各分、子公司产品质量安全的监控、顾客投诉的调查处理。生产技术部分别设立肉鸡、肉鸭、速冻调理品的质量安全巡检人员，每月巡回到对下属分、子公司现场，对产品质量安全和安全管理体系的运行进行检查监督。

种畜禽产品的质量安全控制，建立严格的防疫控制措施，通过内部供应链体制、净原净化措施，对种畜禽养殖、饲料加工实施封闭式管理，确保畜疫情和畜禽产品的安全性。

2. 全方位帮助基层养殖户提高效益

自 2006 年以来，六和集团通过自建一批标准化商品鸡场带动示范，拨专款 600 万元无偿扶助农户建场。2008—2010 年连续三年分别拿出 2 000 万元无息借款，以扶持方式发给农民养殖户，投资过亿元，成立了农村金融担保中心，专门用于扶持标准化商品养殖场，大大推动了山东省及周边省市养殖业的现代化转型和升级，为确保企业自身食品安全及同行企业的食品安全做出了卓越贡献。

3. 倡导环境保护和资源综合利用

六和集团坚持落实六和文化中"和自然"的理念和"预防与节约在先，发展与保护同步，创建生态和谐的世界级农牧企业"的新型农业发展理念。饲料产品加工，设立除尘器、消音器、锅炉烟尘脱硫等多种环境保护措施。所有肉食屠宰加工厂均建立了污水处理设施，种畜禽养殖，积极引进先进养殖设备，做到畜禽养殖废水零排放。集团不同业务板块互相配合，全面促进资源综合利用，努力消除可能给环境带来的任何不利因素。

4. 积极支持公益事业

六和集团积极支持公益事业，热衷于地方经济和社会公益事业投资。主要的公益支持是对文化教育及慈善事业的投资和支持。例如，在莱阳农学院、山东农业大学、西北农林大学等 14 所农业院校设立奖学金、奖教金，每年兑现奖金。积极参加抗震救灾捐款等慈善事业。每遇旱、涝、震等自然灾害，集团都积极捐款，并组织员工献爱心捐款活动。高层领导带头身体力行、积极参与，为各类公益事业做出自己的贡献。先后在沂蒙山等革命老区、贫困山区投资建厂 68 家，带动了当地农民养殖致富，并推动了当地新农村建设和农村经济发展。

10. 12 "六和"品牌形成原因

六和集团长期以来坚持人才第一战略，为事业的发展赢得了竞争优势；六和独特的文化理念为其打造了强有力的竞争力，是六和事业常青的根本保证；六和独特的管理模式——少管理就是真管理，这是中国道家"治大国如烹小鱼"的无为而治管理理念的成功尝试；微利经营与服务营销的完美结合是六和取胜的利剑；科技创新是六和品牌形成和发展的根本动力。除上述五个主要原因之外，还有两个因素对六和品牌产生了很大影响：

第一，优秀企业家的领导。六和发展与成功的关键因素之一就是拥有张唐芝、陈春花这样的企业家。企业家和厂长、经理不是一个概念，企业家是一个个人素质的标志，厂长、经理则是职业的称呼。企业家的素质包括很多方面，但其中最重要的一条不是只为了追求个人的利益，而是为社会创办企业。

企业家在六和的发展成功道路上发挥着巨大的作用。张唐芝带给六和的是一种文化，一种精神，逐渐形成了六和的"和"文化。六和发展和成功的动力源泉——六和文化是六和集体的灵魂，六和文化的精神核心是"和"，追求并积极创造内和外顺、高度和谐的发展环境。六和把经营定义在真诚友善和互惠互利基础上的合作，不相信"商场如战场、竞争如战争"，而认为市场竞争是另一种方式的合作。"和"文化的确立，显示了六和"君子和而不同"的博大胸襟，以"养育人、创财富、促进社会文明进步"为企业宗旨。六和的企业文化造就了六和的各种具体行为方式，也成就了六和发展成功的道路，而决定这一切的正是原董事长张唐芝。

当张唐芝由于健康原因常年旅居新加坡时，他最放心不下的是六和的经营。他认为六和要想有更好的发展，必须寻找一个具有先进管理理论、实干经验丰富的人才来带领。他想到了当时的六和顾问陈春花。于是，2003 年 3 月，陈春花出任六和总裁。

陈春花对六和的管理模式产生了重大的影响，用先进的管理推进六和集团快速发展，她对六和最大的影响就是"淡化权力，强化能力"。起初要求经理人不用权力说话，要用能力说话。开始没有人懂她这句话，但后来通过耐心地解释、培训，大家明白了，如果是用权力说话，那就会划块，这块归你管，那块归我管。但如果用能力说话，就不会划块，只要你有能力，别人就会跟着你跑。你的事情就会很容易做到。公司就会朝着合作的方向走。

陈春花用了半年时间对六和的管理体系做了巨大的调整。饲料企业是 50 千米一个厂，自产自销，自成一体。所以她制定了简单自主的模式，把职能部门几乎全部拿掉，变成六和人所说的"线路"。总部之下的经营单位是全国的 7 个片区，每个片区只有一位总裁。其他的人，全部在线路里面，如制造线路、采购线路、销售线路、研发线路。这样的组织结构不是矩阵制，六和人称其"水桶式"组织。

如某个片区下辖方圆200千米的市场和4个工厂。那它就围绕这块市场、4个工厂开展销售、采购、研发、制造。每个片区配一个营养师，分别有一个行政主管、营销主管、采购主管。这些人名义上有这个职位，但没有办公室，他必须还有一个实职，如行政主管可能是某厂厂长兼任。

在总部，也全部面向市场，只有人力资源部、财务部、发展部等几个职能部门。人力资源部只有一个人，负责总部的培训、新招大学生、高管录用、档案管理等很少的业务。

实体只有生产和销售。没有职能部门，没有构架，只有人员，没有部门，不用发文件了，但是职能仍在发挥。整个公司总共13 000人，六七十个饲料厂，却通过这样简单得不能再简单的构架组织起来了。最大好处就是，大家不分你和我，有事情一起来解决，遇事就协作。没有官，只有负责人。最终结果是成本降低，效率提升。

六和新任董事长刘永好先生在接受中央电视台方宏进的采访时说道："长期以来，中国饲料业竞争激烈、利润微薄。山东六和之所以能够脱颖而出，和它结合国外创新的农业理念和本土实际，创出了对行业有巨大影响的'六和模式'密不可分。它的重点是，由饲料制造企业向农牧服务型企业转型，深入到育种、饲养、屠宰、加工等产业链各个环节中去，在综合服务中创造效益。"刘永好的评说，也是对张唐芝、陈春花两位六和功臣的充分肯定。

第二，与新希望集团强强联合。2005年5月，新希望集团收购六和集团40%的股权，新公司为两个独立法人，在不同的区域独立或交叉使用品牌，六和的财务报表也纳入新希望集团的范围之内，刘永好出任六和董事长。不可否认，在六和与新希望联手后，六和固有的管理、经营风格和新希望存在极大的差异，刘永好从不提兼并、整合等字眼，而是说合作、相互信任，充分尊重六和原有的管理和企业文化，强调双方联手之后，将优势互补，延续以前各自的风格。在技术上互相交流，从生产的理念、经营管理乃至服务上相互借鉴，在采购方面，通过联合大批量采购，以降低成本。这样六和便可以"融入大海，永不枯竭"，新希望也增添了新的活力。

　　董事会提出了要成为"世界级农牧企业"的目标。集团在新的格局下，正积极调动内部力量，发挥优势，整合资源，加深合作，与国际产业接轨，逐步加入世界范围内的竞争，向世界级农牧企业的目标努力奋进，以此来推动中国饲料行业的发展和壮大，为中国农牧业的壮大探索出一条新路。

第 11 章
中车四方

11.1　企业简介

中国中车青岛四方机车车辆股份有限公司（以下简称中车四方股份公司或中车四方），是中国中车股份有限公司的核心企业，中国高速列车产业化基地，铁路高档客车的主导设计制造企业，国内地铁、轻轨车辆定点生产厂家和国家轻轨交通装备产品重要出口基地。

中车四方品牌模式的主要特点是：以完善的自主创新体系成为全球同行的领跑品牌；以"可靠的、创造的、世界的、超越的、绿色的"为品牌核心价值；以极其严格的质量优先要求与极具特色的精益制造模式支撑品牌内涵；以现代企业管理体系的革命性再造为品牌走向世界奠定基础。如果用一句话来代表中车四方品牌模式最突出的特征，那就是——高度现代化的全球行业领跑品牌模式。

11.1.1　行业领先的经营业绩

随着企业核心竞争力的增强，中车青岛的经营业绩不断取得突破。2009年，实现销售收入 101 亿元，利税总额 10 亿元，销售收入在行业内率先突破百亿元大关；2010 年，实现销售收入 165 亿元，利税总额 14.5 亿元；2011年，销售收入突破 240 亿元，销售收入复合增长率每年均超过 50％，企业的经营业绩稳居行业领先位置。

11.1.2　雄厚的技术研发实力

中车青岛拥有国家高速动车组总成工程技术研究中心、高速列车系统集成国家工程实验室、国家级技术中心和博士后科研工作站，是轨道交通行业唯一同时拥有上述 4 个国家级研发试验机构的企业；拥有科学严谨的研发流程，层次结构合理的研发团队，产学研用一体的开放式技术创新体系以及完善的试验验证体系。

11.1.3　强大的制造能力

中车青岛拥有高速动车组、城市轨道交通车辆、高档铁路客车、内燃动力产品四大产品制造平台，已形成年产高速动车组 180 列、检修高速动车组 150列，年产城市地铁车辆 1 000 辆、高档铁路客车或内燃动力产品 300 辆、高速动车组不锈钢车体 480 辆的制造产能。中车青岛的技术装备精良、工艺先进，具有专业化、规模化的制造优势；崇尚精益制造理念，实施精益生产，着力打造创新文化和质量文化。目前，中车青岛的制造能力和技术水平已迈进世界先进行列。

11.1.4　自主创新的先锋

在"引进先进技术，联合设计生产，打造中国品牌"的总体要求下，中车青岛开始全面实施引进消化吸收再创新战略。从 2006 年 7 月诞生我国首列时速 200～250 千米高速动车组，到 2007 年 12 月诞生我国首列时速 300～350 千米高速动车组，再到 2010 年 8 月研制出我国首列时速 380 千米高速动车组（CRH380A），中车青岛成功走出了一条从引进消化吸收到自主创新的新路子。在这一过程中，中车青岛以技术引进为契机，全面加强创新能力建设，构建了设计、制造、产品三大技术平台，形成了高速动车组完善的自主创新体系和持续研发能力，为国家高速列车技术的不断发展做出了贡献。

2011 年 6 月 18 日，原中共中央政治局常委李长春亲临中车青岛视察，对公司的自主创新工作给予充分肯定。他指出，中车青岛是自主创新的先锋，通过引进消化吸收再创新，在自主创新上，走出了一条"时间短、效果好、影响大"的新路子。

中车青岛先后荣获"国家科技计划执行优秀团队"称号，其参与的"青藏铁路工程"荣获国家科学技术进步特等奖，完成的"高速动车组转向架及应用项目"获国家科技进步一等奖。中车青岛先后获得国家重大技术装备国产化突出贡献单位、国家城市轨道交通装备国产化先进单位、中国优秀诚信企业、全国精神文明建设先进单位、全国五一劳动奖状、国务院国资委先进基层党组织、全国国有企业创建"四好"领导班子先进集体、中央企业先进集体、全国文明单位等称号。

11.1.5 自主创新人才支撑

依托高速动车组项目，中车青岛致力于打造一支技术技能型、知识技能型和复合技能型人才队伍，加快各类优秀人才的培育和聚合，为公司确立行业领先地位提供了强有力的人才支撑和智力支持。

中车青岛着力加强专业技术人才、管理人才和高技能人才队伍建设。为了搞好专业技术人才队伍建设，中车青岛对专业技术人员着力在吸引、培养、用好三个环节下功夫，设置层级宽带化岗位，构建了 7 个层次 17 个档级的人才发展通道，并不断加大人才激励与约束的工作力度，激发核心技术人才的工作积极性和创造性。

为了加强高技能人才队伍建设，中车青岛在山东省首创了"首席制造师"制度，使拔尖的技术工人享受与高级设计师同等的待遇，并相继出台了《首席制造师管理办法》《技师、高级技师管理办法》等一系列配套政策和制度，进一步确定了高技能人才在培养、使用、待遇、动态管理等方面的一体化管理。截至 2011 年 7 月底，中车青岛拥有员工总数近 8 000 人，其中专业技术人才 1 500 多人，高级技术工人的比例高达 70％以上。

2008 年，中车青岛被国家人力资源和社会保障部确认为第一批国家高技能人才培养示范基地，并获得国家技能人才培育突出贡献奖。

11. 2　发展历程

1. 与青岛城市同龄的百年老牌企业

中车四方的前身为四方机车车辆厂，该厂始建于 1900 年。1900 年 10 月，德国人在修筑胶济铁路时，开始兴建胶济铁路四方工厂，工厂主要承担胶济铁路全部车辆装配和修理任务。此后的近 50 年里，四方工厂又先后经历日本、北洋政府、日本和国民政府等的接管。

20 世纪 20 年代，正是胶济铁路工人运动蓬勃发展的时期，四方工厂的工人也因此掀起轰轰烈烈的工运斗争，并成为青岛市工人运动的发源地和中共青岛党组织的创建地。1949 年 6 月 2 日，青岛获得解放，四方工厂获得新生人民的怀抱。

2. 共和国机车车辆摇篮

新中国成立后，1952 年 7 月 26 日，四方工厂成功试制新中国第一台国产解放型蒸汽机车"八一"号，结束了中国不能制造机车的历史，揭开了新中国机车车辆工业新的一页。之后又陆续创造出中国铁路工业史上一个又一个"第一"，被誉为共和国机车车辆的摇篮。

1986 年 7 月，工厂开始新中国成立以来的第五次技术改造——客车系统扩建工程，棘洪滩客车分厂奠基，这也是工厂规模最大的一次技术改造，首次被列入国家大中型重点项目。到 1994 年，机、客车两大系统的技术改造全部完成。这一时期，工厂的生产经营指标大幅度增长，企业综合实力明显增强，为工厂的进一步发展奠定了坚实的基础。

1990 年，工厂晋升为国家二级企业；1997 年，工厂顺利通过德国莱茵公司、上海质量体系认证中心两家认证机构 ISO 9001 质量体系"双认证"。

1997 年起，中国铁路开始大面积提速，工厂全力以赴投入提速车辆研发制造之中，共为五次大提速提供 1 100 多辆提速车辆。

3. 从高档铁路客车、城轨地铁产品到高速动车组产品

2002 年 7 月 22 日，中车四方在青岛市工商局注册登记，股份公司正式运转。

公司成立后，致力高速、安全、环保、舒适的轨道交通装备制造事业，肩负国家铁路客运装备和城市轨道交通装备现代化历史使命，紧紧抓住铁路跨越式发展带来的机遇，准确定位企业的发展战略，确定"掌握世界一流技术，制造世界一流产品，建成世界一流基地"的奋斗目标，不断加快技改步伐，制定实施 2003—2006 年技术改造整体规划。到 2005 年，中车四方已建成国际先进的不锈钢车体、铝合金车体、转向架生产流水线，先进的高速动车组、高档铁路客车、城市地铁车辆组装生产线以及调试试验线。公司已具有年产高速动车组 600 辆、高档铁路客车 400 辆、城轨地铁客车 350 辆的制造能力，搭建起了国际先进的研发制造平台。

2003 年 2 月，中车四方获得北京市地铁八通线车辆订单，开始进军城市轨道交通市场，并创下了当年签约、当年首批车辆交付并投入运营的行业纪录。

2004 年以后，中车四方先后赢得在业内具有重要影响的三大重点项目，即青藏铁路客车、直线电机地铁车辆和时速 200 千米及时速 300 千米高速动车组项目，这些重点项目均代表当今世界轨道交通先进水平。中车四方围绕

这些重点项目，开始全力实施技术创新战略。

2005 年 1 月，中车四方完成新一轮结构调整，实现研发制造资源向优势产业的战略转移。

2006 年 10 月，中车四方通过集成创新，成功研制出国际先进的直线电机地铁车辆，使中国成为世界上第三个拥有直线电机地铁技术的国家。同年 12 月，10 列直线电机地铁车辆在广州市地铁 4 号线投入批量运营。

2006 年 7 月，169 辆青藏铁路客车全部投入青藏铁路开通运营；7 月 31 日，首列国产化时速 200 千米动车组竣工下线，并批量投入 2007 年的铁路春运。

2006 年年底和 2007 年年初，中车四方因"在振兴装备制造业工作中做出重要贡献"和"推进城市轨道交通装备国产化工作中做出重要贡献"，两次受到国家发展改革委表彰。

2007 年 2 月，铁道部批准中车四方建设中国高速列车产业化制造基地。到 2010 年 6 月，以车体、转向架、总装为重点，功能结构更加合理、工艺流程更加科学、发展空间更加广阔的高速列车产业化制造基地建成并投入使用。

2007 年 4 月 18 日，全国铁路第六次大提速，公司制造的 37 列和谐号 CRH2 型时速 200 千米动车组分别在京广、京沪、京津、沪昆、沪杭、西宝、胶济等铁路干线投入运营，占投入运营高速动车组总量的 71%，引起极大反响，极大地提升了中车四方的企业形象、品牌形象。同年 12 月，中国首列国产的时速 300～350 千米的高速动车组竣工下线。

2008 年 11 月，国家发展改革委正式批准中车四方建立高速列车系统集成国家工程实验室。

2009 年 1 月 16 日，中车四方设立检修服务事业部，为满足公司发展战略的需要、拓展延伸服务业务等提供了组织保证。5 月，中车四方成立扩能项目建设指挥部，开始产业化制造基地筹备实施工作。

2010 年 3 月，中车青岛（天津）地铁车辆有限公司成立，这是在中国中车股份有限公司逐步实现战略布局的宏观目标导向下，由中车四方出资筹建的全资子公司，是实施快人一步的竞争策略和促进地铁产业由战略型产业向支柱型产业转型的重要举措。

2010 年 8 月，CRH380A 新一代高速动车组首批问世；10 月，CRH380A 新一代高速动车组在沪杭高铁投入运营；12 月，CRH380A 新一代高速动车组（16 编组）在京沪高铁先导段创造时速 486.1 千米的世界高铁运营试验最高纪录。

2011 年 1 月，国家高速动车组总成工程技术研究中心成立。中车四方获"十一五"国家科技计划执行优秀团队奖。

2011 年 7 月，举世瞩目的京沪高铁正式开通运营，中车四方研制的 46 列和谐号新一代高速动车组投入运营。

2011 年 10 月，中车四方获准建立"院士专家工作站"。

2011 年 11 月，在中国创新设计红星奖颁奖典礼上，中车四方设计、生产的 CRH380A 高速动车组获得 2011 年中国创新设计红星奖至尊金奖，下属的工业设计团队获 2011 年中国创新设计红星奖最佳团队奖。

2011 年 12 月，我国首列拥有自主知识产权的直线电机地铁车辆竣工下线，这标志着我国直线电机地铁列车的自主研制技术迈入世界先进水平。

11.3　主要产品

1. 高速动车组产品

中车四方拥有 CRH2 型和 CRH380A 型不同速度等级，不同编组形式的座车、卧车的高速动车组系列化产品。CRH2 型动车组包含 CRH2A（时速 200～250 千米动车组）、CRH2B（长大编组动车组）、CRH2C（时速 300～350 千米动车组）、CRH2AE（卧车动车组）等系列化产品。CRH380A 型动车组有 16 辆编组（CRH380AL）和 8 辆编组两种车型。

2010 年 12 月 3 日，CRH380A 新一代高速动车组在京沪先导段创造了每小时 486.1 千米的世界铁路运营试验最高时速，动车组的速度、安全、舒适、节能等技术指标均达到世界领先水平。CRH380A 新一代高速动车组已在沪杭、沪宁、武广、海南东环高铁投入运营，2011 年 6 月，CRH380A 担当了京沪高铁运营的重要角色。目前，中车四方已成为国内高速动车组上线运营数量最多、制造品种最全、安全运营里程最长的企业。

2. 城轨地铁产品

中车四方是国家城轨、地铁定点生产厂家。公司依托雄厚的技术底蕴，汲取国际先进的设计理念，通过集成创新和自主研发的有效结合，确定了自身在城市轨道交通装备行业的技术优势，成为国家城市轨道交通装备研发制造的骨干企业。

2003 年 12 月，由中车四方研制的北京地铁八通线车辆正式投入运行，实现了公司地铁产品零的突破。从此，中车四方开始在地铁领域多有建树，先后承接广州、北京、成都、沈阳、天津等城市 14 条地铁线路车辆的研制，并于 2009 年中标新加坡 A 型地铁车辆项目，实现了我国地铁车辆向发达国家出口零的突破，标志着中车四方的产品进入世界地铁技术准入标准最高的国家。目前，中车四方累计获得的地铁车辆市场订单已达到 3 000 多辆。

3. 高档铁路客车

中车四方是我国铁路高档客车的主导设计制造企业。目前已设计制造了八大系列 300 多个品种的客车。1997 年到 2004 年，为铁路五次大提速共提供了 1 100 辆提速客车，是中国铁路大提速的主力军。2006 年，公司依靠原始创新，成功攻克列车供氧、车辆密封性、安全性、防紫外线、防风沙、高原生态环境保护五大世界性技术难题，为青藏铁路成功研制出 190 辆高原客车并在青藏铁路投入运营。

自 2006 年 7 月 1 日青藏铁路高原客车投入运营以来，车辆运行状态良好，为促进我国西部边远地区的经济发展做出了贡献。

4. 海外产品

中车四方是中国重要的轨道交通装备产品出口基地，产品已出口到世界二十多个国家和地区。分别向尼日利亚、纳米比亚、新加坡、斯里兰卡、伊朗、土库曼斯坦、委内瑞拉等多个国家和地区出口各型整车产品近 800 辆。

11.4　模式特点

中车四方模式的突出特点是：以完善的自主创新体系成为全球同行的领跑品牌；以"可靠的、创造的、世界的、超越的、绿色的"为品牌核心价值；以极其严格的质量优先要求与极其特色的精益制造模式支撑品牌内涵；以现代企业管理体系的革命性再造为品牌走向世界奠定基础。

1. 以自主创新树立"行业领跑者"品牌形象

2011 年 7 月，举世瞩目的京沪高铁开通，作为京沪高铁核心装备 CRH380A 的研制厂家，中车四方受到国内外的广泛关注。具有完全自主知识产权的 CRH380A，以其安全、可靠、舒适、环保的卓越性能和前所未有的"中国面孔"得到了社会赞誉。《人民日报》、中央电视台、《经济日报》、《光明日报》、《科技日报》、中央人民广播电台等中国主流媒体都在显要位置和重要栏目大篇幅刊发、播出中车四方的自主创新成就，他们将中车四方的自主创新历程称为"从跟跑者到领跑者"，新华社更是为此发出近 5 000 字的稿件。一时间，中车四方自主创新的"领跑者"品牌形象深入人心。

能取得这样的成就，与中车四方始终将自主创新作为企业生存发展的战略支点和企业的第一竞争力密不可分。

中车四方有着悠久的创新传统，1952 年曾研制出新中国第一台蒸汽机车"八一"号，并以一个又一个"第一"缔造了中国铁路工业史的传奇，成为新中国机车车辆工业的摇篮。"创新"基因早已深深根植于中车四方每一代员工的心中。进入 21 世纪以来，中车四方更致力于不断树立"行业领跑者"形象。依靠原始创新，企业成功研制出了青藏铁路客车，填补了我国高原铁路客车技术空白；依靠集成创新，企业研制出了世界首批大中运量直线电机地铁车辆；通过技术引进消化吸收再创新，企业搭建起世界先进的高速动车组研发平台和完善的自主创新体系。通过中车青岛的不懈努力与持续创新，中国首列时速 200～250 千米动车组、首列时速 300～350 千米动车组和首批时速 380 千米动车组均成功问世。中车青岛研制的 CRH380A 新一代高速动车组于 2010 年 12 月在京沪高铁先导段创造了时速 486.1 千米的世界铁路运营试验最高纪录，现已在沪杭、武广、海南东环、京沪高铁等各条高速铁路投入运营。目前，中车四方已经成为国内高速动车组上线运营数量最多、制造品种最全、安全运营里程最长的企业。

中车四方制定了"领先一步"的创新策略，逐渐探索出极具特色的"加大投入自主创新、搭建平台联合创新、围绕核心系统创新"的创新模式。搭建起以企业为主体、以市场为导向、产学研用相结合的开放式创新平台，从研发、制造、试验和管理流程再造等方面系统谋划自主创新体系的构筑。中车四方在建设世界一流水平的设计、制造、产品三大技术平台的同时，全方位开展机制创新、技术创新和管理创新。在这一过程中，中车四方不遗余力地加大技术上的投入，每年将销售收入的 6% 投入技术研发，依托拥有的高速列车系统集成国家工程实验室、国家高速列车总成工程技术研究中心、国家级技术中心、博士后科研工作站、经国家认可委员会认可的检测实验中心，以突破关键技术为核心，以仿真平台建设和线路试验研究有机结合为重点，健全了系统完整、层次分明、结构合理、资源齐备的研发设计体系。

中车四方先后投入了 20 多亿元进行大规模的工业化改造，构筑了以信息化、数字化、自动化为重点的制造技术体系，建成了专业化、规模化的中国高速列车产业化基地。依托高速动车组项目的实施，采取自主培训与外部引进、本土化与国际化相互结合的方式，培养起一支在全球同行业中堪称一流的高素质人才队伍，使企业成为中国轨道交通装备行业名副其实的"人才硅谷"。

科学严谨的研发流程、联合创新的有效平台、完善的试验验证体系、层次结构合理的研发团队，形成中车四方强大的创新能力，成就了 CRH380A 等重要产品的成功研制，更为树立"行业领跑者"形象注入了不竭动力。

自主创新不仅推动了中车四方高速动车组项目的顺利实施，而且已快速地转化成企业的市场竞争优势和发展优势。目前，中车四方已成功实现了由生产传统机车车辆产品向研发制造高速动车组和城市地铁车辆等高端产品的战略转型。在 2009 年国内轨道交通装备行业产值率先突破百亿元大关的基础上，2010 年实现销售收入 165 亿元，2011 年突破 240 亿元。2010 年 12 月，从中车四方驶出了首批出口新加坡的 A 型地铁车辆，实现了我国地铁车辆向发达国家出口零的突破。作为中国重要的轨道交通装备产品出口基地，中车四方的产品已出口到新加坡、斯里兰卡、委内瑞拉、阿根廷等世界 20 多个国家和地区。

2. 以质量优先可靠第一提升品牌价值

2011 年 10 月 22 日，《科技日报》发表了题为《"中国面孔"是这样雕塑的》报道。记者写道："自从 8 月 16 日全国铁路调图后，京沪高铁运行时速 300 公里动车组全部采用 CRH380A 型动车车辆。运营两个多月来，在众多的关注目光下，CRH380A 用'零故障'向社会和用户交出了一份令人信服的答卷。"截至 2011 年 10 月 15 日，CRH380A 型动车组安全运营超过 2 500 万千米，相当于绕地球 625 圈。对中车四方来说，轨道交通装备制造事业关系千家万户，没有质量一切都无从谈起，卓越的产品质量是品牌价值提升的重中之重。

中车四方始终将产品质量和运营安全摆在企业最根本、最核心的位置。近年来，围绕高速动车组等重点项目的推进，中车四方从确保产品质量安全出发，牢固树立"先僵化、后固化、再优化"的理念；注重技术、流程、标准和管理的改善；建立了以可靠性为核心的质量管理体系和质量安全管控长效机制，全面落实质量责任，以严格的措施保证产品的运营安全。

中车四方在生产一线形成了先进的制造流程和作业模式，培养了员工严谨细致、精益制造的习惯。员工认真执行工艺标准，严格进行质量控制，规范作业行为，使公司的产品实物质量得到了大幅提升，培育起优秀的精益制造文化。为将质量理念深植于全员心中、努力提高特殊行业对于质量特殊要求的认识，中车四方推动标准化班组建设，各基层单位组织班长和操作人员编制作业要领书达千余份，整体提升了员工的作业自主管理能力和主动思考能力；在北京、上海、郑州、西安、南昌、广州、沈阳、武汉等城市铁路局的 17 个售后服务工作站推行标准化售后服务站建设，打造"快速响应，诚信优质"的售后服务品牌。种种举措使得"责任、流程、标准"成为员工的行为准则，成为全员维护公司品牌的实际行动。

3．以极具特色的精益制造模式支撑品牌内涵

中车四方以质量、效率、效益为导向，建立起极具特色的精益生产运营模式。以生产现场为中心，全面推行精益生产；构建以精益物流管理、质量管理、供应链管理等为基础的拉动式生产模式，并通过持续深化生产现场看板管理、5S、TPM 等精益工具的应用，实现生产现场生产要素的规范化管理。在精益生产推进过程中，中车四方尤其注重全员参与，广泛开展改善提案活动，营造持续改善的精益文化，仅 2010 年收到的有效提案就达 6 403 项，创造可计算经济效益达 1 940 余万元。

4．以现代企业管理体系的革命性再造，为品牌走向世界奠定基础

2002 年，中车四方以股份制改造为基础，按照国家有关法律和规定并结合企业实际，建立了科学、规范的法人治理结构和现代企业制度；2004 年年底，借鉴国际先进企业的管理模式，按照"对外贴近市场、对内贴近现场"的原则，建立了由总部、事业部、技术中心、制造本部四大系统构成的矩阵式组织机构框架，形成了以流程管理为基础，贯穿于市场开发、产品设计、物流供应、生产制造、产品交付、售后服务等经营全过程的管理标准体系。近年来，公司通过强化基层管理和基础管理、引入可靠性技术、实行供应商管理，实施精益生产和标准化班组建设，基本建立了涵盖公司生产经营全过程、管理层级清晰明确、相对完善的经营管理体系。

经过大刀阔斧的现代企业管理体系再造，中车四方根据"多订单、多产品并行研制"的客观要求，建立以项目为载体、以项目管理为龙头、以流程管理为基础、以部门智能管理为平台的项目管理体系；贯穿于生产经营全过

程和全方位的科学运营管理体系；基于 IRIS，以可靠性为核心，借鉴航天、军工企业经验的质量管理体系；以精益制造为核心的生产管理流程；以提升合作伙伴质量保证能力和供应链整体水平为目标的合作伙伴动态管理体系；与国际先进水平对接的先进管理体系。通过以上现代管理体系的革命性再造，中车四方为品牌向更高层次发展奠定了坚实基础。

第 12 章
汉缆股份

中国的品牌之都青岛市，闪耀着众多企业明星。青岛汉缆股份有限公司（以下简称汉缆股份或汉缆），是其中璀璨的一颗。

作为国内电线电缆行业高压超高压领域的领军企业、国家重点高新技术企业、上市公司和中国电线电缆行业大型骨干企业，汉缆股份秉承"诚信、勤俭、务实、创新"的企业精神，践行"持续发展，基业长青"的核心理念和"塑造汉河品牌，真诚服务社会"的企业宗旨，以"讲求质量信誉、创立汉河品牌"为质量方针，以"赶超国际线缆行业先进水平"为经营方针，致力于创建学习型、创新型企业。

12.1 公司概况

汉缆股份是集电缆及附件系统、状态检测系统、输变电工程总包三个板块于一体，研发生产经营的技术密集型企业集团，国家高新技术企业，全国守合同重信用企业，中国电缆行业领军企业。公司注册资本为 10.73 亿元、净资产 46 亿元，现有员工 3 000 余人。辖焦作、修武、长沙、北海、常州八益、女岛海缆、青岛华电高压电气、汉河电气工程等全资子公司，拥有国家级企业技术中心、国家高压超高压电缆工程技术研究中心和博士后科研工作站。在行业率先通过 ISO 9001、ISO 14001、OHSAS 18001 三大体系认证，并获中国电能认证和国际知名的 KEMA、DNV、UL 等认证。2010 年在深圳证券交易所上市，产品档次和综合效益位居国内行业领先水平。

12.1.1　电线电缆领域

三十多年专注于电线电缆高新技术研发和生产经营，辖青岛本部、长沙、焦作、修武、北海、常州八益、女岛海缆等全资子公司，是国内首家拥有两座立式厂房并引进六条立式超高压交联电缆生产线的企业，拥有连续硫化橡套电缆生产线、导线加工生产线、海底电缆生产线、高压电缆附件等一流生产设备及瑞士 HAFFLEY 730kV 超高压电缆耐压、局放检测装置，德国海沃车载式 260kV 调频谐振电缆现场耐压试验装置等，公司的关键生产设备和检测设备达到国际先进、国内领先水平。主产 500kV 及以下高中低压交联电缆、船用、矿用电缆、超耐热和高强度铝合金导线、碳纤维导线、海底光纤复合电缆、数据缆、核电站电缆、石油平台用电缆、风力电缆、阻燃耐火电缆、500kV 及以下电缆附件等八大类百余系列万余种规格的产品，为国内唯一提供 500kV 及以下电缆及附件、敷设安装、竣工试验成套服务全套解决方案和交钥匙工程的大型制造服务商。

12.1.2　状态检测领域

汉缆下属的青岛华电高压电气有限公司，是专业从事高压电气状态检测类相关产品的高科技技术企业。依托华北电力大学在高电压和配电网领域的技术优势，自主研发了一系列具有国际先进水平的产品，可以为用户提供多种技术解决方案。主要有智能变电站在线监测系统和电缆故障测试系统。肩负电力可靠性保障专家的使命，拥有多项国家专利，荣获多个省、部级科学技术奖。产品成功运用于国家电网公司首批智能变电站改造项目，并成为智能化变电站改造工程的整站监测系统合格供应商。为电力、冶金、石化、石油等行业提供电气设备全方位状态检测服务。

12.1.3　输变电工程领域

汉缆下设青岛汉河电气工程有限公司，专业从事电力设计、施工、配电安装。其下设的青岛电力科技公司承接变电站和配电室的运行维护服务。承担了奥帆中心供电、全运会供电、世园会临电、跨海大桥供电等重大项目的电力工程施工，取得业主单位的一致好评。

汉缆股份的高品质、安全性、优质服务及持久创新，见证了中国的崛起、国际聚焦的重大时刻，为 2008 年奥运会鸟巢、水立方和 2010 年上海世博会、深圳亚运会、三峡工程、央视大楼、海淀 500kV 电缆系统工程、国网 1 000kV 特高压示范工程、浙江舟山±200kV 多端柔性直流输电示范工程、京沪高铁工程、科威特水电部清洁能源 300kV 电缆项目等重点工程输送动力、信息。

汉缆产品广泛使用于电力、石油、化工、交通、通信、煤炭、冶金、水电、船舶、建筑等各个领域，是国家电网、南方电网、中石化、中石油、中海油、神华与中煤集团、中铁电气化局等国家大型企业的战略伙伴和重点供应商。北京海淀 500kV 超高压电缆系统成功投入运行，圆了电缆行业的"中国梦"，220kV 超高压交联电缆国内市场占有率达 30％；获"中国电线电缆市场用户满意第一品牌""中国电线电缆行业最具影响力第一品牌""中国质量认证（山东）中心卓越管理奖""中国机电行业影响力企业 100 强""中国制造业企业 500 强""全球华裔高科技 500 强""中国线缆行业最具竞争力企业 10 强""国家技术创新示范企业"等荣誉；被授予北京奥运电力安全保障贡献奖。

作为国际知名电线电缆供应商，汉缆产品参与了印度、美国、俄罗斯、巴基斯坦、澳大利亚、印度尼西亚、科威特等众多项目工程。也是壳牌、力拓、西门子、英国国家电网、阿美石油等跨国公司的合格供应商。产品已出口到亚、非、欧、美、澳的 30 多个国家和地区，汉缆人不辱使命、精益求精，为中国企业提升国际形象做出了贡献。

汉缆股份以顾客需求为导向，以开拓创新为动力，以技术领先为目标，以诚信务实为准则，以顾客满意为关注焦点，注重产品质量、追求安全保障，努力为客户提供优质的产品与服务，打造成为国际化的电力传输整套解决方案供应商。

12.2　企业文化

在 30 多年的创业发展历程中，"诚信、勤俭、务实、创新"的企业精神始终激发汉缆人不断追求卓越。作为具有高度社会责任感的企业公民，汉缆先后荣获青岛市十强企业、青岛经济成就突出贡献奖、省级文明单位、山东省机械工业十大自主创新品牌企业、中国机械工业销售收入百强企业、中国机电行业影响力企业 100 强、全国最佳经济效益企业、全国重点高新技术企业集团、国家火炬计划高新技术企业、国家级高新技术企业、全国守合同重信用企业、中国服务质量用户满意行业十佳诚信单位、第六届中国大企业集团暨首届企业集团竞争力 500 强、中国制造业企业 500 强、中国电气工业 100 强、全球华商高科技 500 强、世界品牌 500 强、2010 年中国机械行业 500 强等荣誉。成为行业中受人尊敬的、市场享有良好口碑的著名企业。

12.2.1　自主创新、技术高端，引领行业发展

汉缆股份始终遵循"塑造汉河品牌，真诚服务社会"的企业宗旨，大力加强自主创新，攻坚克难，立足高端，以国家级企业技术中心为依托，力争在技术方面成为同行业的先导，先后成功研发 500kV/220kV 超高压电缆、220kV 电缆附件、光电复合电缆、海底电缆、耐热高强度碳纤维复合芯等特种导线、超导电缆、高压在线检测装置等高新产品。众多新产品投放市场并被用户认可，有的填补了国内空白、替代进口并走出国门，在国内同行业中

产品门类最齐全、品种最多。

通过持续技改和自主创新，借助先进技术和优良装备，汉缆股份大大提升了其自主研发生产新产品的能力，创造了众多国内行业第一。一是成为首家拥有两座立塔六条超高压交联电缆立式生产线的企业，产能居国内乃至全球第一；二是成为首家成功研制 500kV/2 500m³ 国内最高电压等级、最大截面超高压交联聚乙烯绝缘电缆的企业；三是率先为中海油研制集电力、信号传输为一体的大长度无接头光电复合型海底电缆，寿命比进口产品延长近一倍，打破国际电缆巨头垄断并替代进口；四是成功解决矿用电缆频繁弯曲技术，研发的采煤机矿缆、变频矿用电缆寿命超过进口产品，被煤矿系统称为中国矿用电缆第一品牌；五是率先推出电缆与附件配套系统全套解决方案，220kV 电缆附件研发能力达到国际先进水平；六是首家向国外公司（埃及 EGG）输出高压电缆制造技术，提高了我国电缆行业在世界的知名度；七是首批研发 1 000kV 特高压导线，并率先工程化应用于国家特高压试验线路；八是首家开展高压超高压超净绝缘材料的生产技术研究；九是首家开展高压超高压电缆和附件智能化在线检测技术应用。

12.2.2　真诚服务，创造超越客户期望的价值

1. 汉缆股份的一贯作风：“对市场快速反应，对客户至信至诚”

2008 年年初，南方遭受罕见冰雪灾害，电网大面积受损，汉缆股份接到支援湖南省电网抗冰抢险的紧急要求，立即安排部署各部门全力组织生产，员工放弃春节休息，在预定时间内保质保量地将所需物资运到现场，保证了抗冰抢险任务如期完成。

办好北京奥运会是全国人民的共同心愿，由于在北京奥运会场馆建设和保障项目中出色完成产品供货与配套服务的任务，汉缆股份获得第 29 届北京奥运会电力安全保障贡献奖。

上海世界博览会举世瞩目，作为最大供货合同提供方的汉缆股份，不仅以优质产品为其配套，还派出专业技术人员配合供电部门提供现场服务，确

保世博会期间用电安全运行，为向全世界呈现一届无与伦比的上海世博会，做出了汉缆人应有的贡献。

2. 汉缆人的宗旨："塑造汉河品牌，真诚服务社会"

汉缆股份内强素质、外塑形象，积极参与社会公益事业，始终把履行社会责任、客户利益最大化作为自己的重要使命和生存战略，并为此赢得众多客户的信赖和赞誉。

"十一五"以来，汉缆股份向社会捐款捐物累计达 3 000 多万元。其中，投资汉河教育中心逾 1 000 万元、建水库 486 万元，助学贫困生 30 多名。特别是 2008 年南方冰雪灾害，汉缆股份为灾区输电系统提供所需导线 2 000 多吨，支援救灾重建，扶危济困，充分展示了汉缆人乐于奉献、热心公益事业、真情回报社会的企业风采。汉缆股份先后被青岛市政府授予"最具爱心慈善捐赠企业""山东省最佳企业公民""山东省首批履行社会责任达标企业"等荣誉称号。

汉缆股份抓住国家节能减排、发展新能源，向低碳经济转变和实现科学协调发展的战略契机，利用国家电网和能源、交通、信息及制造业大力采用高新技术、工艺、材料、设备的新一轮投资拉动，果断适度地调整产能、技术、资金和管理结构，稳健快速地实现高端产品领衔、大区营销覆盖、便捷服务保障的转型升级。在技术、材料、工艺研发储备的基础上，加大节能环保产品自主创新研发的力度，成功研制出世界先进和国内领先的多种高技术含量节能环保新产品，如超导电缆、碳纤维复合芯架空导线、柔性防火电缆等，正在为更多客户所认可，而且面对欧盟、美国等发达国家日益凸显的技术贸易壁垒，具有可观的竞争实力。在经济总量、税收贡献等主要经济指标上，均走在行业前列。

汉缆股份始终遵守各项法律法规，高度关注节能环保，严格实施节能减排、持续发展的方针，推行清洁生产，大力发展循环经济，被授予"青岛市清洁生产企业"和"山东省环境友好企业"等称号。

3. 汉缆人的工作理念："名牌在我手中，用户在我心中"

汉缆股份是国家电网 220kV 超高压电缆最大供应商，国网武汉特高压试验基地 1 000kV 导线唯一供货单位。在国网统一招标中标比重及供货量中，220kV 电缆连续三年位居榜首；110kV 电缆市场销量也是名列前茅，是广州亚运会高压电缆供货单位、中海油战略性伙伴、中石油定点供应商和神华集团矿用电缆最大供应商。

作为国家电网、南方电网等优势客户群的制造供应服务商，汉缆股份的产品应用、服务于国家重点能源项目、750kV 特高压交流输电工程、660kV 特高压直流输变电工程、西电东送、城乡电网改造等领域。在中船重工、青岛奥帆赛基地、海湾大桥及连续线工程、海底隧道项目、国防军队建设等国家和地方重点建设工程中，汉缆股份的产品不断做出新的贡献。

俄罗斯 110kV 电缆及附件项目、巴基斯坦恰希玛核电站 220kV 电缆项目、澳大利亚 132kV 电缆输电项目、伊拉克 220kV 输电工程、美国广播电视项目，以及新加坡、泰国、印度、希腊、苏丹等 30 多个国家都在使用汉缆股份的产品，世界各地都印证着中国企业的国际形象和高品质风采。

12.2.3　以人为本，建设学习型和创新型团队

汉缆股份以"诚信、勤俭、务实、创新"为企业精神，用制度激励人，用情感留住人，用业绩吸引人，用诚心铸名牌。

汉缆股份非常重视高层次人才引进和专业技术人才、工人技师、高级工的培养使用，把人力资源作为企业发展的第一资源。通过建设博士后科研工作站、工程技术研究中心、国家级企业技术中心，建立了良好的创新、用人机制。

汉缆股份的人才观是：用德才兼备之人。每个岗位都有合适的人，每个人都有合适的岗位。德才兼备是汉缆的用人标准。汉缆股份重才更重德，重

能力更重人品。用合适的人是用人准则。每个岗位都用合适的人，才能组建一支卓越的技术、营销、管理、制造团队；每个人都安排在合适的岗位，才能使每个人都有用武之地，发挥聪明才智。面向五湖四海，广招创新型人才，不拘一格用人才，并特别注重吸纳那些经常有新观点的人，超越传统而使用善于胜任创新性工作的人，是汉缆股份成功的秘诀。

汉缆股份坚持以人为本，请能人上台，在用人机制上不设"铁交椅"，形成各类人才持续涌现、活力持久的激励机制，做到待遇留人、感情留人、事业留人。汉缆股份为推行人才动态管理，先后出台《总经理聘任制》《岗位动态管理制度》《岗位工资管理制度》《优秀合理化建议奖》《新产品开发奖励办法》等一系列配套管理措施，极大地调动了广大员工的积极性。汉缆股份还通过创建学习型企业活动，切实提高员工的业务能力和综合素质。

从新员工入厂培训到老员工在职培训，形成职场的全程学习。汉缆股份大力开展"创建学习型企业，培育知识型员工"活动，打造学习型、创新型企业，制定可操作性的公司、部门级创建实施方案，通过建、学、查、评阶段，树立"全员学习、终身学习、团队学习"理念，使员工们达成共识，自觉融入汉缆股份营造的全员提高学习力、增强企业核心竞争力的浓厚氛围。

12.2.4 汉缆文化引领、教育培训增力，员工生活丰富

建设汉缆特色企业文化，坚持人才与创新、技术创新与合作、管理与创新的有机结合，有力地提升了企业市场竞争力，从而使汉缆股份物质、精神和政治三个文明建设协调发展并取得显著成效，不断为市场、客户提供更高品质产品和超值的服务，也实现了汉缆股份与国内外客户的合作共赢及自身与社会的健康可持续发展。

典型营造氛围，知识产生力量。汉缆用电视栏目、演讲、文艺节目等多种形式，集中宣传了许振超等知识员工典型，用榜样的行动和成果激励影响广大员工。如今，加入职工创新小组已成为一线工人的时尚，也涌现出一批智能型技术工人，为汉缆股份的创新发展大显身手。

团队星火燎原，创新比学赶帮。在"创争"活动的推动下，在集团党委、

工会组织的创新小组现场会促进下，汉缆股份生产一线员工技术创新小组如星火燎原，创新小组从12个发展到现在各个层面的一百多个。目前，汉缆股份的创新小组呈现出员工自觉拜师、工会牵线搭桥、团队知识共享、相互比学赶帮的兴旺景象。

"创争"活动顺应时代发展，符合企业需要，得到了广大员工的积极支持和参与。与此同时，企业与员工都从中受益。近年来，通过技术培训、知识竞赛和技能比武，汉缆股份一线员工的知识、技能水平明显提高。现在每年有10%以上的职工技能晋升一级，有近15%的职工拥有两个以上岗位技能证书。工会从维护职工发展权出发，立足班组、岗位，鼓励一线职工创建学习型班组，提高技能和知识含量。工会围绕"创争"活动制定层层开展职工操作比赛、技术比武、大力推进群众性经济技术创新活动等八项措施；工会和人力资源、技术中心、实验室、团委等部门携手组成工作小组，形成"一盘棋"效应，有序推进"创建学习型组织，争当知识型职工"工作。

12.2.5 实施品牌发展战略，推动汉缆股份长远发展

汉缆股份以科学发展观为指导，秉承"塑造汉河品牌，真诚服务社会"的宗旨，肩负振兴中国民族电线电缆产业的重任，为客户和消费者提供更好更多的优质产品，为股东和客户提供更多的回报、创造更高的价值，让员工在职业生涯中更好地发展，实现与客户和供应商的合作共赢，不断提升汉缆品牌的含金量。

全方位的质量管理和服务，是汉缆股份始终坚持和不断完善的管理方向与市场目标。持续运行和不断改进质量与服务体系，形成完善的售前、售中、售后服务体系；以最先进的生产设备、技术、研发水平和检测仪器提供强有力的服务；以专业安装队伍，为客户提供良好的售后服务和各种培训指导；以及时到位服务、现场综合分析，为用户排忧解难；履行"三包"服务，满足客户需求。汉缆股份畅通与客户多种方式的沟通途径，利用客户档案、电话、传真、网络、电子邮件等，多渠道受理、回访客户的各类问题和意见，按程序和规定快速反馈到相关单位，并在实际工作中及时纠正和改进。以更

高效的管理、服务水准，提高服务效率，致力于以优质、周到的全心服务，为客户、社会提供安全、放心的用电硬件。

汉缆股份长期和大力实施品牌战略和以质取胜战略，以提高产品竞争力为手段，以服务客户为宗旨，最大限度地致力于使客户安全销售和放心使用汉缆产品。质量管理体系全员参与，完善质量工作机制。对产品质量常抓不懈，汉缆产品的市场竞争力和市场份额大幅提升。

通过改制规范企业运作，提升汉缆股份的核心竞争力和综合发展能力。在证监会和社会各界的指导、帮助和关注支持下，汉缆股份于 2010 年 11 月 9 日在深圳 A 股上市，发行 5 000 万股。这对于促进企业的发展壮大，加大融资引智力度，促进科技创新能力和高端产品开发，增强公司软实力和综合能力，扩大市场份额和出口业绩，具有重大意义和深远影响。汉缆股份上市募集资金主要用于"超高压交联聚乙烯绝缘智能节能电缆及附件产品成套生产建设项目""年产 1 500 公里海洋系列电缆建设项目""年产 2.25 万吨特种导线建设项目""高压及超高压电缆工程技术中心建设项目"。

汉缆股份聚焦电缆主业，发展高端产品，提高规模效益，稳健地向相关产业延伸，构建以电缆为主的综合性大型企业集团，努力打造行业第一品牌。放眼未来，秉承"持续发展、基业长青"的核心理念，汉缆股份携"资本蓝图"，依靠科技进步，始终占据产业制高点，不断提升自主创新能力，在为股东、客户和员工实现价值倍增目标的同时，正努力打造着一个世界级电线电缆行业的名牌企业！

第 13 章
金王集团

青岛金王集团（以下简称金王），1993 年始创于青岛，是一家不断致力于创新前沿，引导世界时尚消费潮流的企业。2002 年被《中国企业家》杂志评为"中国最具有成长性的企业"，综合指标排名居全国 21 家"未来之星"企业榜首。同时，被美国沃尔玛、德国麦德龙等世界 500 强集团连年评为"全球最佳信誉公司"，是名列前茅的商务、质量企业。金王以数字化、无纸化的先进物流流程再造体系，与国际接轨的操作模式，不断否定自我，突破发展。

13.1　集团介绍

金王自 1993 年以 2 万元资金创业以来，从 5 名职工发展到全球 3 000 多名员工，年销售 16 亿元，出口创汇 1 亿美元，利税 1 亿多元。短短 12 年时间，金王一直把加快自主科技创新、打造国际化品牌发展战略贯彻到企业的各个发展阶段，已经发展成为日用消费蜡烛类行业中亚洲第一家、全球第三家上市公司，是亚洲同行业规模最大、综合实力最强的蜡烛制品生产商，集研发、设计、生产、销售于一体的高新技术企业。企业先后被评为：中国重点培育和发展的出口名牌企业、国家重点高新技术企业，金王品牌被国家质检总局授予中国名牌，被商务部评为中国出口名牌。经过多年的国际市场网络拓展，金王已初步在全球建立了两个核心辐射中心，形成市场细分、优势互补、反应快速、品牌拉动的运营模式：一是以美国为中心覆盖北美、南美地区；二是以中国为中心覆盖环亚太地区。根据不同的区域市场特点采取研发中心、境外加工贸易工厂、贸易公司等多种形式，强化美、欧、亚三大主要战略市场，使研发、制造、销售逐步与国际接轨，迈出了国际化发展模式的第一步。

金王设在美国沃尔玛总部附近阿肯色州本顿维尔城和洛杉矶的"美国金王"已成为集团美洲研发、设计、销售中心，在 2006 年已新增出口 1 000 万美元；设在韩国釜山、越南胡志明的制造工厂已成为集团重要的海外生产加工基地，通过与欧美主要国际市场的对接，整合东南亚地区部分国家的优势，扩大对欧美国家的出口。

金王的自主商标 Kingking 已经在全球 26 个国家注册。拥有 1 200 多项专利的金王产品已经畅销世界 50 多个国家和地区，是美国沃尔玛、瑞典宜家家居及法国家乐福等 26 家世界 500 强企业在日用消费蜡烛类产品最主要的供应商，并连续多年被美国沃尔玛集团评为"全球最佳供应商"，是在沃尔玛唯一拥有自主品牌专柜的中国企业。国际领先的研发中心，先后被瑞典宜家家居、瑞士 SGS 授权为蜡烛产品标准检测机构。

通过拓展国际市场，金王以中国为基地，向世界辐射，金王品牌产品批量销往全球主要经济区域市场，拥有自己的海外研发、设计与销售网络，金王品牌在国际市场有了一定知名度、信誉度与美誉度，跻身国际知名品牌行列，其影响力正随着全球市场的扩张而快速上升。从 2000 年金王自主品牌产品出口销售只占金王产品总销量的 10％，到 2008 年自主品牌比例已经提升到 60％，其中大部分产品进入欧美高端市场。

13.2　创业历史

1993 年，陈索斌扔掉了"金饭碗"，与四个朋友一起东拼西凑了不足 2 万元资金，办起了小企业。通过调查，他发现，全世界每年蕴藏着 120 多亿美元的烛光制品需求量，其中欧美等发达国家与地区占 75％以上份额，全球围绕蜡烛产业所生产装饰配套的烛台、工艺品、花等约占这个市场的 37％的额度，特别是以玻璃为配套的产品所占比例达到 25％以上。换句话说，玻璃烛台等制品每年在全球将产生不低于 30 亿美元贸易额。

"玻璃制品恰恰是中国最不缺乏的产业资源，利用好玻璃基础起步，金王将实现超常规的发展，接近自己设立的核心目标"，身居国内的陈索斌看到了这样一个商业机会。

站在国际市场的高度，陈索斌开始规划金王的创业和发展蓝图。

金王从广交会接到第一笔订单开始，相继又在德国法兰克福展、美国芝加哥展等国际大型展会上初获成功，此时陈索斌已经看到金王与国际市场强手的差距，也看到更加广阔的市场前景。陈索斌将目标直指世界 500 强的商业巨无霸集团。

1997 年，金王试图与美国沃尔玛集团接触，但这个世界顶级的跨国企业根本没有理会金王的洽谈意向。陈索斌没有善罢甘休，他安排好国内的事情后飞到了美国，打算做一件让美国人"感兴趣"的事。

在美国洛杉矶紧靠沃尔玛商场最繁华的商业街，陈索斌不声不响租下了一角柜台，开设了一个金王 Kingking 品牌蜡烛、玻璃、时尚礼品的专柜，并在当地知名的报纸上打出广告，承诺顾客可以登记购买，如果货晚到一天，赔偿 5 美元。几天后，登记的顾客在金王专柜前排起了长龙，一直延伸到大街上。此事引起洛杉矶新闻媒体的极大兴趣，金王品牌一夜间红遍洛杉矶。

第二天，沃尔玛的一个雇员不相信有这样的好事，也跑来看。陈索斌在与他闲谈中传递了一个"信息"——金王人一直对自己的产品质量有高度信心，并以诚实从商来做事。陈索斌还"透露"了金王内部的一个秘密：金王把产品销售分成三类，第一类为当月投放市场的新产品，毛利润确定在70%～100%；第二类为投放市场超过半年的产品，毛利润比第一类下调60%～80%；第三类为投放市场一年以上的产品，毛利润不超过5%。这个分类法则，一方面细分了市场，使金王明确了对不同产品的市场定位，另一方面也促进了金王产品不断推陈出新。

回到沃尔玛，那位雇员对这家名叫"金王"的中国企业大加赞赏。终于，1998年美国沃尔玛通过对金王的严格验厂，向金王开放了其在全球的连锁店。1999年，金王和沃尔玛的交易金额为300万美元，此后每年以100%的速度递增，到2005年，两家的订单金额已经达到了3 000万美元。随后，金王产品又挺进德国麦德龙、法国家乐福等世界500强商业集团，与世界500强前17家企业建立了长期稳定的合作关系。

2006年3月，金王集团在韩国设立了一家海外工厂，预计年销售额可以达到1 500万美元，约占集团总销售额的1/10。

就销售额而言，金王已经在世界蜡烛制造商中排名第三，尽管它约1.9亿美元的销售额距离前两名15亿美元、5亿美元还比较远，但它已经在国际市场占得了一席之地。

13.3　国内市场

总结成功的关键，陈索斌认为，是金王牢牢抓住了科技创新与市场拓展（尤其是海外市场拓展）两个源头，带动中间制造环节的快速升级。

"一个稳健的企业必须有健康合理的市场分布，金王不能只依赖美洲、澳洲的市场来生存与发展。"陈索斌的策略是，沃尔玛一家的销售比重不能超过金王总销售额的30%，"金王不能只靠哪一家客户生存。"

因此，在开拓国外市场成功之后，金王又掉过头来开发国内市场，制定了"无内不稳、无外不强"的战略。

现在，金王在北京、上海、广州等36个城市"克隆"了很多家专卖店，利润比例正在金王的财务报表上迅速增长。"重要的是，金王自从2000年至今开设的每一家店都有很满意的赢利，成本、服务、速度是我们支撑这些时尚店面的'内功'。"陈索斌说。

尽管如此，金王"孵化"这些专门店并不看重目前的利润，关键还是看它能否在全国布开一张网络，填补时尚礼品的国内空白市场，从而确立自己的领导地位。按计划，金王要在 5 年内在亚洲地区开设 1 000 家自己的专卖店。

目前，在中国出口的蜡烛制造产品总量中，金王集团一家企业占到了15％的市场份额。这家销售额超过 10 亿元的企业，近年来其销售额和利润一直保持着 40％的增长速度。

13.4　集团业绩

自 1993 年公司成立以来，拥有核心技术的 Kingking 品牌产品已畅销世界 50 多个国家和地区。国际领先的研发中心，被世界 500 强企业瑞典宜家家居评定为亚太地区唯一授权的蜡烛产品标准检测机构。企业先后被评为：国家级重点高新技术企业、国家级重点扶持名牌出口企业、国家多项火炬项目实施基地、中国科技企业技术创新先进单位、中国 2005—2006 年度"商务部重点培育和发展的出口名牌"。服务客户包括美国沃尔玛、法国家乐福、德国麦德龙等 18 家世界 500 强企业，是沃尔玛全球同行业采购第一供应商，并被评为"沃尔玛 2004 年度国际重要供应商"。金王 Kingking 已在美国、欧洲和韩国设立集设计、销售、生产于一体的子公司，一个不断满足客户个性化需求和服务的国际化网络正越来越快地贴近客户。"出口三支蜡烛等于一台冰箱的利润"，这样的商业传奇由青岛金王集团书写而成。

在欧美，金王的销售量相当于平均在每四个家庭中，就有一家使用一件Kingking 的产品。在国内，平均以每周开一家店的速度在中国大陆全面铺开市场网络，在深圳、广州、北京、上海、大连、青岛等地开设了 100 多家连锁店及专柜，并获得了消费者高度的满意与认可。

13.5 品牌形象

金王将品牌定位于"致力于家庭时尚化的国际品牌"。作为行业的领袖企业，该公司一直致力于引导时尚消费。其 Kingking 品牌的形象塑造"融入了丰富的中西文化、艺术内涵的高科技的消费时尚"。

金王公司的主要产品为"Kingking"品牌新型聚合物基质复合体蜡制品，该产品系公司独家研制，拥有自主知识产权。作为具有高科技含量的工艺品、文化消费品，该产品具有"无毒、无烟"等环保特性，产品质量、技术、性能等方面均达到国际领先水平，享誉国际市场。同时，该产品不仅是传统石蜡制品的升级换代产品，更重要的是其拓展了"蜡烛"的使用价值，突破了人们对于传统蜡烛的思维定式和固有观念，使蜡烛由传统的日常消费品，发展成为融入了丰富的中西文化、艺术内涵的高品质时尚消费品。

13.6 知识产权的开发和保护

自主知识产权是品牌的内在支持之一，对金王公司的品牌发展有着重要的作用。

首先，金王公司已成功将"Kingking"商标在中国、美国、英国、德国等 22 个国家和地区进行登记注册，此商标于 2003 年分别被青岛市工商行政管理局、山东省工商行政管理局认定为"著名商标"。2006 年，该商标喜获"中国名牌"，同时荣登"国家商务部重点培育和发展的出口名牌"榜；2010年，该商标又被国家工商总局认定为"中国驰名商标"。这是 Kingking 品牌走向世界的第一步。

其次，金王公司特别成立了知识产权管理部门——知识产权办公室，专门负责知识产权（包括商标和专利）的保护和研发、公司知识产权体系建设、宣传培训、无形资产价值评估等服务，同时还制定了《青岛金王应用化学股份有限公司知识产权工作管理办法》。目前，金王公司被评为"中国专利明星企业"，其专利申请量和授权量连年保持增长趋势，并于 2005 年入围国内企业专利申请十强名单。迄今，金王公司已拥有专利 1 800 余件，自主知识产权产品的销售收入占公司收入的 80%。针对各个国家知识产权保护的法律政策不同，金王公司还在专家、律师的指导下，分别制定了适应不同国家的知识产权保护策略。

1998 年以来，金王公司一直实施创新工程，大力推进技术创新，适时调整产品结构，高起点、高投入地超前开发科技含量高的新产品，在新型高分子烛光材料、新型环氧树脂复合材料等领域的研究取得重大突破，并获多项国家专利，被列入国家科技发展计划。金王公司每年拿出占销售收入 5% 以上的资金用于研制、开发、引进高新技术产品，公司的销售收入、利润、市场占有率连年位居全国同行业第一，并被科技部评为国家级高新技术企业，被山东省经贸委认定为省级技术中心企业。

13.7　加强质量控制，提高服务质量

金王公司始终把质量控制放在生产工作的首要位置，已通过了国际认可的 ISO 9001 的质量管理体系、ISO 14001 环境管理体系、OHSAS 18001 职业健康安全管理体系认证。同时，金王公司还将品牌理念融入企业质量标准，形成了一套贯穿产前、产中、产后的全面的质量控制体系，并在出厂前委托国际知名的 ITS、CTL 等检测公司的对产品进行全面的质量检测。

金王公司还实行客户经理制，对客户实行售前、售中、售后的全方位的服务，满足客户的多种需求；在销售中体现金王公司的品牌理念，让客户体会到 Kingking 品牌不仅代表高科技的产品，还代表着高品质的服务。

13.8　实施名牌战略，促进营销模式

实施大名牌战略，扩建海外销售网络，推动营销模式的创新，是金王创

名牌工作中至关重要的一环。

1. 借助跨国零售集团的强大销售网络将 Kingking 品牌在全球推广

目前，金王公司已与 26 家全球 500 强跨国零售集团建立紧密的合作关系，其中包括美国沃尔玛、德国麦德龙、法国家乐福等著名的国际零售集团。金王公司还将在跨国零售集团遍布全球的连锁超市里设立 Kingking 品牌的专柜，使 Kingking 品牌直接面对最广大的消费者，以迅速提升 Kingking 品牌的知名度。

2. 切实把研发、生产、采购、物流、销售等提升到一个新高度

通过积极实施"走出去"战略，金王公司将利用具有国际竞争力的全球设计网络、制造网络、营销与服务网络，加快推进其国际化步伐。目前，金王公司在美国、德国各有一个研发中心，在越南有一个生产工厂，其产品的海外市场占有率连年增势强劲。金王公司还将把海外分支机构反馈来的各国用户的个性化需求信息迅速转移到设计、生产当中，使国外的消费者以最快的速度用上满意的产品。未来，金王公司将建立和完善以企业为主体、市场为导向、名牌产品为龙头、效益为中心、管理为基础的自主创新的技术进步机制，不断将公司产品打造成国际知名品牌。

3. 继续加强市场开拓，把完善销售网络作为公司的重要发展战略

金王公司抓住时机优化布局，加大在国内市场开拓的力度，并进行了两年的充分准备，对于品牌推广、产品质量、产品结构、零售店选址、产品定价及物流系统等问题，都进行了系统的谋划。金融危机的到来，使得金王公司的国内市场网络建设提上日程，整体开拓计划提速。

金王公司积极开拓市场终端销售网络，在国内开设高端精品连锁店，开设电子商务销售，并增加香薰护肤品、家具饰品、沐浴用品等产品的销售。

根据客户的设想和要求，金王公司有针对性地对产品进行了改良甚至重新设计。目前，金王公司在北京市、上海市、大连市、深圳市等城市已拥有 100 余家专卖店，并开设电子商务销售；未来，金王公司将进一步向国内的二线城市迈进，力争 5 年内在全国新开设 1 000 家专卖店，每年新增 20 亿元的销售额。

第 14 章
红领集团

　　青岛红领集团有限公司（以下简称红领集团或红领）是一家以生产多档次精品西装、衬衣、工装为主，兼产领带、T 恤、毛衫等系列服饰产品的专业化大型服装生产企业，是山东省服装行业的龙头企业，其品牌"红领"至今已连续多年保持"青岛名牌"的称号，是山东省著名商标，其产品是中国公认名牌产品，其目标是创出中国服装行业名副其实的第一品牌，并跻身于世界名牌之林。

14.1　集团简介

　　红领集团以振兴民族服装业为己任，坚持"品质、诚信、服务、创新"的核心价值观，把质量管理与提升品牌价值和核心竞争力紧密结合起来，采用国际最先进的技术、工艺、设备和现代信息化管理手段，通过了 ISO 9001、ISO 14001、OHSAS 18001、计量管理体系、标准化良好行为企业等认证，成为国际顶级服装品牌制造基地。产品质量达到或超过国际标准，荣获国家、省质量管理先进单位、青岛市消费者放心满意产品和消费者满意单位称号，建立了以追求价值创新、技术创新、运营创新为基点的卓越绩效管理模式，造就了独具特色的"红领管理模式"和品牌文化，荣获青岛市工业企业十大品牌文化企业，"红领"商标进入中国 500 强并荣获岛城纺织服装十大商标。

"红领"商标是中国驰名商标，红领牌系列产品先后获得"中国名牌""山东名牌""国家免检产品"等称号，企业还获得"最具市场竞争力品牌""2004—2005 年度中国服装品牌品质大奖""全国守合同重信用企业"等殊荣，连续五年获得"中国服装双百强企业"的称号，成为第 28 届奥运会中国奥委会礼仪服装合作伙伴，2005—2008 年度中国体育代表团合作伙伴，赢得"奥运形象大使"的美誉。

企业已在全国建成了 300 多家形象统一、管理规范的直营店，以自主品牌进入美国、意大利和加拿大市场，欧盟客户纷纷加盟红领，建立了红领国际品牌旗舰店，开创了民族服装自主品牌境外特许加盟的先河，为中国服装自主品牌赢得国际服装顶级品牌树立了典范。

14.2　发展历程

1995 年，红领企业及品牌创立。同年 11 月 1 日，第一批红领西服隆重上市，该日成为红领创立之纪念日。

1996 年，红领西服产品特色与定位基本确立，并确立了独具特色的品牌经营思路。

1997 年 8 月，红领牌西装荣获"中国公认品牌产品"称号。

1998 年 4 月，红领首次参加中国服装服饰博览会，荣获质量优秀金奖及最佳展示奖，为山东服装行业争得了荣誉。

1998 年 7 月，红领推出以"十六条"为核心的"零缺点"运动，在产品品质进步及规范化管理方面取得长足进步。

1998 年 7 月，红领特许加盟计划全面启动。

1998 年 10 月，中国首席男模胡兵加盟红领，成为红领形象代言人。

1998 年 10 月 6 日，以红领制衣有限公司为核心，组建了红领企业集团。

1998 年 11 月，成功导入 VI，红领品牌以全新形象展现在世人面前。

1998 年 12 月，公司能源系统及车间改造工作完成，同期新引进的生产流水线投入使用。成为国内为数不多的大型高档西装生产基地之一。

1999 年 3 月，在中国服装服饰博览会，红领西服一举囊括质量、设计、工艺三项金奖，引起业内人士普遍关注。

1999 年 4 月，世界西装界享有盛誉的意大利工艺师福瑞斯加盟红领，全面指导红领品质进步。

1999 年 5 月，红领专卖店已达 80 余家，市场网络已具一定规模，管理渐趋规范，红领经营之船全面启动。

1999 年 6 月，第二条自德国引进的西装生产流水线即全吊挂辅助生产系统投入使用，红领成为国内为数不多的大型高档西装生产基地之一。

1999 年 7 月，企业内部全面按照 ISO 9002 质量管理体系要求进行规范运作。

1999 年 10 月，中国著名服装设计师赵伟国正式加盟红领，同期在上海成立专门的红领设计师工作室。

1999 年 11 月，即墨市第一个实用型广场"红领广场"揭幕，红领旗舰店开业，红领导入全面销售模式和消费理念。

2000 年 1 月，经上海质量认证中心审核认证，顺利通过 ISO 9002 质量管理体系认证。

2000 年 6 月，红领连续第四年获青岛市"放心满意"产品称号。

2000 年 10 月，第一间"红领·新启点"店在青开业。这是企业与消费者"无缝"贴近，一种全新模式的开始。

2001 年 3 月，红领与德国普德集团正式合作，成为 CALAMAR 卡拉玛休闲品牌在中国的持有人和经营者。

2001 年 6 月，红领集团正式成为中国奥委会合作伙伴。红领西服成为第 28 届奥运会和第 14 届亚运会中国代表团唯一专用礼仪西服。

2002 年 4 月，红领服饰精品工业园被青岛市认定为市级工业园，并列入

"十五"重点发展的"十新"工业园之一。

2002 年 8 月，红领正式成为北美有较大影响力的服装量体定做商 MTM 的产品定点供应商。

2003 年 3 月，红领品牌合并，集生产、销售于一体。

2003 年 5 月，红领二次创业工程启动。

2003 年 6 月，红领集团荣获 2002 年度中国服装行业双百强企业的荣誉称号。

2003 年 6 月，ERP 项目正式启动。

2003 年 7 月，建成红领外服基地，正式投产使用。

2003 年 7 月，红领集团淄博分公司成立。

2003 年 8 月，建成物流中心，为终端销售于配货、送货、信息反馈一条龙。

2003 年 8 月，红领集团临沂分公司成立。

2004 年 4 月，青岛红领集团有限公司荣获 2003 年全国服装行业百强企业称号，名列产品销售收入第 74 名，利润总额第 32 名。

2004 年 9 月，威海分公司正式成立。

2004 年 10 月，平度分公司成立、莱西分公司成立。

2004 年 11 月，2003—2004 年度中国服装品牌入围品质大奖。

2004 年 12 月，山东省企业信誉评价工作委员会评定青岛红领服饰股份有限公司企业信誉等级为 AAA。

2005 年 1 月，红领集团荣获 2004 年度中国服装十大影响力品牌。

2005 年 2 月，被青岛市人民政府评为 2004 年度青岛市百强私营企业。

2005 年 2 月，被中国企业家全国理事会、中国企业家杂志社正式吸纳为中国企业家全国理事会常务理事单位。

2005 年 3 月，被中共即墨市委、即墨市人民政府评为 2004 年度一级强企业。

2005 年 4 月，红领与国家体育总局正式达成协议，成为中国体育代表团合作伙伴。

2005 年 5 月，青岛红领集团有限公司荣获 2004 年全国服装行业百强企业称号，名列产品销售收入第六十五名，利润总额第二十五名。

2006 年 1 月，红领荣获中国驰名商标。

2006 年 6 月，红领荣获"中国服装十佳贴牌加工企业"，红领职业装荣获"中国职业装十大领衔品牌"。

2006 年 8 月，红领荣获中国（青岛）国际时装周"十佳自主创新服装品牌"最佳品质奖。

2006 年 12 月，红领西服套装系列被评为产品质量免检产品。

2007 年 9 月，红领牌裤子荣登"中国名牌产品"称号。

2008 年 2 月，红领集团技术中心获"省级企业技术中心"称号。

2008 年 7 月，青岛红领集团与青岛农业大学共建农业科研基地。

14.3　技术与工艺的力量

红领集团深知，工艺对于成长具有决定性作用，这将波及品质，确切地说，红领集团需要既懂得工艺又懂得生活的杰出工艺师。多位世界著名服装工艺师为红领带来了世界上最先进的设计理念及工艺，使得红领服饰的品质提升到一个新的层次，真正与世界一流品牌服饰接轨。他们带来了一系列的工艺标准，使得红领的经验和技术，演变成科学和艺术交融的工艺。

红领西服的制作需要经过 420 多道工序，30 多道整熨工序，从选料、面料处理、排版、裁剪、缝制到整熨运输，每道工序都做到精益求精，尽善尽美。在特体的裁剪处理上使用 CAD 排版系统或人工裁剪，区别于其他厂家套裁裁剪方式。同时减少粘合衬的使用，使成衣尽可能保持薄性面料的柔性，经过立体整熨后，成衣无论看上去还是穿着都保持挺括、有型。

红领高档衬衣流水线全部采用日本和德国的设备，并严格按照国际标准化流水线作业。工序分工细致，精工细做，辅料采用进口高档专用材料。衬衣挺括、美观且长久不变形。

世界顶级品牌辅料及先进生产工艺的运用，使红领服饰从形到质，从外到内均达到世界一流服装水平，这也是决定一套服饰品味与档次的重要因素。

14.4 红领品牌，引领时尚潮流

红领集团诞生于改革开放后的市场经济时代，早在 1995 年就创建并注册了"红领"商标品牌，在创始人张代理董事长的带领下，历经二十多年的发展创新，"红领"品牌在国内同行业中别具特色、独领风骚。

红领集团一直坚持多品牌发展战略，在成功打造企业个性化量身定制的核心竞争力后，企业成功转入品牌快速发展阶段。在国际市场一体化的背景下，红领集团拥有一个国际化的团队，这个团队既拥有丰富的经验，也拥有创新的激情与能力。每一个品牌的背后都拥有一整套创新的营销模式与理念，它建立了红领集团的核心竞争力，确保其时时刻刻走在竞争对手的前面。红领集团现旗下拥有"红领""瑞璞""凯秒"三个服饰品牌，三个品牌各自针对不同的目标市场："红领"定位于中高端男正装量身定制，"瑞璞"定位于时尚商务、青春校园、浪漫婚典，"凯秒"定位于高端个性化手工定制，三个品牌的经营具有相对的独立性。在红领集团内部，三个品牌分属于不同的品牌事业部，他们之间相互独立、相互竞争，拥有各自辉煌的历史和荣誉。

"红领"自创立伊始，就以振兴民族服装业为己任，秉承"竭力追求完美，真诚服务大众"的创业理念，以人为本，以市场为导向，努力做到"管理现代化、经营规模化、销售网络化、服务规范化、设计人性化、产品多元化、效益最大化"，坚持以"双魂"（战略、创意）塑造"双品"（人品、产品），奉行用优秀的人才做优秀的事的用人理念，以"每天进步百分之一"作为工作标准，导入卓越绩效评价准则，以清晰的岗位责任制、科学的绩效文化，有效地激发了员工的主观能动性和创造性，实现了卓越的一线执行力，构筑了追求卓越的创新型组织，以追求价值创新、科技创新、运营创新、管理创新为基点，着力加强企业文化软实力建设，建立了科学的成长模式，形成了独具特色的"红领品牌文化"，大大提升了企业核心竞争力。

14.5 质量奠定基础，诚信赢得市场

红领集团数十年如一日致力于营造名牌产品的真正内涵，紧紧围绕"品质、诚信、服务、创新"的企业理念，以质量开拓市场，以名牌延伸市场。红领集团的产品在国家和山东省技术监督部门的历年抽检中，各项指标均符合行业标准，董事长张代理被授予 2005 年全国质量工作先进个人。

红领集团始终坚持"高起点、高标准、高档次、高品位"的经营思想，坚持"品质、诚信、创新、服务"的企业理念，与国际规范接轨，一步到位地创建了国内最好的专业西装工厂，从物质基础设施的配置上做到最好。红领集团先后投资 1.5 亿元，引进世界一流水准的机器设备和工艺技术，使生产线拥有具备国际先进水平的服装专用生产设备，如德国的百福平缝机、电脑绱袖机、容袖机、BRISAY 立体整烫机、肯尼吉赛专用黏合机、杜克普平缝机、日本重机和兄弟牌平缝机、电脑全自动开袋机、西班牙艾维电脑辅助系统、法国力克电脑自动裁剪系统、瑞典依滕物流吊挂全自动生产系统等全世界公认的顶级西装专用设备。红领集团聘请世界著名的西装设计和工艺师，进行产品的研发和工艺指导，使红领产品具有设计时尚、贴切自然、线条优美、品位高雅的特点，令人倍感尊贵。产品一经投放市场，便获得广大消费者的一致好评，红领西服异军突起，迅速成为中国西装界内的领导型品牌。

红领人视产品质量为自己的生命，重视产品的内在品质，做工细致，精益求精，始终如一，按高于国标 GB/T 2664—2001 的企业内控标准来组织生产。从原材料入厂到成品出厂，建立了一套完善的质量控制和管理体系，并建立起覆盖全部销售网络的售后服务体系，从未出现过用户投诉事件。

14.6 创新提升品质，促进企业转型

红领集团坚持"立足国内，紧盯国外，引进吸收，创新发展"的设计理

念，不断加强以西装、衬衣、绿色环保休闲裤为主要核心技术及产品的自主创新工作。在规范中创新，在创新中规范。体制创新，保证红领集团高质、高效、持续、健康运营；机制创新，激发员工积极性、创造力，打造团队战斗力；技术创新，以最好的工艺，打造最高端的产品，为社会创造高品质的生活；管理创新，用心做事，从小事做起，每天进步百分之一，以新品抢占客户，将精彩呈现于市场。2001 年，红领集团技术中心被青岛市人民政府评定为青岛市市级技术中心。

为适应市场时尚的、高端的、个性化需求，提升企业综合竞争力，红领集团高度重视自主创新建设和产学研联合；采用国际最先进的技术、工艺、设备和现代信息化管理手段，不断提升两化融合水平，提高产品科技含量，加强新产品、新技术的研发。

1. 提高产品科技含量，加强新产品、新技术的研发

通过不断完善技术中心运作模式，加大技术开发经费投入，引进技术人才，有效推动公司技术创新体系建设，保持了技术中心的前瞻性、先进性和实用性，技术创新工作不断取得突破性进展。2007 年 12 月，红领技术中心被认定为"山东省企业技术中心"。公司先后获得"人体角度测量仪""布料输送架""一种具有防辐射口袋的服装""一种防辐射西服上衣""一种织物服装抗菌防辐射的处理方法"等近 20 项专利授权，研发了"绿色环保休闲裤""清爽透气型衬衫""纳米自清洁衬衫"等 10 余项高新技术产品。2007 年，有 10 个科研项目被列入"青岛市重点技术创新项目计划"；2008 年，又有 7 个科研项目列入该计划。同年，"红领集团防辐射西服套装系列产品"通过了青岛市重点新产品鉴定并获得青岛市重点新产品专项资金奖励。

2. 支撑 MTM 战略的信息化基础建设

为支撑公司 MTM（方法时间测量）业务战略，红领集团投资建成了工业园区综合布线局域网，分公司、办事处通过 Internet 以 VPN 方式接入，合作

伙伴通过 Internet 链接的基础网络架构，建设以服装 MTM（量身定制）电子商务平台、服装 ERP（企业资源计划管理）系统、GAM 系统、生产 MES 执行系统为核心的一体化信息系统支撑平台。经过多年的信息化建设，红领集团累计投入资金 5 000 多万元，建成的数据中心拥有各种服务器近 20 台，核心交换机 10 余台，防火墙，百兆光纤接入，整个工业园区实施综合布线，配置各种终端设备近 500 台，设立 30 多个服装 CAD 工作站，4 条 CAM 生产线，2 条依腾自动吊挂流水线。"红领集团 MTM 电子商务平台"项目获青岛市信息产业发展专项资金扶持；"红领集团信息化工程——物流条码及客户关系管理系统"项目获 2007 年度山东省计算机应用优秀成果三等奖；"服装 MTM 业务全球化运营支撑平台"项目于 2009 年 4 月列入国家"两化融合"试验区示范项目，成为国家"两化融合"示范企业；2010 年，红领集团被评为"中国两化融合 50 佳"企业。

3. 用现代科技和自主知识产权改变传统产业，实现企业转型升级

随着服装行业时尚化、差异化的发展，消费者对个性化需求呈逐年快速增长的趋势，工业化服装 MTM 定制模式已经成为服装企业适应市场变化、提升企业竞争力的有效手段。如何完成从传统定制到大规模个性化定制，成了工业化 MTM 业务战略首要解决的问题。

（1）与高等院校、著名软件商合作，对公司的业务流程和管理流程进行全面改造。面对全新的业务战略和业务运营模式，在国际服装界尚没有先例可循，更没有现成的管理实践和管理软件系统支撑的情况下，红领集团整合自身优势资源，不惜投入重金，围绕高端量身定制运营模式，借助信息化来推动工业化。通过引进服装 ERP 系统，与高等院校合作建立 MTM 研究院等，对业务流程和管理流程进行全面改造，建立柔性和快速响应机制，实现"产品多样化和定制化"的大规模定制生产模式。一方面，满足了市场的个性化需求和快速反应、迅速交货的要求；另一方面，保证了既能满足客户个性化需求，又不牺牲企业效益的批量定制生产方式，实现了个性化手工制作与现代化工业大生产协同的战略转变。

（2）建立 MTM 个性化定制快速反应系统，实现产品多样化和定制化的大规模定制生产模式。红领集团是目前全球最大的提供量身定制（MTM）服装的企业，2 000 多人同时批量生产量身定制服装。红领集团拥有世界上独一无二的板型数据库，数据库内有十几亿个板型，可以覆盖全球 99％的人体需求。红领集团拥有自主研发的服装电子商务平台系统、量体系统，自主研制的肩部、背部、腰围、立档量体仪，通过专属量体规则和量体数据设置，对客户进行多部位数据的精准采集。传统生产线经过信息化的改造和创新，将批量生产线重新编程、组合，实现同一产品不同型号、不同款式的不同转换，实现流水线上不同数据、规格、元素的灵活搭配，制造出灵活多变又能适合客户个性化、差异化、零散性、急迫性需求的产品。自主研发的专业生产经营管控系统，可以对车间工序进行全程模拟仿真，完成生产线自动排程，突破管理瓶颈，提高生产效率。

目前，红领集团打造的拥有完整自主知识产权的 MTM 商务平台，很好地解决了个性化需求的品质、品位、速度、成本、技术、工艺间的匹配和优化，可以生产全世界最高端的手工西服，曾获世界手工西服比赛一等奖。红领集团的目标是：在服装的量身定制（MTM）领域做全球第一。

14.7　塑造品牌形象，更新营销理念

为提高"红领"品牌的影响力和"红领"牌服饰的知名度，红领集团聘请中国首席男模胡兵作为"红领"品牌的形象代言人；为增强民族体育意识，红领集团坚持为中国体育事业做贡献，2001 年投资 1 000 多万元赞助国家体育事业，被中国奥委会指定为合作伙伴，"红领"成为中国体育健儿参加各项国际大赛唯一的礼仪服装指定产品；在赞助第 28 届奥运会中国奥委会礼仪服装后，2005 年又成为 2005—2008 年中国体育代表团的合作伙伴，"红领"因此赢得"奥运形象大使"的美誉。"红领"用 10 年时间造就了中国服装行业强势品牌，开服装行业之先河，展现了中华民族崭新的精神面貌，为岛城和全国人民增光添彩。这些活动与企业的终端形象建设工程、经营活动相互促

进和推动，极大地提高了"红领"的知名度和影响力。

红领集团坚持走品牌战略和名牌战略之路，始终坚持生产、销售与创牌同步，视品牌为企业的生命，将建设品牌作为企业生命力的延续。不断加强对品牌的宣传、保护以及注册力度，提高品牌管理的规范力度和品牌知名度，红领品牌商标已在国内注册81个，在国外70多个国家和地区注册了拥有自主知识产权的商标。红领集团将把品牌战略作为企业发展总战略的重要组成部分，把实施品牌战略作为塑造企业形象的重要举措。

随着公司发展壮大，传统的直线式管理已经满足不了开拓新市场的需要，必须进行营销方式的转变，推行新的品牌经营管理和推广方式，进行营销组织的变革。在充分研究论证的基础上，红领集团对营销运行模式进行了试点改革，在大城市和经济中心城市设立分公司，行使对零售、团购、量体定制三种业务的统一管理和运作，实行"三位一体"的综合经营方式，并负责对所辖区域内全部销售网络的统一管理和后勤支持。而公司总部的专业部门转化为业务的管理和支持部门，组成了纵横交错的矩阵式管理架构。首先在山东省内的济南市和青岛市开始试点，两地的分公司成立以后，迅速打开了工作局面，经营业绩蒸蒸日上，取得了超出想象的业绩和成功，使得当年单位订制和团购收入即占到销售收入的60%以上，不仅降低了零售带来的经营风险，也因订制业务量的增加而提高了盈利水平。红领集团从2002年下半年开始，陆续在山东省的烟台市、威海市、淄博市、东营市、临沂市等地，东北地区的沈阳市、鞍山市、大连市，以及北京市、乌鲁木齐市等全国各大城市，陆续开设了这种"三位一体"经营模式的分公司。

14.8 承担社会责任，创新用人机制

红领集团在向着宏伟战略目标进军的同时，还积极参与社会公益事业，累计投资1 000多万元用于支持当地的教育、医疗保险、交通、绿化和城市亮化美化事业，建设了红领大街、红领广场，并安置下岗职工和农村劳动力3 000多人。公司因此获得了"诚信纳税，感动青岛"十佳企业荣誉、"劳动

关系和谐企业"和"履行社会责任贡献突出奖";2011 年被授予"全国模范职工之家"称号。红领集团还累计投资 1 000 多万元,赞助国家的各大赛事,支持民族体育事业的发展。

在关注社会公益事业的过程中,红领集团发现光靠给弱势群体"输血"是远远不够的,不能从根本上解决贫困问题,必须帮助他们建立自己的"造血"能力。从 2005 年起,红领集团便把"大学生创业计划"植入到红领MTM 的营销战略中,为大学生提供免费就业培训和专业的技能培训。

为响应国家产业政策,积极支持大学生创业、就业,2006 年,红领集团与山东省丝绸纺织学院、即墨市第二职业学院建立了红领工业园人才实习基地,为毕业的大学生提供创业、就业发展平台,建立了一整套人才培训机制,免费为大学生提供就业、岗前培训和技能培训。几年来,他们中有的成为红领"优秀员工""三八红领手""先进工作者",有的成为企业的中层干部、骨干力量。红领集团通过创新产、学合作模式,支持大学生创业,不但建立一套自己的造血功能,同时履行了社会责任,为社会的和谐稳定做出了突出贡献。

14.9　红领模式

1. 数字化大工业 3D 打印模式

红领将 3D 打印逻辑思维创造性运用到工厂的生产实践中,整个企业就是一台数字化大工业 3D 打印机,解决了个性化与工业化的矛盾,这也正是美国和德国正在研究中的解决方案。

数字化 3D 打印模式支持全球客户 DIY 自主设计;款式、工艺、价格、交期、服务方式个性化自主决定,客户自己设计蓝图。

实现了研发设计程序化、自动化、市场化的初步智能体系,计算机系统建模、智能匹配,可满足 99.9% 消费者个性化需求。

数字化 3D 模式,全程数据驱动,来自全球的所有信息、指令、语言、流程等通过智能体系转换成计算机语言。

一组客户数据驱动所有的定制、服务全过程，无须人工转换、纸制传递、数据完全打通、实现共享传输。

全员在互联网端点上工作，从网络云端上获取数据，与市场和用户实时对话，零距离、跨国界、多语言同步交互。

2. 跨境贸易电子商务 C2M＋O2O 直销模式

红领创造了跨境 C2M 平台化电子商务直销模式，支持全球消费者和制造商的直接交互，信息数据实时共享。

创造了一个平台化商业模式，即人人是设计师，人人是消费者，人人是经营者，人人是创业者的全新商业文明。

全球用户需求差异化非常明显；个性化需求成为势不可挡的趋势和潮流；消费者主权时代，追求"极致、简单、便宜、快"的消费方式。

用工业化的效率制造个性化产品，用数字化、信息化、智能化技术搭建 C2M 交互环境；支持让消费者以最简单、最方便、最合理、最愉悦的方式实现定制梦想。

C2M＋O2O 模式完全"以消费者为中心"，支持两点一线交互，彻底消除中间环节，真正为 C 端消费者创造价值，彻底颠覆不适时宜的陈旧商业规则。

C2M＋O2O 模式建立了直线交互的商业逻辑和电商时代的终极商业状态；倡导价值互换，合作共赢，整合社会成熟资源，实现 C 与 M 价值最大化，创造全新的商业文明。

3. 模式价值

红领的多年实践证明，运用红领模式，企业只需增加软件和信息化硬件设备，进行流程再造，但可大幅度提高传统企业效益，提升我国传统产业核心价值。

红领模式是管理思维的创新，是一种全新经营思想。

　　红领模式是互联网时代制造业与电子商务有机结合经营的典范，实现了实体经济与虚拟经济的深度融合。

　　红领模式符合中国国情，具有极高的复制和推广价值，适应于各业，将引领我国制造业转型升级，很快成为经济发展的核心力量。

第 15 章
特锐德电气

15.1　企业简介

15.1.1　基本概况

青岛特锐德电气股份有限公司（以下简称特锐德）成立于 2004 年 3 月 16 日，是中德合资的股份制企业，国家级高新技术企业；2009 年 10 月成功上市（股票代码：300001），成为创业板第一股。

公司总资产 30.3 亿元，拥有 6 家全资子公司、10 家控股子公司，4 家参股子公司。集团总部占地面积 800 亩，总部员工人数 1 800 人，有 13 个集团职能部门，七大事业部，全国共有 20 个营销及售后服务大区。

特锐德拥有一支凝聚力高、战斗力强、高素质、高绩效的技术管理团队，"创业企业团队建设管理经验"被哈佛大学、清华大学纳入教学案例库，面向全球发行。

目前，公司拥有国际先进水平的工业园和现代化的研究院，是中国最大的箱式电力产品系统集成商、电力系统集成解决方案的专家、中国最大的箱式变电站（以下简称箱变）研发生产基地，完全实现工业化、工艺化、专业化、规模化生产，取得了中国铁路市场占有率第一、煤炭市场第一、局部电力市场第一的好成绩，成为细分行业龙头企业和国内箱式电力设备制造业的领军企业。

2013 年 10 月，特锐德在胶州经济技术开发区奠基建设"西海岸工业园"，出资 2 亿元在胶州经济技术开发区内注册成立全资子公司。

公司依靠"一步领先、步步领先"的技术创新发展战略，建立了具有特锐德特色的自主知识产权体系，拥有专利和专有技术 150 多项；拥有一大批在国内外变配电领域有着较高知名度的专业技术人才和专家学者，建立了 200 多人的技术研发团队，同时成为中国各行业电力产品技术标准的参与者和制定者。

2014 年，特锐德成功研发了世界首创、技术国际领先的电动汽车群智能充电系统，这是继 110kV 配送式城市中心智能变电站后取得的又一个"世界首创、国际领先"的技术成果。特锐德投资 3 亿元成立"青岛特来电新能源有限公司"，从事汽车充电系统研发及充电运营等相关服务，以及汽车群充电系统及智能充电终端建设、汽车充电服务、电动汽车租赁服务、电动汽车销售及服务等业务。

公司荣获"中国驰名商标""山东省著名商标""山东省名牌产品""诚信示范用人单位"等上百项荣誉称号。

15.1.2　主营业务

特锐德的主营业务是：设计制造 220kV 及以下的变配电一、二次产品及相关技术服务，电力设备融资租赁及相关技术服务；研发、设计、安装汽车充电系统及设备，汽车充电服务，电动汽车采购、销售、租赁、维修服务等相关业务。公司以箱变产品为主线，开关柜产品为基础，研发生产 HGIS、

GIS、变压器、断路器及其他相关户内外电力设备产品。目前，已经形成较为完整的变配电设备产品生产线，为重点能源行业提供配套产品，并利用技术人才的综合优势为变配电客户提供系统整体解决方案，为客户提供交钥匙工程。

公司成立以来，为众多国家重点工程项目提供精致产品和优质服务。为青藏铁路、拉日铁路等国家战略工程，京沪高铁、京广高铁、京九高铁、京津客专、胶济铁路等高速铁路和高速客运专线提供铁路电力远动箱变；为山东海阳核电站、伊泰太阳能、安西风电等新能源项目提供整套的变配电产品；为中电投集团、神华集团、中煤集团、华能集团、大唐集团等国家重点投资建设的多个千万吨级的煤矿提供智能箱变和移动式智能箱变；为国家电网智能化建设、农网改造等项目提供户内外变配电设备；为哈中石油管道、西气东输等国家级的石油天然气项目提供智能变配电产品；为青岛海湾大桥、青岛海底隧道、青岛地铁等国家重点交通项目提供稳定的能源支持产品；为中国和缅甸、中国和吉尔吉斯斯坦等国际战略合作项目提供高端的变配电产品；为青岛世界园艺博览会提供精致配套产品。

特锐德将"以客户为中心，为其提供精致产品和优质服务"作为企业价值观之一；以成为国内电力设备制造业的领军者，带动中国电力设备制造业步入国际梯队，把特锐德打造成世界级的百亿企业为企业发展目标。

15.2　主要产品

1. 箱式变电产品

35/10kV 移动式智能箱式变电站。该产品适用于煤炭系统露天煤矿，包括 35kV 移动式箱变、10kV 移动式箱变、移动式变压器箱、移动式电容器箱（选配）。

35/10kV 工业型智能箱式变电站。该产品适用于电力系统农网用户、工矿企业供电，煤炭系统，石油系统，包括 35kV 箱变、10kV 箱变、主

变、10kV 电容器箱（选配）、10kV 电抗器箱（选配）、10kV 接地变箱
（选配）。

10/0.4kV 智能欧式箱变。该产品适用于电力系统城网用户、生活小区
等，煤炭系统站用供电，铁路系统车站供电，石油系统，包括将 10kV 部分、
变压器部分、0.4kV 部分集成在一个箱体中，为用户提供 400V 电源。

10/0.4kV 经济型箱变。该产品适用于电力系统新农村改造、生活小区
等，铁路系统车站供电，包括 10kV 部分采用 SF6 充气式环网柜、变压器部
分采用全密封型、0.4kV 部分采用一体式低压柜，性价比高。

10/0.4kV 路灯箱变。该产品适用于电力系统路灯供电，包括将 10kV
部分、变压器部分、0.4kV 部分集成在一个箱体中，并设置路灯控制
装置。

10/0.4kV 风电箱变。该产品适用于电力系统风力发电、太阳能发电等新
能源发电系统。将发电机所发出的 690V 电压的电能经过升压变压器变成
35kV 或 10kV。

2. 箱式配电产品

10kV 智能箱式开闭所。该产品适用于电力系统、煤炭系统、铁路系统、
石油系统。包括设置 10kV 进线回路、10kV 出线回路、站用变回路等，主要
用于 630A 及以上回路电能的传输、分配。

10kV 智能箱式环网柜。该产品适用于电力系统、煤炭系统、铁路系统、
石油系统。包括设置 10kV 环网进线、10kV 环网出线、UPS 电源等，主要用
于 630A 回路电能的传输、分配。

10kV 电缆分支箱。该产品适用于电力系统、煤炭系统、铁路系统、石油
系统。不设置分段开关，主要用于 200A、630A 配电线路中电缆与电缆，电
缆与其他电器设备连接的中间部件。

10kV 配电防火墙。该产品适用于电力系统。安装在配电网主网和用户的
接口处，用于防止客户端故障殃及配电网主网安全。

3. 铁路专用变配电产品

客运专线电力远动箱变。该产品适用于铁路系统，客运专线一级贯通、综合贯通回路通信信号系统提供不间断电源。

既有线路铁路电力远动箱变。该产品适用于铁路系统，既有铁路自闭贯通回路通信信号系统提供不间断电源。

5kV 智能箱式分区所（开闭所）。该产品适用于铁路系统，包括设于两个牵引变电所的中间，为铁路牵引供电提供电源。

铁路智能箱式开闭所

GSM-R 小容量箱变。该产品适用于铁路系统，包括专为铁路系统小容量负载（接触网摄像头、红外轴温机房、无线通信远调）而设计研发的一款小型箱变。

10kV 隧道箱变。该产品适用于铁路系统，包括专为铁路隧道照明、通风系统而设计研发的产品，可放置在隧道内，分体式结构，适合洞内运输，采用抗风、密封防潮结构。

开关柜系列产品

10kV 固定式开关柜。该产品适用于电力系统、煤炭系统、铁路系统、石油系统，包括固定式结构，用于配电室内电能的分配。

10kV 中置式开关柜。该产品适用于电力系统、煤炭系统、铁路系统、石油系统，包括金属铠装中置式结构，用于配电室内电能的分配。

35kV 固定式开关柜。该产品适用于电力系统、煤炭系统、铁路系统、石油系统，包括固定式结构，用于配电室内电能的分配。

35kV 手车式开关柜。该产品适用于电力系统、煤炭系统、铁路系统、石油系统，包括金属铠装中置式结构，用于配电室内电能的分配。

LISA 开关柜。该产品适用于电力系统、煤炭系统、铁路系统、石油系统，包括金属铠装式或者间隔式金属封闭开关设备，采用全新改进加强型结构设计，确保燃弧故障时人身安全。

RMU 环网柜。该产品适用于电力系统、煤炭系统、铁路系统、石油系统。内部采用空气绝缘，注重环保，全密封结构，性能稳定，体积小巧，适合于各种场合。

15.3　重要业绩

15.3.1　电力系统

中电国际绿色能源工程安西风电

由中国电力投资集团投资建设的甘肃安西风力发电场（以下简称安西风电）项目于 2006 年 6 月开工建设，该建设项目总投资 10 亿元，一期规模 10 万千瓦、远期规划 100 万千瓦，是中国西北最大的风电场，其投运能极大地缓解东西部电力紧张局面。

2006 年特锐德完成了为安西风电分批供给 94 台风电箱变的任务，该系统将风力发电机发电的 690V 电源转换成高压电能用于输电，产品采用了抗风外箱体结构，为绿色能源工程提供可靠系统保证。

核电能源工程：山东海阳核电

山东海阳核电站规划建设 6 台百万千瓦级压水堆机组，计划 2012 年投入运营，一期工程总投资约 237 亿元人民币，是我国北方最大的核电站。

2006 年，特锐德为海阳核电有限公司设计制造了 10kV 箱式变电站，这是继安西风电项目之后，特锐德再一次为中电国际能源项目增砖添瓦。

中国首座太阳能变电站——伊泰太阳能变电站

内蒙古伊泰集团建设的 N 级光漏斗自旋式太阳能光伏电站，位于鄂尔多斯市东胜区康巴什新区工业园区东侧，总投资 2 100 万元，是国家发展改革委首家核准的全国最大规模的太阳能光伏示范电站。

2007 年，特锐德根据太阳能变电站需要设计生产了升压型箱式变电站，为该绿色能源变电站的输电提供可靠保障，为加快推进国家节能减排的重要工程做出较大贡献。

河北南网农网建设：35kV 箱式变电站

国家电网公司提出：农村电网做为国家电网的重要组成部分，做为服务社会主义新农村建设的重要物质基础，必须紧紧围绕公司建设智能型坚强电网要求，结合农网发展情况和农村供电特点，以加快建设新型农网为主线，通过科技创新，不断提高电网的智能化水平，更好的满足农村供电服务要求。

2004 年以来，特锐德为河北南网农网提供 35kV 箱式变电站百余套，该产品采用箱式结构，改变了传统的土建 35kV 变电所的模式，加快了建设进程，提高了系统的集成度，省去了大量人力物力资源，为建设坚强电网、智能电网贡献力量。

河北南网城网建设：石家庄裕华路工程、石家庄二环路工程、邢台中兴大街工程

随着经济的迅猛发展，城市用电负荷速度剧增，城市配网已不适应社会的发展和人民生活水平的日益提高。为提高城市配网供电能力，满足社会的用电需求，保证供电的可靠性，我国各省均在逐步进行城网改造工程，以解决城网供电"卡脖子"问题，以及供电可靠性问题，有力缓解电力供需矛盾，满足居民及企业对电力的需求，同时有力地促进地方经济的发展，也将使电网更加完善，提高电网的安全可靠、经济运行的能力，更好地为城乡统筹发展服务。

2004 年以来，特锐德参与了河北南网城网大量改造项目，其中，重点项目包括石家庄裕华路工程、石家庄二环路工程、邢台中兴大街工程等，为城市电网建设做出了应有贡献。

华北电网建设：张家口、承德等城网建设提供变配电产品

华北电网基于落实国家生态文明建设的要求，基于建设资源节约型、环境友好型社会的要求而考虑提出绿色电网，它是一个资源节约、生态环保、标准规范、技术先进、经济高效的新型电网。

2006 年以来，特锐德先后为华北电网提供了 35kV 箱式变电站、10kV 环网柜、电缆分支箱开关柜等优质产品，为建设绿色电网做贡献。

东北电网建设：吉林、黑龙江城网建设提供适应于高寒地区产品

东北地区是我国纬度位置最高的区域，冬季寒冷。若采用箱式产品直接户外安装就要解决抗低温问题，用以保证箱内一、二次电力设备的可靠稳定运行。

特锐德分别为牡丹江、齐齐哈尔、延边等地提供箱式产品，一方面选用合适且可靠性高的元器件，另一方面箱体采用密封，加厚保温结构，并辅助以温控系统、凝露控制系统等，有效解决了抗低温问题。

15.3.2　铁路系统

青藏铁路建设工程

青藏铁路是世界上海拔最高，线路最长的高原铁路。其中格尔木至拉萨段全长 1 142 千米，经过海拔 4 000 米以上地段 960 千米，翻越唐古拉山的铁路最高点海拔 5 072 米。沿线地质复杂，经过连续多年冻土地段 550 千米，常年沙尘，高寒缺氧，高温达 40℃，低温达 −30℃，日温差高达 40℃，冻土湿地环境，湿度最高可达 90%。

2006 年，特锐德电气为青藏铁路提供的 35kV 箱式变电站运行于青藏铁路沿线，产品从技术水平和生产工艺除了满足铁路系统的供电需求，还满足了青藏高原特殊的运行环境。在世界屋脊上的成功运行是特锐德在铁路领域写下浓墨重彩的一笔。

京津城际客运专线

作为我国第一条最高时速达 350 千米的客运专线，京津城际轨道交通工程既是我国铁路跨越式发展的标志性和示范性工程，同时也是 2008 北京奥运会交通配套工程，为两大城市建起最便捷的沟通。

2008 年，特锐德电气为京津客运专线全线提供的客运专线远动箱变为其通信、信号系统提供了可靠的不间断双电源系统，保证高速运转的京津城际能够安全运转、准时到达。

全国首批客专包括：合宁客专、合武客专、石太客专、胶济客专、武广客专、福厦客专、温福客专、郑西客专。

目前，我国铁路运力不适应国民经济和社会发展要求的问题日益突出，中国铁路正在进行着一个跨越式发展，铁路网在扩大规模、完善结构、提高质量，快速扩充运输能力，快速提高装备水平，其中建设客运专线是规划最主要的内容，到 2020 年，其目标是建成客运专线 1 万千米，形成"四纵四横"客运专线骨架。

截至目前，特锐德参与的九大高速客专项目包括：京津客专、合宁客专、合武客专、石太客专、胶济客专、武广客专、福厦客专、温福客专、郑西客专。为其提供的客运专线远动箱变均为高速客专提供稳定的不间断电源系统，为我国铁路事业的发展做出了巨大贡献。

铁路电气化改造项目

铁路电气化改造项目包括：京沪线、京九线、陇海线、贵昆线、川黔线、达成线、襄渝二线等。

我国铁路为实现提速、高速和重载运输，积极引进采用新技术，大幅度提高了现代化通信信号设备装备水平以及通信信号电源的可靠性。一方面，高水平的故障—安全技术飞速发展；另一方面，双电源系统及其智能化水平不断提高。

铁路电力远动箱变正是为保证铁路通信信号系统可靠运行提供不间断电源的优越设备，其实现了四路电源热备用，且实现了电源系统的智能化即四遥。特锐德先后为我国各大干线电气化改造提供远动箱变近 800 台箱式变电站，包括京沪线、京九线、陇海线、贵昆线、川黔线、达成线、襄渝二线、西格二线等国家重点干线，保证了一级负荷的稳定和铁路的安全运行。

铁路隧道项目

铁路隧道项目包括：亚洲特长乌鞘岭隧道，达成、合武、武广、温福沿线隧道。

铁路隧道是修建在地下并铺设铁路供机车车辆通行的建筑物，中国铁路隧道约有半数以上分布在川、陕、云、贵四省，其隧道部分是各线路的重要组成部分。铁路隧道由于地处环境恶劣，因此对设备的要求也更高。

铁路隧道箱变特别是洞内箱变克服了洞内运输难的问题，并解决了洞内抗风性和防凝露的技术难题，使隧道通风系统、照明系统等获得了稳定电源。

15.3.3　煤炭系统

露天煤矿包括：神华集团宝日希勒能源，白音华露天煤矿。

露天煤矿是我国煤炭行业的重要组成部分，长期以来为我国能源发展做出了重要贡献。我国露天煤矿开采取得了长足的发展，开采工艺发生了重大变化与创新，有关部门专家指出，鉴于露天开采具有开采成本低、资源利用率高、安全等优点，露天煤矿在我国具有良好的发展前景。

特锐德在国内首创智能移动式变电站，专为露天煤矿作业供电设计，加强型可拖动式结构，结构紧凑、布局合理，其满足煤炭工业需求，供电安全可靠性高，并配套自动化系统实现智能化。

35kV 变电站包括：长城煤矿，金通煤矿，伊泰集团丁家渠煤矿、诚意煤矿，泰升集团泰源煤矿，山西昔阳坪上煤矿等。

我国在不断规范煤炭开采，提高煤炭系统安全生产，因此煤炭系统配套工程质量的好坏对矿井安全生产有着非常直接的关系，特别是煤炭供电系统，有力保障着井下作业的不间断电源。

特锐德根据煤炭系统供电特点，设计制造的 35kV 箱式变电站采用了先进工艺，坚持严格控制产品质量，为煤炭系统提供的箱式变配电设备适合于粉尘等恶劣环境并运行稳定。

10kV 开闭所包括：乌兰集团、内蒙杨湾煤矿、陕西黄河矿业等。

15.3.4　石油系统

中国石油集团东方地球物理公司 LISA 开关柜

中国石油集团东方地球物理公司是一家以地球物理勘探业务为主体，集地球物理勘探、多元开发、旅游接待、公共事业为一体的跨国经营企业。特锐德为中国石油集团东方地球物理公司提供的 LISA 柜是中置式开关柜的全新升级，新型加强型结构，确保燃弧故障时人身安全，独特的闭锁方式，绝对超五星安全设计，是高端用户首选的电力设备。

哈中石油管道项目

被称为"世纪工程"的哈中石油管道项目（阿塔苏-阿拉山口）长近1 000 千米，总造价逾 8 亿美元，工程所在地属于半沙漠地区，常年风沙不断，干旱少雨，夏季最高气温达 60 摄氏度，对变配电设备的正常运行有非常高的要求。管道建成后，哈、中、俄三国的石油管道运输体系得以联网，必将为互利合作伙伴关系打下坚实基础。

15.4 发展战略与目标定位

15.4.1 发展战略

发展愿景：成为中国最优秀的电力设备（箱变）供应服务商，成就引领电力设备（箱变）制造业步入国际梯队的梦想，最终成为全球电力设备（箱变）行业的领导者。

团队凝聚战略：最团结、最和谐、最具战斗力。

人才培育战略：知人善用、尊重培养、造就高素质团队。

技术领先战略：自主创新、集成创新，一步领先、步步领先。

产品研发战略：产品"新、奇、特"，品质"高、精、专"。

精致管理战略：规范管理、落实计划、加强执行、提高绩效。

规模制造战略：工艺化、工业化、专业化、规模化。

差异营销战略：技术营销、品牌营销、精致营销、诚信营销。

品牌服务战略：精致产品、优质服务。

制度集成战略：集成技术的体系化和制度化。

15.4.2 发展目标

远期目标：成为国内电力设备（箱变）制造行业的领导者，依靠集成创新带动原始创新，实现完全自主知识产权的产品研发，成就引领中国电力设备（箱变）制造业步入国际梯队的梦想。

中期目标：建立青岛特锐德产业集团，树立青岛特锐德品牌在中国电力设备制造行业的知名地位，打造国内最大的箱式变电站成套设备研发和生产基地。

近期目标：投资建设特锐德电气工业园，年设计生产能力单班达到 4 540 台（标准台），实现年复合增长率不低于 30％。

15.4.3　业务发展定位

产品定位：以户外箱式变电站的研发和生产为基础，把箱式电力设备做精、做强、做大，稳步向开关柜、充气柜、永磁断路器、电力自动化方向发展，逐步掌握上游产品的核心技术，使主导产品向高附加值、高技术含量、高电压等级和高度集成化方向发展。

服务定位：为客户提供变电站系统解决方案，提供交钥匙工程，并逐步成为专业设计院、行业用户业主、施工单位最信任的系统方案集成商。

研发定位：扩大户外箱式电力设备的产品线，向小型、节能、环保、智能化、数字化电力设备倾斜和侧重，为坚强智能电网建设提前着手准备。

15.5　经营管理理念

15.5.1　坚持技术创新，增强核心竞争力

拥有"青岛市优秀创新团队"称号的特锐德，利用各专业的高端人才优势和对行业发展的把控，为行业的电力客户提供变配电整体规划、设计和解决方案，为客户提供高可靠、高技术含量、高附加值的系统集成产品。中国第一台客运专线远动箱变、第一台 35kV 工业型智能箱变、第一台新型 35kV 智能移动箱变、第一台配电防火墙、第一台齿合式隔离刀等技术和产品，都是特锐德技术人才基于对铁路、煤炭、电力行业的前瞻性研究，综合多年的设计、运行、制造经验，创新研发的新产品。特锐德凭借"团队优势明显，技术研究能力强，产品精致，关注细节，服务到位"的品牌形象，在行业的发展中制造需求，引领行业的发展。

几年来，特锐德在变配电产品设计、制造领域实现了多项技术创新和突

破：研制的中国第一台高速客运专线专用的铁路电力远动箱变，解决了可靠性、免维护、全智能远方监控、无人值守等难题；为世界上海拔最高的青藏铁路设计和生产的 35kV 箱式变电站，克服了高海拔、高温差户外设备的安全运行、无人值守问题；为亚洲最长隧道乌绡岭隧道提供电力、通信解决方案和产品；为千万吨级以上的大型露天煤矿研制了运行于恶劣环境中的 35kV 移动式智能箱变；为城市配电网提供快速隔离故障和非故障段自动恢复的创新方案和产品。短短七年内，特锐德在中铁电气化集团公司、中铁建电气化集团公司、神华集团、中电投集团等大客户中树立起良好的品德形象。

除了自主研发外，公司还非常重视国际合作和产学研合作，用技术引进、联合开发、企业联盟等形式实现优势互补、共同发展。2009 年，特锐德与德国特锐德进行国际合作，成功研发出外观档次更高、性能更优越的 10kV Lisa 开关柜。2010 年，特锐德与山东大学、哈尔滨工业大学等国内知名院校展开校企合作，成功开发了基于磁控电控器的动态无功补偿系统和无接触式数字互感器等达到国内领先水平的变配电新产品。2011 年 4 月，特锐德还与德国西门子公司签订了战略合作协议，双方合作生产应用于高铁市场、城市轨道交通市场的 10kV 环网柜、35kV GIS 产品，并联合开发应用于煤炭、钢铁市场的 35kV 多单元 GIS 产品。西门子公司是世界上第一个开发出充气柜的企业，其充气柜的技术能力代表国际最高水平，目前中国正在使用的一些最先进的技术都出自德国西门子公司。借助这次良好的发展机遇，特锐德将拓展更广泛的产品领域，掌握免维护高端充气柜的国际领先核心技术及工艺，为国内高压开关设备制造行业培养高级技术、工艺人才，制定先进的技术标准，引领行业技术达到国际领先水平。

近年来，特锐德公司还积极主动地承担多项科技计划项目，包括国家科技部创新基金项目 2 项、市区科技计划项目 5 项、市级企业技术创新重点项目 18 项。其中，铁路电力远动智能箱变研发与推广项目于 2006 年 3 月获得青岛市科学技术进步二等奖；TZBWO-12 铁路电力远动智能箱变及 TKBZ-12 铁路远动箱式配电所于 2007 年 5 月分别获得济南铁路局科学技术进步二等奖、三等奖以及科技成果鉴定证书；ZBWO-12 箱式变电站等 6 项新产品获得国家权威机构中电联（北京）认证中心的认证证书。借助政府部门的监管和资金支持，特锐德的科研项目进展均十分顺利，有力地提高了企业研发项目的管理水平和科技成果的转化能力。

15.5.2 严格质量管理，提供优质服务

为了巩固和扩大市场份额，特锐德在把握产品创新性的同时，在生产经营过程中采取产品质量与优质服务并举并行的管理方法。2010 年 6 月，特锐德还通过 ISO 9001—2008 质量管理体系认证，按照更严格的标准要求进行生产管理。在生产过程中，操作工人及质检人员严格按标准、工艺规范操作，采用自检、互检、抽检的检验制度，层层把关，不合格的材料不使用、不合格的半成品不转移、不合格的成品不出厂，产品出厂合格率达 100％。高质量产品的生产仅靠人力生产及检测难以达到预期标准，因此特锐德配备了国际先进的生产设备及检测设备，如高精度冲剪联合设备、激光切割机及弯板中心等。同时通过客户反馈意见，能够及时了解公司产品存在的问题，并针对已有问题及潜在问题，由上到下组织实施"精致运动"，不放过任何一个细节，最终实现公司："顾客第一，创新领航；精致产品，优质服务；持续改进，塑就品牌"的质量方针。

特锐德以"为顾客提供精致产品和优质服务"为宗旨，目前已在全国多个省市建立销售网络和售前、售中、售后服务网络，并利用技术人才的综合优势为客户提供系统的整体解决方案，为客户提供交钥匙工程。并非产品交到客户手中就意味着工作的结束，售后服务的工作要求更加严格，必须保证满足客户的所有要求。因此，特锐德售后服务人员始终遵循"以顾客要求为始点，以顾客满意为终点"的服务宗旨，及时对客户的意见做出反馈，直至客户满意为止。在服务过程中，特锐德员工以精湛的技艺、熟练的操作以及良好的服务态度，受到用户的高度评价，为公司开辟出更加广阔的市场。

15.5.3 打造人才团队，塑造企业文化

特锐德以招聘应届毕业生作为获取人才的主要渠道，近年来累计招聘硕

士、本科、大专生超过 200 人，共产党员和学生干部是企业招聘人才的重要条件。特锐德对人才的选拔主立足于内部培训和培养，制定了《人才培养制度》；注重建立良好的师徒关系和培养机制，并设置了《企业内训师竞聘上岗》《优秀师傅奖奖励制度》及《最佳新人奖奖励制度》等，鼓励资深员工发扬"一帮一"的精神，更好地传授宝贵经验，保证企业内部创新机制的良性发展。在"特别能吃苦、特别能战斗"的青藏精神鼓舞下，培养了一批学有所长、务实进取的高素质、高能力的专业化人才，为公司的核心营销模式和长远发展提供了根本保障。

特锐德注重与员工进行思想渗透，建立共同的价值观、实现愿景共享，保证了人才的高度凝聚，近几年无核心技术人员离职，彰显了企业文化对保持人才团队稳定性显著的促进效果。建立"知人善用、尊重培养"的人才培育理念，科技骨干送出培训、加强高层培训、定期举办教授讲座、产学研合作交流等形式，是企业提高员工素质、培养科技创新能力的快捷途径和有效手段。同时重视对技术工人的培养与高端培训，防止出现技术发明与技术应用脱节现象。通过正面教育和引导，对每个员工都培养出敢于质疑、敢于创新的科学精神。

特锐德塑造了独特的企业文化、价值观、企业精神、管理理念，尤其倡导用员工高素质来强化企业制度管理，借助合资企业优势，利用民营企业的分配制度，移植德国企业的素质管理和国有企业的规范管理，来打造有德国特色的优秀中国电力设备制造业；公司所制定的计件制、承包制、年薪制充分调动了员工工作积极性，人均劳动生产率达到 100 万元；鼓励产学研合作机制，将更多的高科技技术引进并为公司所用，做中国最精致的箱变；结合市场需求和企业优势，制定员工和企业分利的承包法，将销售人员和企业的利益紧紧结合到一起，实现双方利益的最大化。

15.5.4 保护知识产权，实行标准化管理

作为"第四批全国企事业单位知识产权试点工作单位"，特锐德贯彻落实国家知识产权战略，成立知识产权管理部门，配置知识产权专职工作人

员，负责全公司知识产权体系的统筹管理工作。同时根据本企业的特点，制定出科学、健全、有效的商标管理制度及专利管理制度。确保每年按照研发投入资金的一定比例筹集企业知识产权工作专项资金，专门用于企业内部知识产权创造、运用、保护和管理等各环节的开支；深入研究知识产权制度，充分运用知识产权规则，把知识产权转化为企业竞争力；在涉及重大利益的投资、立项、引进、合资、合作、营销、商标许可转让、专利申请和维权等决策前，要充分运用公司相关知识产权制度的规定，提出合理建议，把对知识产权制度的运用融入企业的研发、生产、销售等经营活动的全过程之中。

特锐德根据企业外部环境和自身条件的状况及其变化，制定相应的知识产权战略，即在知识产权体系相对薄弱的前期，采用技术领先战略和技术追随战略相结合的知识产权战略，随着体系的不断完善和知识产权工作经验的不断丰富，逐步转向技术领先战略。同时，牢固树立名牌意识，争创名牌，积极争取著名商标、驰名商标等荣誉，以名牌推动、促进产业的发展，将名牌战略作为知识产权战略的一个重要组成部分。

特锐德已成功申请了"TGOOD""特锐德"等三项商标，拥有专利申请90 项，专利授权 57 项，专有技术 30 多项。2008 年，特锐德成为电力行业供用电标准化技术委员会会员、全国电力系统配电技术协作网委员；2010 年，特锐德成为国家高压开关设备标准化技术委员会通讯委员、中国电器工业协会会员，并承担行业内多项技术标准的制定和修订，参与相关技术导则的编写工作，掌握了行业技术的话语权和主动权，进一步使企业向标准营销战略和技术营销战略迈进，最终成为行业的技术领军者。同时，特锐德非常重视标准化体系的建设和管理，在拥有 ISO 9001—2008 质量体系认证的基础上，进一步成功申请了 ISO 14001—2004 环境管理体系认证和 GB/T 28001—2001 职业健康安全管理体系认证，并定期完成所有认证的年审工作。HSE 体系认证不仅为公司产品、生产经营过程提供了可靠保障，更使企业的管理更加科学化、规范化。2010 年，特锐德以良好的标准化管理能力和业绩被评为"青岛市国家高新技术产业标准化示范区示范单位"，进一步丰富了品牌建设的内涵。

15.5.5 加强企业宣传，提高品牌知名度

特锐德不仅通过建立自己的网站，使客户及相关公众能够随时关注企业最新动态，以此有力推动公司商标品牌的宣传。同时，还通过新浪网站、《财经日报》《河北电力期刊》以及中央电视台、青岛电视台等多种形式新闻媒体，进行高密度、高时效的新闻报道。在展会推广方面，积极参与了"第十一届中国国际石油石化技术装备展览会""2010第三届中国（太原）国际能源产业博览会"等多项国内大型展会，设计出精致的展会宣传牌，委派技术支持人员现场进行企业宣传和产品推介，全方位、多角度地提高品牌的知名度。

在不断发展壮大的同时，特锐德积极通过多种途径回馈社会。"5·12"四川汶川地震期间，公司为其组织捐款4.118万元；2010年、2011年通过青岛市崂山区慈善总会，分别为春节送温暖活动捐赠2万元和5万元。由于公司近年来为社会公益事业做出的突出贡献，2010年年底受到青岛市崂山区慈善总会的表彰，并荣获"爱心崂山先进单位"的荣誉称号。

15.5.6 加强售后服务

特锐德客户中心的售后中心是一个服务支持部门，是特锐德客户中心与需要售后服务的客户互相联络的统一窗口，客户在这里可以及时得到关于现场服务的各类反馈信息。

特锐德始终将客户的满意度放在第一位。特锐德拥有一支训练有素的专业技术服务队伍，为用户提供相关现场服务、技术指导等。快速的响应，正确的指导，高效的现场处理是特锐德对客户的服务宗旨。

1. 售后设计联络

根据需要及时进行设计联络，了解用户具体要求，商定供货、监造等的具体事项。

2. 现场技术服务

按照用户要求的时间到现场进行技术服务，指导用户按照我方提供的技术资料和图纸进行安装、调试与整套试运。

接到客户反应的质量问题信息后，在 12 小时之内做出答复，需派人员处理时，省内 24 小时到达，边远地区根据路程尽快到达现场，如西藏、新疆等地。

3. 产品使用培训

公司对产品提供相应的配套技术培训，以便产品的正常安装运行。根据需要可由特锐德公司高级工程师到现场免费培训，项目运行维护人员也可选择到特锐德公司总部接受免费培训。

［1］冯国荣. 青岛品牌经济［M］. 北京：人民出版社，2013.

［2］青岛市经济学会. 创新青岛——品牌之都［M］. 北京：海洋出版社，2012.

［3］李宝金. 青岛历史古迹［M］. 青岛：青岛出版社，2007.

［4］迟宇宙. 海信史［M］. 海南：海南出版社，2009.

［5］青岛啤酒集团. 青岛啤酒厂志［M］. 青岛：青岛出版社，2003.

［6］青岛市发展计划委员会青岛市信息中心. 青岛经济展望（下册）［M］. 北京：海洋出版社，2013.

［7］陆安. 青岛近现代史［M］. 青岛：青岛出版社，2011.

［8］周厚健. 海信如何做百年［M］. 哈尔滨：黑龙江人民出版社，2011.

［9］胡泳，郝亚洲. 海尔创新史话［M］. 北京：机械工业出版社，2015.

［10］王钦. 海尔新模式［M］. 北京：中信出版社，2015.

［11］张瑞敏. 海尔是海 ［M］. 北京：机械工业出版社，2015.

［12］赵满福，王文晓. 青岛啤酒人才战略透视 ［J］. 2015（8）-. 长春：企业研究，2015-.

［13］张广传. 品牌青岛 ［M］. 北京：中国商业出版社，2015.

［14］苏东. 六和——少管理就是真管理 ［J］. 2016（1）-. 天津：东方企业家，2016-.

［15］六和网站. http：//www. newhopeliuhe. com.

［16］党全国. 海尔管理模式全集 ［M］. 武汉：武汉大学出版社，2016.

［17］青岛市档案馆，青岛有线电视台. 青岛历史上的今天 ［M］. 青岛：青岛出版社，2009.

［18］山东大学企业发展研究中心. 大跨越——中国企业发展探索与创新 ［M］. 济南：山东人民出版社，2015.

［19］中共青岛市委党史研究室. 腾飞的青岛 ［M］. 济南：山东人民出版社，2012.

［20］刘光明. 常德传与青岛港 ［M］. 北京：中国海洋出版社，2013.

［21］孙健敏. 六和集团的管理学 ［M］. 北京：中国人民大学出版社，2009.

［22］彭剑锋. 山东六和集团人力资源优先开发战略 ［M］. 上海：复旦大学出版社，2014.

［23］花红艳. 青岛啤酒集团发展战略研究 ［M］. 江苏：江苏大学出版社，2011.

［24］罗衍. 海信集团考察：竞争力与自主创新动力机制研究 ［M］. 北京：经济管理出版社，2014.

［25］王瑞吉. 出位海信营销 ［M］. 北京：企业管理出版社，2015.

［26］冯国荣. 青岛推进品牌经济框架构想 ［M］. 济南：山东人民出版社，2013.